中国特色高水平高职学校项目建设成果系列教材

高等职业教育教学改革特色教材 · 现代物流管理专业

U0648688

Logistics Cost and Performance Management

物流成本与绩效管理

何岩松 主编

东北财经大学出版社 大连

Dongbei University of Finance & Economics Press

图书在版编目（CIP）数据

物流成本与绩效管理/何岩松主编．—大连：东北财经大学出版社，2025.8．—（高等职业教育教学改革特色教材·现代物流管理专业）．—ISBN 978-7-5654-5626-8

Ⅰ.F253

中国国家版本馆CIP数据核字第2025P5W650号

物流成本与绩效管理

WULIU CHENGBEN YU JIXIAO GUANLI

东北财经大学出版社出版

（大连市黑石礁尖山街217号　邮政编码　116025）

网　　　址：http://www.dufep.cn

读者信箱：dufep@dufe.edu.cn

大连东泰彩印技术开发有限公司印刷　　东北财经大学出版社发行

幅面尺寸：185mm×260mm　　字数：306千字　　印张：13　　插页：1

2025年8月第1版　　　　　　　　　　　2025年8月第1次印刷

责任编辑：张晓鹏　刘晓彤　　　　　　　责任校对：赵　楠

封面设计：原　皓　　　　　　　　　　　版式设计：原　皓

书号：ISBN 978-7-5654-5626-8　　　　　定价：45.00元

教学支持　售后服务　联系电话：（0411）84710309

中国特色高水平高职学校项目建设成果系列教材
编审委员会

编写说明

中国特色高水平高职学校和专业建设计划（简称"双高计划"）指党中央、国务院为建设一批引领改革、支撑发展、中国特色、世界水平的高等职业学校和骨干专业（群）而实施的重大决策建设工程。哈尔滨职业技术大学（原哈尔滨职业技术学院）入选"双高计划"建设单位，学校对中国特色高水平高职学校建设项目进行顶层设计，编制了定位高端、理念领先的建设方案和任务书，并扎实地推进人才培养高地、特色专业群、高水平师资队伍与校企合作等项目建设，借鉴国际先进的教育教学理念，开发具有中国特色、国际标准的专业标准与规范，深入推动"三教改革"，组建模块化教学创新团队，推进"课程思政"实施，开展"课堂革命"，出版校企双元开发的活页式、工作手册式新形态教材。为适应智能时代先进教学手段的应用，学校加大力度进行优质在线资源的建设，丰富教材的载体，为开发以工作过程为导向的优质特色教材奠定基础。按照教育部发布的《职业院校教材管理办法》的要求，教材编写的总体思路是：依据学校"双高"建设方案中的教材建设规划、国家相关专业教学标准、专业相关职业标准及职业技能等级标准，服务学生成长成才和就业创业，以立德树人为根本任务，融入课程思政，对接相关产业发展需求，将企业应用的新技术、新工艺和新规范融入教材之中。教材编写遵循技术技能人才成长规律和学生认知特点，适应相关专业人才培养模式创新和优化课程体系的需要，注重以真实生产项目、典型工作任务、真实生产流程及典型工作案例等为载体开发教材内容，理论与实践有机融合，满足"做中学、做中教"的需要。

本系列教材是哈尔滨职业技术大学中国特色高水平高职学校项目建设的重要成果之一，也是哈尔滨职业技术大学教材改革和教法改革成效的集中体现。教材体例新颖，具有以下特色：

第一，教材研发团队组建创新。按照学校教材建设的统一要求，遴选教学经验丰富、课程改革成效突出的专业教师担任主编，邀请相关企业作为联合建设单位，形成了一支由学校、行业、企业和教育领域高水平专业人才组成的开发团队，共同参与教材编写。

第二，教材内容整体构建创新。精准对接国家专业教学标准、职业标准、职业技能等级标准，确定教材内容体系，参照行业企业标准，有机融入新技术、新工艺、新规范，构建基于职业岗位工作需要的、体现真实工作任务与流程的内容体系。

第三，教材编写模式形式创新。与课程改革相配套，按照"工作过程系统化""项目+任务式""任务驱动式""CDIO式"四类课程改革需要设计四种教材编写模式，形成新形态的活页式或工作手册式教材编写形式。

第四，教材编写实施载体创新。依据专业教学标准和人才培养方案要求，在深入企业调研岗位工作任务和职业能力分析的基础上，按照"做中学、做中教"的编写思路，以企业典型工作任务为载体进行教学内容设计，将企业真实工作任务、真实业务流程、真实生产过程纳入教材之中，并开发与教学内容配套的教学资源，以满足教师线上线下混合式教学的需要。本系列教材配套资源同时在相关平台上线，可随时下载相关资源，也可满足学生在线自主学习的需要。

第五，教材评价体系构建创新。从培养学生良好的职业道德、综合职业能力、创新创业能力等角度出发，设计并构建评价体系，注重过程考核和学生、教师、企业、行业、社会参与的多元评价；在学生技能评价上，借助社会评价组织的"1+X"考核评价标准和成绩认定结果进行学分认定，每部教材根据专业特点设计综合评价标准。为确保教材质量，哈尔滨职业技术大学组建了"中国特色高水平高职学校项目建设成果系列教材编审委员会"。教材编审委员会由职业教育专家组成，同时聘用企业技术专家指导。学校组建了专业与课程专题研究组，对教材编写持续提供培训、指导、回访等跟踪服务，有常态化质量监控机制，能够为修订完善教材提供稳定支持，确保教材的质量。

本系列教材是在国家骨干高职院校教材开发的基础上，经过几轮修改，融入课程思政内容和课堂革命理念编写而成的，既具教学积累之深厚，又具教学改革之创新，凝聚了校企合作编写团队的集体智慧。本系列教材充分展示了课程改革成果，力争为更好地推进中国特色高水平高职学校和专业建设及课程改革做出积极贡献！

哈尔滨职业技术大学
中国特色高水平高职学校项目建设成果系列教材编审委员会
2025年

前　言

随着企业面临的市场竞争日趋激烈，加强物流成本管理、降低物流成本对企业来说有着重要的意义。物流成本管理是高等职业院校现代物流管理专业的专业核心课程，本教材根据最新颁布的现代物流管理专业的教学标准，围绕工学结合的人才培养模式，针对物流企业的基层管理工作岗位，重点介绍了物流成本管理的实施以及物流成本与绩效管理的关系。通过本教材的学习，学生可以学习物流成本管理的专业知识，理解物流成本管理的具体实施工作路径，掌握相关职业技能，从而满足物流企业基层管理工作岗位的需要，并为其他专业课程的学习打好基础。

本教材以提高学生的实践能力、创新能力、就业能力为目标，融"教、学、训、练、评"于一体，依据学生认知能力的变化和知识学习的递进规律，注重从企业实践中提炼典型工作项目和工作任务，体现了"项目教学""任务驱动"的教学思路，重点培养学生对实际业务问题的分析和解决能力。具体来说，本教材以物流成本管理的不同项目为主线，将教学内容分为物流成本与绩效管理认知、物流成本管理实施、物流主要业务成本与绩效管理、其他行业企业物流成本与绩效管理四个学习项目，每个项目根据物流企业的实际工作过程和核心技能要求，分解为若干具体的工作任务，每个工作任务设计了行动任务、行动锦囊、行动进行、果行育德、行动评价和行动巩固等具体环节。

本教材设计过程中注重思政元素的有机融入，依据学科专业特点找出切入点，将课程思政与专业知识有效融合。另外，学生可以根据学习需要扫描书中二维码了解链接内容，拓宽视野，加深理解。

本教材由哈尔滨职业技术大学何岩松教授担任主编，哈尔滨职业技术大学姜湄、赵鑫、任莹担任副主编。项目一由何岩松牵头，负责理论框架搭建与基础概念的系统梳理；项目二由姜湄、于倩颖围绕物流成本管理全流程展开，系统构建核算、预测、决策、预算、控制及绩效评价六大环节，实现资源配置优化与成本管理效能提升的一体化闭环；项目三由任莹、姜奕阳针对运输、仓储、配送三大核心环节，系统解析成本核算方法，介绍绩效优化策略及行业案例实践应用；项目四由何岩松、柳泽瑞针对商品流通、生产制造、快递三大行业，构建物流成本核算模型与绩效评估体系，提炼行业差异化管控路径。何岩松统筹全书架构，重点参与项目一、项目四的学术规范校准与创新内容整合，并对全书进行统修。此外，黑龙江俄速通集智科技有限公司副总经理都宪宇为项目四提供了跨境物流领域的实战案例与行业洞察，助力教材理论与实践的有机融合。

在本教材的编写过程中，我们参考了大量的文献资料及网络资源，引用了一些专家学者的研究成果和一些公司的案例资料，在此对这些文献和案例的作者表示崇高的敬意和诚挚的谢意。

由于本书涉及的内容较为广泛，加之编写时间仓促和作者水平有限，书中难免有不妥之处，敬请读者批评、指正。

编 者

2025 年 5 月

目　录

项目一　物流成本与绩效管理认知

项目引入

北京远光国际物流有限公司（以下简称"远光公司"）是一家专业从事第三方物流的公司。经过多年的诚信经营，公司已与全国100多个地区的客户建立了广泛的业务合作关系，在业界树立了良好的口碑。公司经过20多年的发展壮大，主要经营物流配送、物流咨询、仓储、系统开发等业务。

王明是远光公司成本管理部门的一名员工，自入职以来，虽然学习到了仓储作业管理、配送管理、运输调度管理等业务，但是对物流成本业务的接触并不多。他仅知道物流成本是与物流活动相关的费用，但是对于物流成本具体是什么、如何进行成本管理，不甚了解。

公司要开展一次关于"物流成本管理"的培训，培训开始前，王明和同事们热火朝天地讨论起了什么是物流成本。小刘说："我认为物流成本指的就是企业在运输过程中的费用，你们看我们合作的客户，不同客户的运输费用都是不一样的。"小赵说："但是我觉得物流成本除了运输费用，还要包括人工费用，咱们远光公司每一项运输项目都会有很多员工参与其中，人工费用应该也囊括在物流成本中。"小张说："我觉得咱们认识的物流成本，都是冰山一角，物流活动有很多环节，应该是所有活动环节都要进行物流成本的计算才更为合理。"……听到了同事们的讨论，王明也在思考，到底物流成本由哪些内容构成呢？企业该如何进行物流成本管理呢？

下面我们就跟随王明的学习脚步，一起来揭开物流成本的神秘面纱吧！

学习目标

知识目标	在阐述物流成本的含义的基础上，理解物流成本的影响因素，进一步复述出物流成本管理的内容和方法；理解并阐述物流绩效管理常用的绩效评价技术和物流绩效评价的基本步骤
技能目标	能够分析造成物流成本居高不下的原因，提出降低物流成本的对策及主要途径；能够认识关键绩效指标，并计算具体的关键绩效指标，进一步核实关键绩效指标的达成情况
素养目标	通过物流成本基础、物流成本管理以及物流绩效管理等知识的学习，培养学生热爱物流行业，增强建设社会主义物流强国的责任感；树立物流成本管理意识，具备从多角度思考物流成本的思维能力

项目实施

任务一　认知物流成本

行动任务

远光公司作为一家综合性物流公司，目前正在进行成本核算体系的改革，首要问题就是明确物流成本核算范围。该公司很多与物流相关的费用都包含在"管理费用"和"销售费用"中，短时间内很难确定哪些属于物流成本，哪些属于非物流成本。物流成本管理部门经理把这项任务交给了王明，王明拿到了3月份的部分成本费用资料，具体情况如下：

本月折旧费用共200 000元，其中，仓库及储存设备折旧费用90 000元，运输车辆折旧费用60 000元，仓库各种装卸搬运设备折旧费用40 000元，行政办公设备折旧费用10 000元。

本月水电费共10 000元，其中，仓库水电费7 000元，车队管理处水电费2 000元，行政部门水电费1 000元。

本月燃料动力费共232 000元，其中，运输车辆消耗燃料动力费200 000元，装卸搬运设备消耗燃料动力费12 000元，流通加工设备消耗燃料动力费15 000元，行政部门消耗燃料动力费5 000元。

本月领用材料共47 000元，其中，流通加工消耗材料30 000元，包装过程消耗材料10 000元，运输过程消耗材料5 000元，行政部门消耗材料2 000元。

本月各类人员工资及福利费共600 000元，其中，运输业务相关人员工资及福利费300 000元，仓储业务相关人员工资及福利费200 000元，行政部门人员工资及福利费100 000元。

王明认为，完成这项任务首先要确定物流成本的含义、构成及特征，于是，他翻阅了一些资料，进行了合理分析，为正确划分物流成本和非物流成本做了充分的准备。

请你以王明的身份，完成物流成本管理部门经理安排的这项工作。

行动锦囊

微课 1-1

物流成本的含义及分类

一、物流成本的含义

物流是集现代运输、仓储、保管、搬运、包装、产品流通加工及物流信息于一体的综合性活动，是沟通原料供应商、生产厂商、批发商、零售商、物流公司及最终用户的桥梁，使商品从生产到消费的各个流通环节有机地结合起来，并使之成为一个整体。

物流过程中需要占用和耗费一定的活劳动和物化劳动，这些活劳动和物化劳动的货币表现即为物流成本，也称物流费用。《中华人民共和国国家标准 物流术语》（GB/T 18354—2021）将物流成本定义为"物流活动中所消耗的物化劳动和活劳动的货币表现"，即产品在实物运动过程中，如包装、运输、储存、流通加工、物流信息等各个环节所支出的人力、物力和财力的总和，也就是完成物流活动所需的全部费用。物流成本无论对企业还是对国家而言，都绝非一个小数目。国际社会是以物流成本占国内生产总值（GDP）的比重这一指标来衡量一个国家的物流发展水平的，物流活动的成本在GDP中占有相当的份额。

物流成本包括物流各项活动的成本，是特殊的成本体系。对于物流成本问题，有必要建立一套完整的理论体系，以指导实践，将物流成本管理提升到企业会计管理的高度，这样才能纳入企业常规管理范畴之内。另外，从企业组织结构来看，有必要从根本上改变企业职能部门的结构，成立诸如物流部、物流科等职能部门，这样才有可能对物流成本进行单独核算，并对物流成本进行系统分析与控制。

二、物流成本的分类和构成

微课 1-2

物流成本的
构成

（一）物流成本的分类

1.按物流活动范围分类

（1）供应物流费。供应物流费是指在原材料（包括容器、包装材料）采购这一物流过程中所需的费用。

（2）生产物流费。生产物流费包括在整个生产过程中一切由物品空间运动（包括静止）引起的费用支出，如原材料、半成品、制品、产成品等的运输、装卸搬运、储存等费用。

（3）企业内物流费。企业内物流费包括从产品运输、包装开始到最终销售这一物流过程所需的费用。企业生产出来的产品在最终向顾客销售之前往往需要经过包装加工环节，并且还需要运往仓库，在仓库内储存和保管。在此期间，产品的包装需要购买包装材料，产品的运输需要投入运费，产品的储存保管也需要投入搬运装卸费、仓库管理费以及场地费，并且这一过程还需要投入人力，另外，产品在此过程中还会产生损耗，所有这些费用都属于企业内物流费。

（4）销售物流费。销售物流费包括从确定向顾客销售商品到将产品送到顾客指定的位置这一物流过程所需的费用。当产品确定向顾客销售之后，往往需要按照顾客的要求将产品送往顾客指定的地点。在这一过程中，首先需要将产品从仓库中搬运出来，然后装车，最终送往顾客指定的地点。所有环节的完成，既需要支出人工费、差旅费，还需要支出搬运费、装车费、运输费、保险费，另外，在搬运、装车和运输过程中所产生的产品损耗费都应该计入销售物流费。

（5）退货物流费。退货物流费包括随着售出产品的退货而发生的物流活动过程中所需的费用。退货物流费也是企业物流成本的一个重要组成部分，其往往占有相当大的比例。随着退货产生的一系列搬运费、储存费、退货商品损伤或滞销而产生的费用，以及处理退货商品所需的人工费等各种事务性费用都属于退货物流费。

（6）废弃物流费。废弃物流费包括由于产品包装或运输容器、材料等的废弃而发生的物流活动过程中所需的费用。这些废弃物往往需要通过销毁、掩埋等方式予以处理。在处理过程中，废弃物的装卸、运输，以及进行废弃物处理所需的人工费、搬运费、运输费等相关费用都属于废弃物流费。

2.按支付形态分类

（1）企业物流费。企业物流费是指企业利用自己的物流系统完成物流工作所支付的费用。企业物流费可以按照支付形态细分为材料费、人工费、公益费、维护费、一般经费和特殊经费。

①材料费。它包括包装物质材料费、燃料费、消耗性工具费、器具费以及备品费等随着物品消耗而发生的费用。在企业的整个物流过程中，包括供应、生产、销售、售后服务过程中所消耗的所有的物质材料、燃料、消耗性工具、器具以及备用品所产生的费用都属于材料费。

②人工费。它包括工资、补贴、奖金、杂费、退休金、福利费、职工保险费、职工教育培训费等劳务费用。企业内部直接从事产品的包装、装卸搬运、运输、储存以及流通加工的工作人员和从事物流管理工作的管理人员的工资、补贴、奖金、加班费等各种劳务支出，为提高企业物流部门的服务水平和管理水平而投入的各种职工教育培训费和为职工提供的各种福利费，以及物流部门退休人员的工资都属于人工费。

③公益费。它包括向电力、煤气、自来水、电信等公益服务部门支付的电费、煤气费、自来水费和电信费等。完成企业的物流工作往往需要消耗一定的电力、煤气等，另外，信息的传递和交流也离不开电信部门的服务，所有这些向公益服务部门支付的费用都属于公益费。

④维护费。它包括使用和维护土地、搬运工具等支出的维修费、消耗材料费、课税、租赁费、保险费等费用。企业用于物流工作（如建立仓库）的土地使用费、维护费，储存产品的仓库的维修费，租赁仓库的租赁费，运输工具的维修费、保险费，以及一些消耗性材料的费用支出都属于维护费。

⑤一般经费。它包括差旅费、交通费、办公费、招待费、杂费以及因商品变质、污损、失窃和引发事故所付出的费用等一般支出。物流管理部门和各业务部门需要共同组织安排整个物流活动，在此过程中产生的费用构成了一般经费。

⑥特殊经费。它包括折旧费和企业贷款利息等。企业完成物流工作往往需要投入一定的资金购买各种所需要的设备，这些设备在使用的过程中会产生自然的损耗，企业对这些设备需要进行折旧处理。另外，如果企业向银行贷款，往往还需要向银行支付利息。折旧费用和企业支付的利息费用共同构成了特别经费。

（2）委托物流费。委托物流费包括向外企业支付的包装费、运输费、保管费、出入库装卸费、手续费等物流业务费用。企业除了依靠自身的物流系统完成物流工作以外，还会委托专门从事物流工作的物流企业为其承担部分物流工作。企业要向被委托的物流企业支付产品包装费、运输费、保管费、出入库装卸费、手续费等费用，这些费用都属于委托物流费。

按支付形态分类的物流费，如图1-1-1所示。

3.按物流功能分类

这是按照运输、储存、包装等物流功能对物流成本进行的分类，分为物品流通费、信息流通费、物流管理费三种。

（1）物品流通费是指物品在整个物流过程中的包装、运输、储存、装卸搬运以及流通加工各个环节所产生的费用。物品流通费可以细分为运输费、包装费、储存费、装卸搬运费、流通加工费。

（2）信息流通费是指随着整个物流过程中信息的收集、加工、整理、传递、交流所产生的费用。

（3）物流管理费是指对整个物流活动进行组织、管理所产生的费用。

按物流功能分类的物流费，如图1-1-2所示。

```
                              ┌ 材料费    物质材料费、消耗性工具费、器具费、备品费及其
                              │          他费用
                              │ 人工费    工资、奖金、补贴、福利费、退休金、职工教育培
                              │          训费、职工保险费及其他费用
                   ┌ 企业物流费┤ 公益费    自来水费、电费、煤气费、电信费及其他费用
                   │          │ 维护费    维修费、消耗材料费、保险费、租赁费及其他费用
                   │          │ 一般经费   差旅费、交通费、招待费、办公费、污损费，以
       ┌ 本企业支付的物流费      │          及因产品变质、失窃、事故引发的费用
       │          │          └ 特殊经费   折旧费、企业贷款利息
物流费 ┤          └ 委托物流费┌ 包装费、运输费、手续费、保管费
       │                     └ 出入库装卸费及其他费用
       │
       └ 其他企业支付的物流费┌ 买入其他企业商品其他企业支付的物流费
                          └ 卖出本企业商品其他企业支付的物流费
```

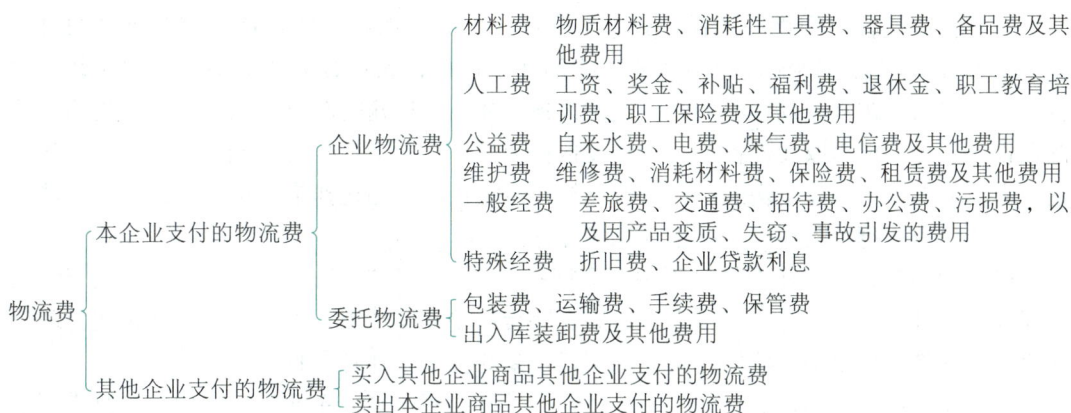

图1-1-1　按支付形态分类的物流费

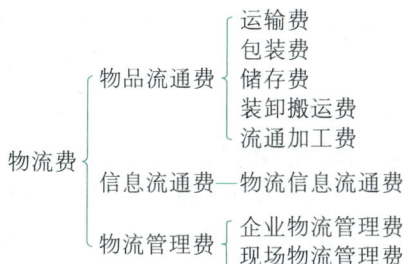

```
                   ┌ 物品流通费┌ 运输费
                   │          │ 包装费
                   │          ┤ 储存费
                   │          │ 装卸搬运费
物流费 ┤          │          └ 流通加工费
                   ├ 信息流通费—物流信息流通费
                   │
                   └ 物流管理费┌ 企业物流管理费
                             └ 现场物流管理费
```

图1-1-2　按物流功能分类的物流费

（二）物流成本的构成

1.对物流成本范围的认识

（1）物流成本的计算范围，即物流的起止问题。物流的范围是相当大的，其包括原材料物流，工厂内物流，从工厂到仓库、配送中心的物流，从配送中心到顾客的物流，随售出产品的退货而发生的物流，由于产品、包装或运输容器、材料等的废弃而发生的物流等。现代物流成本的计算范围应该是包括上述整个物流过程中的物流费用，这与从中选择部分作为物流成本的计算范围显然有明显的差别。

（2）物流成本的计算对象。在运输、储存、装卸搬运、包装、配送、流通加工等各种物流活动环节中，是将所有的活动环节作为物流成本的计算对象，还是以其中的哪几种活动环节作为物流成本的计算对象。将所有的物流活动作为对象计算出来的物流成本，与仅以其中的部分物流活动如运输、仓储作为对象计算出来的物流成本当然是有差别的。现代物流成本的计算对象应该包括所有的物流活动。

（3）物流成本费用。物流过程中的运费、保管费等企业外部支付的物流费，或人工费、折旧费、修缮费、燃料费等企业内部的费用支出，究竟其中的哪一部分列入物流成本进行计算，将直接影响到物流成本的大小。现代物流成本的计算应该将两者均计入物流成本。

2.物流成本的组成部分

（1）从事物流工作人员的工资、奖金、补贴以及其他的各种劳务费用。企业内部直接从事产品的包装、装卸搬运、运输、储存以及流通加工的工作人员和从事物流管理工作的管理人员的工资、补贴、奖金、加班费等各种劳务支出，为职工提供的各种培训教育费用和为职工提供的各种福利费，以及退休人员的工资都是物流成本的组成部分。

（2）物流过程中的物质消耗，如包装材料、电力、燃料等的消耗，固定资产的磨损等。一方面，产品在物流过程中需要一些消耗性材料，如包装需要消耗一定的包装原材料。另一方面，在物流过程中需要一定的设备，如用于运输的车辆，用于装卸货物的自动搬运设备、自动堆码取货设备等，这些设备在使用过程中会产生自然损耗；另外，设备的运作需要能量来源，如车辆的运行需要燃料，自动化设备的运作需要电力。这些物质消耗所产生的费用，也是物流成本的重要组成部分。

（3）物品在运输、保管等过程中的合理损耗。产品在包装、装卸搬运、运输、储存、流通加工的过程中有时会产生损坏、遗失、缺货、差货等现象，如果这些损耗是在合理范围之内，则将其与由于自然损耗给物流部门带来的损失一并计入物流成本。

（4）属于再分配项目的支出，如支付银行贷款的利息等。企业物流部门的运行需要投入一定的人力、物力，同时也需要投入一定的财力。企业为了提高物流服务水平，创造更好的经济效益，往往需要增加投资，用于扩大规模或更新设备。在自身资金困难的情况下，企业往往会向银行贷款。银行的贷款是需要支付利息的，企业因物流活动贷款而向银行支付的利息，也属于物流成本的一部分。

（5）在组织物流的过程中发生的其他费用，如有关物流活动发生的差旅费、办公费、交通费、招待费等。物流管理部门和各业务部门需要共同组织安排整个物流活动，在此过程中会产生一定的费用，如工作人员的办公费、用于接待客户的接待费、工作人员因工作需要出差产生的差旅费等，这些费用都应计入物流成本。

（6）在生产过程中一切由物品空间运动（包括静止）引起的费用支出，如原材料、半成品、制品、产成品等的运输、装卸搬运、储存等费用。在产品的整个生产过程中，物品包括原材料、半成品、制品、产成品等，需要在生产车间内或者生产车间之间进行运输、装卸搬运，以及在车间或仓库内进行储存、保管，由此所带来的材料费用支出也应计入物流成本。

（7）物流过程的研究设计、重构和优化等费用。由于现代技术的不断发展，竞争的日益激烈，人们对物流服务的要求也越来越高，企业为了满足用户的需求，提高物流服务水平，提升自身的竞争力，往往会投入一定的资金对物流过程进行研究设计，或者重构企业的物流系统，推动企业物流系统的合理化和最优化，这种投资也应计入物流成本。

微课 1-3

物流成本的
特征与相关
学说

三、物流成本的特征与相关学说

（一）物流成本的特征

1. 物流成本的隐含性

物流在企业财务会计制度中没有单独的科目，较难对企业发生的各种物流费用做出明确、全面的计算与分析。在通常的企业财务决算表中，物流成本的核算是企业对外部运输业务所支付的商品运输、保管费用等传统物流成本的核算，对于企业内部与物流中心相关的人员费、设备折旧费、固定资产税等各种费用，则与其他经营费用统一计算。因此，从现代物流管理的角度来看，企业难以正确把握实际的物流成本。先进国家的实践经验表明，实际发生的物流成本往往要超过外部支付额的5倍。

2. 物流成本削减的乘数效应

物流成本的控制对企业利润的增加具有显著作用。例如，如果销售额为100万元，物流成本为10万元，那么，物流成本降低10%，就会直接产生1万元的利润。如果利润率占销售额的5%，则增加1万元的利润，就需要增加20万元的销售额，即降低10%的物流成本所起到的作用相当于销售额增加20%。这就是物流成本削减的乘数效应。

3.物流成本的核算范围、核算对象、核算方法难以统一

一是物流在企业财务会计制度中没有单独的项目，一般所有成本都列在费用一栏中，无法分离，较难对企业发生的各种物流费用做出明确、全面的计算与分析。

二是对物流成本的计算和控制，各企业通常是分散进行的，也就是说，各企业根据自身不同的阐述和认识来把握物流成本，这样就带来了一个管理上的问题，即企业之间无法就物流成本进行比较分析，也无法得出产业平均物流成本值。不同的企业外部委托物流的程度是不一致的，由于缺乏相互比较的基础，无法真正衡量各企业相对的物流绩效。

4.物流成本中有不少费用是物流部门无法控制的

在一般的物流成本中，物流部门完全无法理解的成本有很多。例如，保管费中的过量进货、过量生产，销售残留品的在库维持以及紧急输送等产生的费用都是纳入其中的，从而增加了物流成本管理的难度。

5.物流成本之间存在二律背反现象

物流成本中各项目之间、物流服务水平与物流成本之间存在着此消彼长的关系，即某些项目成本的削减，可能引起其他项目成本的增加。因此，物流成本之间各项目是相互关联的。由于二律背反现象的存在，必须考虑整体最佳成本，也就是说，物流管理的目标是追求物流总成本的最优化。

（二）物流成本的相关学说

1."黑大陆"学说

著名的管理学权威专家彼得·德鲁克将流通比作"一块未开垦的处女地"，强调应当高度重视流通以及流通过程的物流管理。他曾经指出，"流通是经济领域里的黑暗大陆"。德鲁克虽然泛指的是流通，但是由于流通领域中物流活动的模糊性特别突出，是流通领域中人们认识不清的领域，所以，"黑大陆"学说主要是针对物流而言的。"黑大陆"学说主要是指人们对物流的真实面貌尚未认识，在"黑大陆"中，如果理论研究和实践探索照亮了这块"黑大陆"，那么，摆在人们面前的可能是一片不毛之地，也可能是一片宝藏之地。"黑大陆"学说是对物流本身的正确评价：这个领域未知的东西还有很多，理论与实践皆不成熟。这一学说对于研究这一领域起到了启迪和动员作用。

2."物流冰山"学说

"物流冰山"学说是日本早稻田大学西泽修教授提出的，他在研究物流成本时发现，现行的财务会计制度和会计核算方法都不能解释物流费用的实际情况，因而人们对物流费用的认识是一片空白，甚至有很大的虚假性，他将这一情况比作"物流冰山"。冰山的特点是大部分沉在水面之下，而露出水面的仅仅是冰山的一角。物流便是一座冰山，其中沉在水面以下的是看不到的黑色区域，而看到的不过是物流成本的一部分。"物流冰山"学说的理论图解，如图1-1-3所示。

3."第三利润源"学说

"第三利润源"学说是日本早稻田大学教授、日本物流成本学说的权威学者西泽修先生于1970年提出的。

总物流费

物流冰山

委托物流费

用现金向企业外
部支付的物流费

自营物流费

企业内部消
耗的物流费

物流成本
计算

材料费　　　　制造成本　　　　销售费
管理费

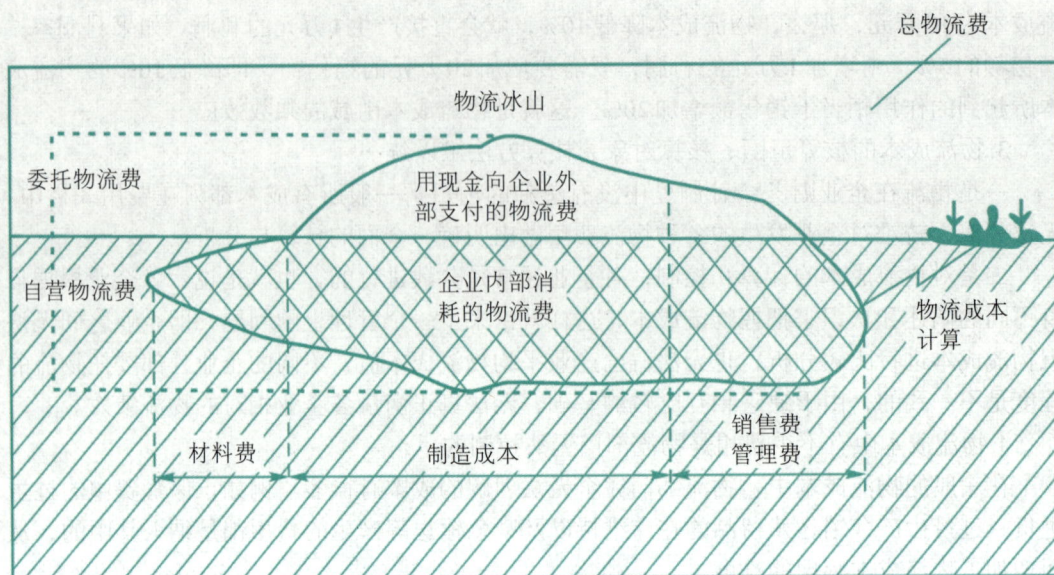

图1-1-3 "物流冰山"学说的理论图解

从历史发展来看，人类历史上曾经有过两个大量提供利润的领域。在生产力相对落后、社会产品处于供不应求的历史阶段，由于市场商品匮乏，制造企业无论生产多少产品都能销售出去，于是就大力进行设备更新改造、扩大生产能力、增加产品数量、降低生产成本，以此来创造企业剩余价值，即"第一利润源"。当产品充斥市场，转为供大于求，销售产生困难时，也就是当第一利润源达到一定极限而很难持续发展时，便采取了扩大销售的办法寻求新的利润源。人力领域最初是廉价劳动，其后则是依靠科技进步提高劳动生产率，降低人力消耗，或采用机械化、自动化来降低劳动耗用，从而降低成本，增加利润，我们称之为"第二利润源"。然而，在前两个利润源潜力越来越小，利润拓展越来越困难的情况下，物流领域的潜力被人们所重视，于是，出现了"第三利润源"学说。降低物流成本，在进货成本和销售价格不变的情况下，相当于提高销售利润，而这个"第三利润源"还有非常广阔的开发空间。

4. "效益背反"理论

"效益背反"理论又称为"二律背反"理论，这一术语表明了两个相互排斥而又被认为是同样正确的命题之间的矛盾。"效益背反"理论是物流领域中很常见、很普遍的现象，是这一领域中内部矛盾的反映和表现。"效益背反"理论指的是物流的若干功能要素之间存在着损益的矛盾，即某一个功能要素的优化和发生利益的同时，必然会存在另一个或几个功能要素的利益损失，反之也如此。这是一个此消彼长、此盈彼亏的现象，虽然在许多领域中这种现象是普遍存在的，但在物流领域中，这个问题似乎尤为严重。

5. 其他物流成本学说

除了上述较有影响力的物流理论学说之外，还有一些物流成本学说在物流学界广为流传。

（1）"成本中心说"。其含义是：物流在整个企业战略中，只对企业营销活动的成本产生影响。物流成本是企业成本的重要组成部分，因而解决物流的问题，不仅仅是要重视合理化、现代化，也不只是为了支持保障其他活动，更重要的是通过物流管理来降低成本。

所以，成本中心既指物流是主要成本的产生点，又指物流是降低成本的关注点。物流是"降低成本的宝库"等说法，正是这种认识的形象表述。

（2）"利润中心说"。其含义是：物流可以为企业提供大量的直接和间接的利润，是形成企业经营利润的主要活动。非但如此，对国民经济而言，物流也是国民经济中创造利润的主要活动。物流的这一作用，被表述为"第三利润源"。

（3）"服务中心说"。其代表了美国和欧洲等一些国家学者对物流的认识。这种认识认为，物流活动最大的作用，并不在于为企业节约了消耗，降低了成本，或增加了利润，而是在于提高企业对用户的服务水平，进而提高了企业的竞争力。因此，他们特别强调物流的服务保障的职能。通过物流的服务保障，企业以其整体能力来压缩成本，增加利润。

（4）"战略说"。随着物流的发展，学术界和产业界越来越多的人已经逐渐认识到，物流更具有战略性，是企业发展的战略，而不是一项具体的操作性任务。应该说，这种看法将物流放在了很高的位置上，企业的战略是生存和发展，而不是在哪个环节上设定得合理一些，费用节省一些，不应该将物流仅看作是需要支付的费用，而应该将其看作是资源，看作是一种生产要素加以有效利用。因此，物流管理日益受到企业的重视，被纳入企业战略管理的范围。

行动进行

步骤一：列举物流成本与非物流成本

1.属于物流成本的费用

仓库及储存设备折旧费用90 000元，运输车辆折旧费用60 000元，仓库各种装卸搬运设备折旧费用40 000元，仓库水电费7 000元，车队管理处水电费2 000元，运输车辆消耗燃料动力费200 000元，装卸搬运设备消耗燃料动力费12 000元，流通加工设备消耗燃料动力费15 000元，流通加工消耗材料30 000元，包装过程消耗材料10 000元，运输过程消耗材料5 000元，运输业务相关人员工资及福利费300 000元，仓储业务相关人员工资及福利费200 000元，合计971 000元。

2.属于非物流成本的费用

行政办公设备折旧费用10 000元，行政部门水电费1 000元，行政部门消耗燃料动力费5 000元，行政部门消耗材料2 000元，行政部门人员工资及福利费100 000元，合计118 000元。

步骤二：分析物流成本居高不下的原因

1.运输和仓储环节的费用相对较高。

2.流通加工和包装环节的材料成本较高。

步骤三：降低物流成本的对策

1.树立现代物流理念，健全企业物流管理体制。

2.树立物流总成本观念，增强全员的物流成本意识。

3.加强物流成本的核算，建立成本考核制度。

4.优化企业物流系统，寻找降低成本的切入点。

果行育德

果行育德 1-1

交通强国建设是以习近平同志为核心的党中央立足国情、着眼全局、面向未来作出的重大战略决策，也是未来物流行业构建多向立体、内联外通、覆盖全球的快速运输通道。

请扫描相关二维码，阅读案例，并回答下列问题：

（1）请阐述文章中所讲述的三张交通网的具体内容是什么。

（2）作为物流从业人员，请分组讨论自己对交通强国建设的认识。

行动评价

行动评价考核内容包括理论知识评价、技能操作评价和职业素养评价，根据学习和测评结果，填写表1-1-1。

表1-1-1　　　　　　　　　　　认知物流成本行动评价考核表

姓名			学号		专业	
任务名称			认知物流成本			
考核内容		考核标准	参考分值（100）	学生自评	小组互评	教师评价	考核得分
理论知识评价	1	理解物流成本的概念	10				
	2	理解物流成本的研究内容	15				
	3	认识相关的物流成本理论	10				
技能操作评价	4	能够阐述物流成本的构成	15				
	5	能够列举物流成本的特点	15				
	6	能够分析降低物流成本的方法和措施	15				
职业素养评价	7	具有社会责任感	10				
	8	具备较强的团队合作能力	10				
总得分			100				

行动巩固

行动巩固 1-1

一、选择题

1.（单选）在物流活动中，物流成本的控制对企业利润的增加具有显著作用，这种作用称为物流成本的（　　　）。

A.隐含性　　　　　　　　　　　B.物流效益背反

C.成本削减的乘数效应　　　　　D.非可控现象

2.（单选）物流系统是以（　　）为核心，按最低成本的要求，使整个物流系统化。

A.成本　　　　　B.费用　　　　　C.业务活动　　　　　D.过程管理

3.（单选）广义的物流成本是指（　　）的物品实体因价值变化而发生的全部费用。

A.生产、流通、消费全过程　　　　B.生产经营

C.采购　　　　　　　　　　　　　D.销售

4.（单选）（　　）是指在原材料采购这一物流过程中所需的费用。

A.生产物流费　　　　B.销售物流费　　　　C.供应物流费　　　　D.退货物流费

5.（单选）按照运输、储存、包装等物流功能对物流成本进行的分类，可分为（　　）种。

A.5　　　　　　　　B.4　　　　　　　　C.3　　　　　　　　D.2

6.（单选）产品价值的高低会直接影响物流成本的大小。一般来说，产品的价值越（　　），对其所需使用的运输工具的要求就越（　　）。

A.大，高　　　　　　B.大，低　　　　　　C.小，高　　　　　　D.大，不影响

7.（多选）物流费用的效益背反，包括（　　）的效益背反。

A.物流成本与服务水平　　　　　　　　B.物流成本与物流数量

C.物流功能之间　　　　　　　　　　　D.物流成本项目之间

二、判断题

1."第三利润源"学说，是指物流是经济领域里"一块未开垦的处女地"。　　　（　　）

2.现代物流成本的计算对象应该包括所有的物流活动。　　　　　　　　　　（　　）

3.物流成本管理就是管理物流成本。　　　　　　　　　　　　　　　　　　（　　）

三、简答题

1.简述物流成本的特点。

2.与物流成本管理相关的理论学说有哪些？

任务二　认知物流成本管理

行动任务

远光公司正在进行成本核算体系的改革，在明确了各项物流成本的所属之后，物流成本管理人员需要明确可以从哪些内容层面进行物流成本的有效管理。目前，公司的物流成本呈现逐年上升的趋势，需要思考可以从哪些方面来降低物流成本。物流成本部门经理要求王明在认识物流成本管理的基础知识的前提下，结合公司的实际情况，总结出物流成本管理的内容以及降低物流成本的具体措施。

公司现阶段存在的最主要的问题是物流运输成本过高，公司自有车辆因业务量的分布情况以及客户要求的到货时间经常存在回程空驶的状态，从而导致车辆运营成本以及油耗成本居高不下。

请你以王明的身份，完成物流成本管理部门经理安排的这项任务。

行动锦囊

一、物流成本管理的含义及内容

（一）物流成本管理的含义

物流成本管理是以物流成本信息的产生和利用为基础，按照物流成本最优化的要求对企业的物流成本有组织地进行预测、决策、计划、控制、分析

和考核等，从而达到在既定服务水平下降低物流成本的目的。

（二）物流成本管理的内容

物流成本管理的内容主要有物流成本预测、物流成本决策、物流成本计划、物流成本控制、物流成本核算以及物流成本分析。

1.物流成本预测

物流成本预测是根据有关物流成本数据和企业具体的发展情况，运用一定的技术方法，对未来的物流成本水平及其变动趋势做出科学的估计。生产物流费包括在整个生产过程中一切由物品空间运动（包括静止）引起的费用支出，如原材料、半成品、制品、产成品等的运输、装卸搬运、储存等费用。

2.物流成本决策

物流成本决策是在成本分析与预测的基础上，结合其他技术、经济因素，运用一定的科学方法，从若干方案中选择一个满意的方案的过程。比如配送中心新建、改建、扩建的决策，装卸搬运设备、设施购置的决策，流通加工合理下料的决策。

3.物流成本计划

物流成本计划是根据成本决策所确定的方案、计划期的生产任务、降低成本的要求及有关资料，通过一定的程序，运用一定的方法，以货币形式规定计划期物流各环节耗费水平和成本水平，并提出保证成本计划顺利实现所采取的措施。

4.物流成本控制

物流成本控制是企业在物流活动中以不断降低物流成本和提高物流服务水平为目的，对影响物流成本的各种因素加以管理，及时发现与预算目标成本之间的差距，采取一定的措施，保证物流成本目标和成本预算任务的完成。从企业生产经营过程来看，物流成本控制包括事前控制、事中控制和事后控制。

5.物流成本核算

物流成本核算是根据企业确定的成本计算对象，采用相适应的成本计算方法，按照规定的成本项目，通过一系列的物流费用汇集与分配，从而计算出各物流活动成本计算对象的实际总成本和单位成本。

6.物流成本分析

物流成本分析是在成本核算及其他有关资料的基础上，运用一定的方法，揭示物流成本水平与构成的变动情况，进一步查明影响物流成本变动的各种因素，寻找降低物流成本的途径。通过物流成本分析，检查和考核成本计划的完成情况，及时发现问题，总结经验，找出实际与计划的差异及原因，合理控制物流成本。

微课 1-5

物流成本管理
的方法及企业
物流管理对策

二、物流成本管理的方法

（一）物流成本过程管理法

（1）运用价值分析管理法，实现采购工作优化。

（2）运用线性规划、非线性规划的方法，实现运输优化。

（3）运用存储论中的经济模型确定紧急合理的库存量，实现存储优化。

（4）运用系统分析技术，实现配送优化。

（5）运用模拟技术对整个物流系统进行研究，实现物流系统的最优化。

（二）物流成本控制管理法

（1）传统物流成本控制法。

（2）现代物流成本控制法。

（3）排除法。

（4）作业成本法。

（5）计算机信息系统管理法。

三、降低物流成本的途径

微课 1-6

降低物流成本
的途径

（一）采取"全程供应链"管理模式

企业应从过去只关注企业"内部供应链"的管理转向关注从客户到供应商整个链条性能的"全程供应链"管理，协调与供应链内部其他企业（如供应商、零售商等）以及客户之间的关系，与供应商、销售渠道保持紧密的协作关系，加强在各个环节的协同，实现整个供应链活动的成本最小化。采取"全程供应链"管理模式，可以有效地缩短从供应商到客户的"时间距离"，缩短从客户需求提出到满足客户需求的响应周期，大大减少缓冲库存成本，有效节约物流费用，降低物流成本。

（二）降低运输成本

1.减少运输环节

运输是物流活动过程中的一个主要环节，涉及装卸、搬运、包装等多个环节，会增加不少成本。因此，对于有条件可以直运的，应尽可能采取直达运输方式，由产地直运到销地或用户，减少二次运输；同时，要尽量消除相向运输、迂回运输等不合理现象。

2.合理选择运输工具

运输工具的经济性、迅速性、安全性和便利性之间存在着相互制约的关系。因此，在目前多种运输工具并存的情况下，必须注意根据不同货物的特点及对物流时效的要求，对运输工具所具有的特征进行综合评价，以便做出合理选择运输工具的决策，并尽可能选择廉价运输工具。

3.制订最优运输计划

在企业到消费地的单位运费、运输距离以及各企业的生产能力和消费量都已经确定的情况下，可以采用线性规划技术来解决运输的组织问题；如果企业的生产量发生变化，生产费用函数是非线性的，就应使用非线性规划技术来解决问题。属于线性规划性类型的运输问题，常用的方法有单纯形法和表上作业法。

4.注意运输方式

采用零担凑整、集装箱、捎脚回空运输等方法，扩大每次运输批量，减少运输次数。采用合装整车运输是降低运输成本的有效途径，合装整车运输的基本做法有：零担货物拼整车直达运输；零担货物拼整车接力直达或中转分运；整车分拆和整车零担等。

5.提高货物装载量

改进商品包装，压缩疏松的商品体积并积极改善车辆的装载技术和装载方法，以便运输更多的货物。提高装载率的基本思路是：一方面要最大限度地利用车辆载重吨位；另一方面要充分使用车辆装载容积。其具体的做法包括：组织轻重配装；对于体大笨重、不易装卸又容易碰撞致损的货物，如自行车、科学仪器等，可以采取解体运输。同时，加强计划工作，避免"货多车少"和"货少车多"的现象。

（三）降低仓储成本

1.优化仓库布局，减少库存点，削减不必要的固定费用

目前，许多企业通过建立大规模的物流中心，将过去零星的库存集中起来进行管理，对一定范围内的用户进行直接配送，这是优化仓储布局的一个重要表现。需要注意的是，仓库的减少和库存的集中，有可能会增加运输成本，因此要从运输成本、仓储成本和配送成本的综合角度来考虑仓库的布局问题，使总的物流成本达到最低。

2.采用现代化库存计划技术来控制合理库存量

例如，采用物料需求计划（MRP）、制造资源计划（MRPⅡ）以及准时制（JIT）生产和供应系统等来合理地确定原材料、在产品、半成品和产成品等每个物流环节最佳的库存量，在现代物流理念下指导物流系统的运行，使存货水平最低、浪费最少、空间占用最小。

3.运用存储论确定经济合理的库存量，实现货物存储优化

货物从生产到客户之间需要经过几个阶段，几乎每一个阶段都需要存储，究竟每个阶段保持多少的库存量较为合理？为了保证供应，需要间隔多长时间补充库存？一次性进货多少才能达到费用最少的目的？这些都是确定库存量的问题，也都可以从存储论中找到解决的办法。其中，应用较为广泛的方法是经济订购批量模型。

在库存管理中应用 ABC 分类管理法，做好库存物品种类的重点管理和库存安排，提高保管效率。ABC 分类管理法符合"抓住关键的少数""突出重点"的原则，是库存成本控制中的一种比较经济合理的常用方法。对于品种少但占用资金额高的 A 类货物，应该作为重点控制对象，必须严格逐项控制；B 类物资则可以分不同情况，采取不同的措施；而对于 C 类物资，一般只需要采取一些简单的控制方法即可。

（四）借助信息化控制和降低物流成本

信息化的关键在于提高信息的收集、处理、传播的速度以及信息的准确性，有效减少冗余信息的传递。现代物流信息系统，一方面可以使各种物流作业或业务处理得准确、迅速；另一方面可以建立起物流经营战略系统，通过信息系统的数据汇总，进行预测分析，控制和降低物流成本。

通过将企业订购的意向、数量、价格等信息在网络上进行传输，做到用户需求信息在企业内部的资源共享，企业充分应对可能发生的各种需求，及时调整经营计划，避免无效作业，减少作业环节，消除操作延迟，从而在整体上控制物流成本发生的可能性。

总之，物流成本降低是一个持续不断的过程。物流系统优化是关系到企业的竞争能力、影响到企业盈利水平的重大问题，应从战略的高度规划企业的物流系统。同时，要协调各部门之间的关系，使各部门在优化物流系统的过程中相互配合。物流成本控制方法，包括绝对成本控制法和相对成本控制法。绝对成本控制法是将成本支出控制在一个绝对金额以内的成本控制方法。绝对成本控制法通过节约各种费用支出、杜绝浪费的途径进行物流成本控制，要求将营运生产过程中发生的一切费用支出都列入成本控制范围。

行动进行

步骤一：物流成本管理内容梳理

王明觉得公司可以从以下几个方面进行物流成本管理：

（1）进行物流成本预测：公司选用一定的技术方法，对未来一段时期的物流成本水平及其变动趋势做出科学的估计和预测，主要包括货物储存成本、货物装卸搬运成本、货物运输配送成本、物流咨询的人工成本、物流系统开发的成本等成本水平的预测。

（2）进行物流成本决策：在物流成本预测结果的基础上，公司结合技术以及实际进行物流业务的经济因素分析，从不同的仓储方案、运输配送方案中选择一个满意的流程。

（3）进行物流成本计划：公司依据确定的仓储运营方案以及运输配送方案，通过一定的程序和方法，以货币形式规定一个计划期内的货物干线运输、货物在库存储以及货物配送等物流环节耗费水平和成本水平，提出保证成本计划顺利实现所采取的措施。

（4）进行物流成本控制：公司需要结合影响物流成本的各种因素，比如市场变动情况、客户储存的货品性质以及客户要求的运输时效等因素，制定物流成本在不同时段的控制方法。

（5）进行物流成本核算：公司根据企业确定的成本计算对象，比如库存成本、运输成本以及配送成本等内容，通过一系列的物流费用汇集与分配，计算出各库存成本、运输成本以及配送成本等成本对象的实际总成本和单位成本。

（6）进行物流成本分析：公司在核算出来的具体的成本项以及其他有关资料的基础上，采用一定的方法分析物流成本水平与构成的变动情况，进一步查明影响物流成本，比如货物储存成本、货物运输与配送成本以及异常处理成本等成本变动的因素，从而更具针对性地寻找降低物流成本的途径。

步骤二：降低物流成本的途径

1.分析造成车辆空驶的原因

根据实际情况来分析，造成车辆空驶的原因主要有以下几种：

（1）社会物流信息系统不健全。目前，由部分企业建立的物流信息系统规模小、信息量少、服务范围窄，导致货源信息和车辆信息之间无法及时沟通，造成有的有货没有车，而有的有车没有货。

（2）物流运输中客户企业对运输服务的要求较为苛刻。有些物流客户片面追求缩短物流运送时间，无法给运输车辆留出足够的回程配载时间，导致车辆来不及组织回程配载而放空返回；有的限制运输车辆只能为本企业服务，不允许回程配载其他货物，而通过适当调整运费的方式补偿车辆回程空驶的消耗。

（3）自备车辆空去（输入运输）空回（输出运输）现象严重。这些企业生产规模小、物流运输业务量少、车辆运输任务单一，导致企业自备汽车资源有60%处于闲置状态，致使企业生产成本增加。

（4）运力市场集中度低。货运企业尚未形成规模化生产的组织和指挥能力，无法形成统一的货源组织和车辆调配，绝大多数的车辆还是由车主自己寻找货源的，经营信誉差，运输安全和货物保险能力低，异地配载难度大。

2.提出运输车辆空驶导致物流运输成本较高的解决途径

（1）合理调整运力结构，保持运力与运量的协调与平衡。在一定的区域范围内，运量（运输需求量）是随着社会经济的发展而增加的，而运力（运输能力）的发展应与运输需求量的增长相适应，两者应保持动态平衡的关系。若运力小于运量，将会造成物流不畅，阻碍社会经济的发展；若运力大于运量，则会使运力过剩，即从根本上造成车辆利用效率低下。

（2）依据规范，优化现有物流网络和运输方式，结合公司现有客户分布以及潜在客户分布，结合自身业务优势，优化现有的物流网络和运输方式，扩大业务范围，加大车辆运输效率。

（3）减少自备车辆的运营，一般来说，中小型企业不宜经营自备车队，可以通过对现有的自备运输车辆进行外包、拍卖、入股，或与物流运输企业进行整合的形式，提高车辆利用率，从而减少运输成本。

（4）全面采用现代化计算机网络技术和GPS等技术，通过物流信息系统及时传递和理解货物资源和车辆资源信息，实现合理配载和车辆调配。

果行育德

果行育德 1-2

新冠疫情给全球范围内的各行各业带来了不小的冲击。快递物流行业的发展关乎着国计民生，从国家层面而言，快递物流行业担负着运输物资的重要使命。疫情暴发后，千千万万的快递小哥一次又一次地冒疫奔忙，被称为疫情中的逆行者。

请扫描相关二维码，阅读文章《疫情再次掀起轩然大波 凸显快递物流的民生重要性》，谈谈你对物流的重要性的认识。

行动评价

行动评价考核内容包括理论知识评价、技能操作评价和职业素养评价，根据学习和测评结果，填写表1-2-1。

表1-2-1　　　　　　　认知物流成本管理行动评价考核表

姓名				学号		专业	
任务名称			认知物流成本管理				
考核内容		考核标准	参考分值（100）	学生自评	小组互评	教师评价	考核得分
理论知识评价	1	理解物流成本管理的内容	10				
	2	理解物流成本管理的方法	15				
	3	理解降低物流成本的途径	10				
技能操作评价	4	能够准确总结物流成本管理的内容	15				
	5	能够分析造成运输成本过高的原因	15				
	6	能够针对实际情况提出改善物流运输成本的途径	15				
职业素养评价	7	具有物流成本管理意识	10				
	8	具备较强的团队合作能力	10				
总得分			100				

行动巩固

行动巩固 1-2

一、选择题

1.（单选）（　　）是物流成本管理的中心环节。

A.物流成本核算　　　　　　B.物流成本控制

C.物流成本分析　　　　　　D.物流成本预测

2. （单选）下列关于"物流成本管理系统的具体工作"的说法中，不正确的是（　　　）。

A.物流成本改善的技术措施　　　　B.物流成本预算

C.物流成本性态分析　　　　　　　D.物流责任成本管理

3. （多选）物流成本管理的内容有（　　　）。

A.物流成本预测　　　　　　　　　B.物流成本计划

C.物流成本核算　　　　　　　　　D.物流成本分析

E.物流成本决策

4. （多选）物流成本管理的要点有（　　　）。

A.确定成本管理对象　　　　　　　B.制定成本管理标准

C.实行预算管理　　　　　　　　　D.实行责任成本管理

E.推行物流管理现代化

5. （多选）物流成本降低的主要途径有（　　　）。

A.物流合理化　　　　　　　　　　B.提高物流速度

C.共同配送　　　　　　　　　　　D.建立信息系统

E.优化物流服务水平和成本水平

二、判断题

1.物流成本管理的前提是物流成本计算。　　　　　　　　　　　（　　　）

2.加强物流成本管理，可以提高企业的物流管理水平。　　　　　（　　　）

3.物流成本管理在企业财务管理中，是一项微不足道的内容。　　（　　　）

三、简答题

简述物流成本管理的内容。

任务三　认识物流绩效管理

行动任务

微课 1-7

近期远光公司在物流成本管理改革上取得了初步进展。但是，随着业务的不断拓展，物流运输成本过高的问题依旧突出，成为公司整体成本控制的瓶颈。为了打破这一困境，远光公司决定深化物流绩效管理，力求通过科学的方法和工具，构建起一套覆盖仓储、配送、运输全流程的绩效指标体系。

物流绩效评价简介

绩效管理部门经理要求王明在对公司实际情况进行深入了解的基础上，从关键绩效指标入手，分析现有物流绩效的达成情况，运用绩效评价技术对绩效进行全面评估，制订出行之有效的物流绩效管理方案。

请你以王明的身份，完成物流绩效管理部门经理安排的这项任务。

行动锦囊

一、常用的绩效评价技术

（一）量表法

在量表法中，通常采用以下三个不同的实操方法：

1.图尺度评价法

图尺度评价法也称为等级评价法，是一种最简单也最常用的绩效方法。该方法主要是列举一些特征要素，并分别为每一个特征要系列举绩效的取值范围。

该方法操作过程简单，一般比较适用于中小型企业。但这种方法的不足之处也很明显：评价方法与组织战略之间常常差异较大；该方法只有模糊和抽象的绩效标准，可能会导致不同的评价者对绩效标准形成不同的阐述，被考核者的绩效评估结果受评估者的主观因素影响较大。

2.行为锚定法

行为锚定法是将每项工作的特定行为用一张等级表来反映，该等级表将每项工作划分为各种行为级别（从最积极的行为到最消极的行为），评价时，评估者只需将员工行为对号入座即可。

这种方法的实操成本较高，比较适合于大中型企业，同时，这种方法最大限度地规避了考评者的主观误差，而等级表的应用使得该方法具有较高的信度，因为不同的评估者对同一职位进行评估时，其结果是类似的，具有良好的反馈功能。

3.行为观察量表法

行为观察量表是由工作绩效所要求的一系列合乎组织期望的行为组成的表单。行为观察量表法是首先列举出评估指标（通常是期望员工在工作中表现出比较好的行为），然后要求评估者在观察的基础上将员工的工作行为与评价标准进行对照，观察该行为出现的频率或完成的程度（从"几乎没有"到"几乎总是"）的评估方法。

这种方法的实操难度较大，因为其需要认真地观察员工行为，尽可能完成员工行为及相关标准的统计，难度系数较大。

（二）比较法

1.排序法

排序法是将员工的业绩按照从高到低的顺序排列。根据操作方法的不同，其可分为简单排序法和交替排序法。

其中，交替排序法是对简单排序法的一种改进，是将员工从绩效最好到绩效最差进行交替排序，最后根据序列值来计算得分的一种考评方法。

2.配对比较法

配对比较法是根据特定的标准将每位员工逐一与其他员工进行比较，选出每次比较的优胜者，最后根据每位员工获胜的次数进行绩效排序。

这种方法适合企业人数相对较少的情况，在企业员工较多的情况下，考核的工作量较大。

3.强制分布法

强制分布法是将被评估者的绩效结果放入一个类似于正态分布的标准中。正态分布曲线反映了随机变量的分布规律。理论上的正态分布曲线是一条中间高、两端逐渐下降且完全对称的钟形曲线。

该方法最大的优点是可以有效地避免考核结果可能出现的趋中趋势。

（三）描述法

1.关键事件法

关键事件法要求评估者在绩效周期内，将发生在员工身上的关键事件记录下来，并将其作为绩效评估的事实依据。关键事件是员工在工作中的非同寻常的关键事件，而非日常的事务性工作。

采用这种方法，实操的关键点在于考评者能够正确精准地判断出关键事件的定义，并能够精准地捕捉到关键事件。

2.不良事故评估法

不良事故评估法是通过预先设计不良事故的清单对员工的绩效进行考核。

企业中往往存在这样一类工作，这些工作的出色完成并不会对企业目标的实现起到决定性的作用，而一旦这些工作出现失误，将会给企业带来巨额的、难以弥补的损失。不良事故评价法正好适合对此类工作进行评价。

二、常用的绩效管理工具

（一）KPI（关键绩效指标）

微课 1-8

物流绩效管理
工具——关键
绩效指标
（KPI）

KPI即关键绩效指标，KPI考核指标来源于企业目标，KPI是将企业目标层层分解，细化为具体可执行的关键性指标。因此，KPI能够将企业目标、部门目标和个人目标结合起来，实现上下的高度统一。也就是说，在日常考核中，企业不是对被考核者的每一项工作都制定指标进行考核，而是选出对业绩达成影响最大的、较为关键的指标进行考核。KPI考核指标具有"二八法则"作为理论支撑，即80%的工作成果是由20%的关键行为产生的，所以，企业考核需要紧紧抓住这20%的关键行为来进行。

（二）MBO（目标管理法）

目标管理法是管理大师彼得·德鲁克提出并率先在GE公司实行的，取得了巨大的成功。MBO主要是针对成果和行为难以量化的工作，在使用过程中，非常强调员工的参与，管理者与员工通过协商、达成共识，共同制定目标，共同承担责任。

（三）BSC（平衡计分卡）

平衡计分卡即从财务、客户、内部流程、学习与成长四个维度进行考核。与其他考核不同，BSC考核不仅包含了财务因素，也包含了非财务因素，不仅考虑了外部因素，也考虑了内部因素，不仅考虑了短期效益因素，也考虑了长期利益因素。由于平衡计分卡所涉及的要素完整，实施的工作量较大，实施的专业度较高，同时，平衡计分卡关注企业的全面发展，在资源一定的情况下，很难在短时间内看到效果，因此，平衡计分卡比较不适合中小型企业的考评。

（四）360度考核法（PIV考核法）

360度考核法是对员工个人进行考核的方法。此种方法综合员工个人、上级、同事、下属和客户的全方位维度，从不同层次的员工中收集考核信息，从多个视角对员工综合能力素质进行考核，因此也被称为360度考核法。

三、物流绩效评价的基本步骤

微课 1-9

物流绩效评价
的基本步骤

物流活动开展一段时间后，需要对成本效益情况进行评估，以便发现问题，及时反馈。物流绩效评价的实施步骤如下：

1.确定评估工作的组织机构

评估组织机构直接组织实施评估活动，负责成立评估工作组。如有需要，评估组织机构还可以选聘有关专家作为评估工作的咨询顾问。参加评估工作的成员，应当具备以下基本条件：

（1）具有较为丰富的物流管理、财务会计、资产管理等专业知识。

（2）熟悉物流成本绩效评价业务，具备较强的综合分析判断能力。

（3）评估工作主持人应有较长时间的经济管理工作经历，并能够坚持原则，秉公办事。

2.制订评估工作方案

由评估工作组来制订评估工作方案，并确定以下内容：

（1）评估对象。不同的企业可能具有不同的物流活动，因此，必须首先确定企业的具体物流环节，明确评估工作的对象。当对物流企业进行成本绩效评价时，评估对象就是整个物流企业。

（2）评估目标。物流财务绩效评价目标是整个评估工作的指南和目的。不同的评估目标决定了不同的评估指标、评估标准和评估方法的选择，其报告形式也不相同。

（3）评估指标。评估指标是评估对象对应于评估目标的具体考核内容，是评估方案的重点和关键。评估指标分为物流作业评估指标、物流企业评估指标等。

（4）评估标准。物流财务绩效评价标准取决于其评估目标，常用的评估标准是年度预算标准、竞争对手标准等。

（5）评估方法。有了评估指标和评估标准后，还需要一定的方法对评估指标和评估标准进行实际运用，以取得公正合理的评估结果。在物流财务绩效评价中，常常采用定量方法。

（6）报告形式。根据评估目标，确定最终需要形成的绩效报告形式，如成本-服务报告、趋势报告等。

3.收集和整理基础资料和数据

根据评估工作方案的要求及评分需要，收集、核实和整理基础资料和数据，包括各项具体物流作业的基础数据、其他企业的评估方法及评估标准、企业以前年度的物流成本绩效评价的报告资料等。

4.评估计分

评估计分是绩效评价过程的关键步骤。根据评估工作方案确定的评估方法，利用收集和整理的资料数据计算评估指标的实际值。

5.编制报告

按照评估工作方案确定的报告形式，填写相应的评估指标值，并对评估指标数据进行分析，结合相关资料，得出评估结论。

6.评估工作总结

将评估工作背景、时间地点、基本情况、工作中的问题及措施、工作建议等形成书面材料，建立评估工作档案。

四、物流成本绩效评价的基本原则与步骤

（一）物流成本绩效评价的基本原则

没有规矩不成方圆，在进行物流绩效评价时，也需要遵循一定的原则。

1.整体性原则

目前，物流活动已经渗透到企业经营活动的各个部分，只要有物质的流通，就有物流活动。这里所说的物质的流通，既包括实体物资，又包括金融、期货等非实体物资。随着物流活动各个流程的不断整合与发展，企业对物流活动的绩效评价不能仅局限于对局部物流成本的考核和控制，因为这无法满足企业对整体物流活动的掌控。因此，企业对物流活动的绩效评价，应该从整体上对所有的物流活动进行综合绩效评价。目前，不少大型企业集团已经改变了传统上只是对局部的物流部门内部通过简单的功能性指标进行分析和对物流绩效进行评价，而是从公司整体利益和整条供应链的综合利益出发，制定和部署物流战略，通过企业集团对渠道联盟的总体绩效来衡量物流活动的绩效。这与现今倡导的一体化供应链战略联盟思想相契合。

2.可接受性原则

企业在进行物流绩效评价过程中，不仅要有评价指标、评价手段和评价方法，而且需要企业的管理者和员工积极参与配合。没有企业管理者和员工的积极配合，所取得的绩效评价结果的真实性和可靠性就有待商榷。因此，企业在对物流绩效评价体系和指标的设计上，需要充分考虑绩效评价的过程和结果能否被管理者和员工接受和支持。一旦企业所采用的物流绩效评价指标体系脱离企业的实际情况，不具有实用性，这样的绩效评价就不会得到参与评价的管理者和员工的阐述和支持，绩效评价也会遭到极大的阻力。一般情况下，企业在设计物流绩效评价指标体系时，需要事先广泛征求管理者和员工的意见和建议，尽可能将工作要求详细、准确地告诉参与评价的相关人员，这样可以极大地提高物流绩效评价体系的可接受性，相应地，也可以提高绩效评价结果的准确性。

3.定性与定量相结合原则

企业在进行物流活动的绩效评价时，在评价方法的选择上要采用定性方法和定量方法相结合的原则。若单纯使用定量方法，其采用的数据是已经发生的数据，容易使企业的评价结果过于死板，同时在时间上具有滞后性。若单一使用定性方法，其评价的结果过于主观，不容易形成统一标准。因此，在进行物流绩效评价时，要采用定性方法和定量方法相结合的方式进行评价。这样，既保证了绩效评价的客观性，又保证了绩效评价的灵活性。评价指标的选取也应该采用定量指标和定性指标相结合的方法，因为物流绩效评价涉及物流活动的风险和客户满意度等问题，而这两类指标往往难以进行量化。因此，在进行绩效评价时，除了要对物流绩效评价指标进行量化以外，还应当使用一些定性指标对定量指标进行修正。对于定性指标，一定要给出明确的定义，并按照某种参照标准对其赋值，使其能够合理、准确地反映指标的性质。

4.个性和共性相结合原则

物流绩效评价体系具有广泛的适用性，能够将不同类别、不同行业的企业物流绩效反映出来，这是物流绩效评价的共性。同时，物流绩效评价还应该具有个性，具体问题具体分析，其要求绩效评价还应该根据具体的行业和企业的实际情况做出适当的调整，使其能够根据不同企业物流活动的状况，科学合理地做出评价。

5.经济性原则

企业在进行绩效评价时，还应该考虑物流绩效评价在应用时的收益和所付出的成本。具体而言，在设计绩效评价指标体系时，指标不宜过多。指标过多会造成数据收集困难，参与评价的管理者和员工有抵触情绪，评价的成本也随之上升；同时，指标过多还会导致操作结果过于复杂，得不偿失。但是，评价指标也不能过少，指标过少会导致企业评价的结果不全面，无法达到预期的理想效果。因此，在保证评价指标能够满足评价需求时，尽可能使评价的成本最低。

6.可比性原则

企业在建立物流绩效评价体系时，需要考虑数据在时间上纵向的可比性，还要考虑与其他同类企业包括国外的企业物流绩效评价体系的兼容性和横向的可比性。这样，有利于与国外同行业的企业物流绩效相比较，同时也可以与国内的竞争对手进行比较分析，发掘潜在的竞争优势。企业在建立物流绩效评价体系时，需要参照国际和国内同行业的物流管理标准，提高评价的可比性。

（二）物流成本绩效评价的步骤

物流成本绩效评价大致需要经历前期准备工作阶段、主要工作阶段和后期处理工作阶段。

1.前期准备工作阶段

（1）建立物流绩效评价组织机构。在正式进行企业物流绩效评价之前，需要做一些基础的准备工作，以保证物流绩效评价工作能够顺利开展。首先，需要建立物流绩效评价工作的组织机构，其直接组织和实施评价活动，负责成立绩效评价小组，并选择小组成员。一般情况下，评价组织机构还会从企业外部聘请有关的专家和学者加入评价小组，提高评价的科学性和可靠性。要想成为一名合格的评价小组成员，应该符合以下几点要求：

第一，应该具备企业管理、物流管理和财务会计等方面的专业知识。

第二，必须熟悉物流绩效评价的整体流程，同时具有较强的综合分析能力。

第三，评价小组的组长应该在经济管理方面拥有较为丰富的工作经验，具备较高的职业素养，并能够秉公评价。

（2）制订物流绩效评价的工作方案。制订物流绩效评价的工作方案，是绩效评价前期准备工作的核心部分，也是整个绩效评价工作的规划，为绩效评价工作的顺利进行提供了指导方案。物流绩效评价的工作方案主要包括以下六个方面的内容：

①物流绩效评价的目标。企业在进行物流绩效评价时，首先要明确绩效评价的目标是什么。绩效评价的目标是指导整个评价体系运作的指南，其应该从属和服务于企业的总目标，由企业的总目标决定。绩效评价目标是通过在物流活动中建立自上而下的激励和约束机制，调动全体参与评价人员的积极性，提高物流活动的整体效率。只有全体的参与人员

能够明确物流绩效评价的目标，才能提高企业的效率，并为企业的发展提供帮助。

②物流绩效评价的对象。企业进行物流绩效评价的对象有两个，即企业和员工。其中，员工主要是指经营管理者。虽然企业物流绩效评价的目标是通过经营管理者的执行实现的，但由于存在着道德风险和逆向选择问题，经营管理者的目标和企业的目标往往不能完全一致，有时甚至是背道而驰。这就是为何在对企业进行物流绩效评价的基础上，还要对企业物流活动的经营管理者进行绩效评价。

在制订物流绩效评价的工作方案过程中，确定评价对象具有重要的意义。明确评价对象，可以使执行者有针对性地收集资料，节省不必要的收集成本，提高绩效评价的效率。对企业进行物流绩效评价，能够影响企业的后续经营活动，是扩张、维持、收缩、转型，还是退出。对物流活动的经营管理者进行绩效评价，能够影响其奖惩和职位升降等敏感性问题。

③物流绩效的评价指标。物流绩效评价必须建立在科学合理的评价指标的基础上，而评价指标的选择对绩效评价的整体效果至关重要。物流绩效评价所关注的是评价对象与企业的整体发展紧密相关的各个方面，评价对象在这些方面的表现从一定程度上决定了绩效评价的最终结果。物流绩效的评价指标主要分为两大类：一类是财务方面的评价指标，如成本、利润和报酬率等；另一类是非财务方面的评价指标，如顾客满意度、顾客忠诚度等。

④物流绩效的评价方法。采用何种方法进行物流绩效评价对最终的绩效评价结果有着较大影响，一种好的评价方法既可以充分展现物流活动中存在的问题，还可以发掘物流活动的发展潜力，激发物流活动充分发挥其能力；同时，一种好的评价方法可以充分利用已经获得的信息资料，使评价的结果更为客观、科学、准确。

⑤物流绩效的评价标准。物流绩效的评价标准主要取决于绩效评价的目标。科学有效的评价标准，应该具备以下几个特征：难度适中，不能太过简单，使评价对象轻松达到标准；不能过难，对于一项不可能完成的任务，员工的积极性一般不高；评价标准应该是员工经过努力后能够达到的绩效考核的标准。同时，绩效评价的标准要具有透明度，评价对象能够准确地阐述和接受这个评价标准，使得刚性和柔性相结合。

⑥绩效评价报告的形式。绩效评价工作完成以后，要以书面的形式向相关负责人呈现此次绩效评价的结果。以何种形式呈现绩效评价的结果，是绩效评价的工作方案中应该包含的内容。一般来说，绩效评价报告的形式要根据绩效评价的目标，确定最终需要形成的具体形式。例如，物流成本绩效分析报告、企业物流绩效近期发展情况报告等。

（3）收集、整理基础资料和数据。绩效评价的主要依据就是所需的资料和数据，企业在制订完绩效评价的工作方案后，要根据工作方案的要求收集具体物流活动的基础数据，并对所获数据及信息进行加工、整理，提炼出所需的信息用于物流绩效评价。在做好基础工作的前提下，从横向上比较分析，物流绩效评价小组还应该收集同行业其他企业在进行物流绩效评价时所采用的评价方法和评价标准，及时认识行业的物流绩效评价现状；从纵向上比较分析，物流绩效评价小组还应该收集企业历年的绩效评价报告及具有价值的相关信息，为当前的物流绩效评价活动提供参考意见。

2.主要工作阶段

（1）物流绩效评价指标体系的设置。在前期准备工作就绪的情况下，要进行正式的绩效评价工作，这是物流绩效评价的关键步骤。在物流绩效评价的工作方案中已经涉及指标的选择，因此，这个步骤中的主要工作就是建立一个完整的绩效评价指标体系，使这个评价指标体系能够满足评价所需的全部信息。同时，指标数量应尽可能少，使评价的过程尽可能简化。

（2）物流绩效评价方法的应用。物流绩效评价的方法有很多，如平衡计分卡、绩效棱柱法、数据网络分析法、层次分析法和模糊综合评价等。究竟采用何种方法进行物流绩效评价，要综合考虑企业进行物流绩效评价的目标、所拥有的人力资源以及企业收集数据的具体实际情况。使用绩效评价方法，一定要遵循公平公正原则，平等对待每项参与评价的物流活动。

（3）开展正式的绩效评价工作。设置完物流绩效评价指标体系，选择好物流绩效评价方法之后，要进行正式的物流绩效评价工作。在这一阶段，物流绩效评价小组成员应该客观地对物流绩效评价对象进行分析评价，严格依照评价指标和评价方法，并将评价标准作为唯一的评价依据。

3.后期处理工作阶段

（1）总结物流绩效评价结果。评价工作完成以后，要对所产生的评价结果进行总结，找出问题的所在，分析绩效评价较差的原因，有针对性地提出解决问题的方案，达到绩效评价的最终目标。对于绩效评价较好的物流活动要总结经验，为其他的物流活动树立榜样，提供一些参考意见。

（2）撰写物流绩效评价报告。物流绩效评价结果得出以后，要以书面报告的形式将其呈现给相关部门的负责人，其是整个评价过程的结论性文件。绩效评价人员通过各种渠道获得与评价对象有关的资料和数据，经过加工、分析和整理后，依据确定的评价方法和评价指标对评价对象进行绩效评价，再对所得结果进行比较分析，找出存在差异的原因，列出评价对象业绩的好坏情况，提供改进的方向和适当的鼓励，最大限度地激发物流活动的潜力。

（3）总结物流绩效评价工作。总结物流绩效评价工作是进行物流绩效评价的最后一个步骤，是对物流绩效评价的所有工作进行总结。也就是说，将从物流绩效评价工作开始时的工作背景、工作时间、工作地点、评价过程中遇到的问题、措施和政策建议等形成书面材料，专门建立一个物流绩效评价工作档案，对以后的物流绩效评价具有一定的参考价值。

行动进行

步骤一：运营数据统计

根据关键绩效指标的考核要求，收集所需的相关数据。汇总相关数据，得到9月份集团基础运营数据。表1-3-1列示了9月份集团基础运营数据。

表1-3-1　　9月份集团基础运营数据

单位	时间段	件数（万件）	票数（万票）	重量（吨）	丢失件数（件）	破损件数（件）	及时票数（万票）	差错件数（件）
集团	9月份	63 884	62 913	2 867	1	38	59 273	36

步骤二：认识关键绩效指标

对于物流绩效的考核，关键绩效指标主要有四项，各项指标的基本定义和计算方式见表1-3-2。

表1-3-2　关键绩效指标

序号	绩效指标	考核周期	指标定义/公式	目标值
1	丢失率	月/季/年度	$\dfrac{丢失件数（件）}{总件数（万件）}\times100\%$	丢失率（%）≤0.002%
2	破损率	月/季/年度	$\dfrac{破损件数（件）}{总件数（万件）}\times100\%$	破损率（%）≤0.03%
3	票准时率	月/季/年度	$\dfrac{及时票数（万票）}{总票数（万票）}\times100\%$	票准时率（%）≥96%
4	差错率	月/季/年度	$\dfrac{差错件数（件）}{总件数（万件）}\times100\%$	差错率（%）≤0.16%

步骤三：关键绩效指标的计算

根据9月份的基础运营数据资料，计算相关绩效指标。

$$丢失率=\frac{丢失件数（件）}{总件数（万件）}\times100\%=1/63\,884\times100\%=0.0016\%$$

$$破损率=\frac{破损件数（件）}{总件数（万件）}\times100\%=38/63\,884\times100\%=0.059\%$$

$$票准时率=\frac{及时票数（万票）}{总票数（万票）}\times100\%=59\,273/62\,913\times100\%=94.21\%$$

$$差错率=\frac{差错件数（件）}{总件数（万件）}\times100\%=36/63\,884\times100\%=0.056\%$$

步骤四：关键绩效指标的达成情况

根据各项关键绩效指标的目标值，核对各项绩效指标的达成情况。通过分析9月份绩效目标实际数据，获得9月份绩效指标完成情况，具体见表1-3-3。

表1-3-3　9月份绩效指标完成情况

序号	绩效目标内容	9月份数据	达标情况
1	丢失率（%）≤0.002%	0.0016%	达标
2	破损率（%）≤0.03%	0.059%	未达标
3	票准时率（%）≥96%	94.21%	未达标
4	差错率（%）≤0.16%	0.056%	达标

果行育德

当前，我国交通运输发展正处于交通强国建设的起步阶段。党中央、国务院高度重视交通强国建设，交通运输部党组贯彻落实中央决策，围绕交通强国战略作出了一系列重要部署，明确要建设"安全、便捷、高效、绿色、经济"的现代综合交通运输体系，这为新时代我国综合交通运输发展指明了方向。

请扫描相关二维码，阅读文章，认识"四个一流"的具体内容。

果行育德 1-3

行动评价

行动评价考核内容包括理论知识评价、技能操作评价和职业素养评价，根据学习和测评结果，填写表1-3-4。

表1-3-4　　　　　　　　　　认识物流绩效管理行动评价考核表

姓名				学号		专业		
任务名称			认识物流绩效管理					
考核内容		考核标准		参考分值（100）	学生自评	小组互评	教师评价	考核得分
理论知识评价	1	理解常用的绩效评价技术		10				
	2	理解常用的绩效管理工具		15				
	3	理解绩效评价的步骤		15				
技能操作评价	4	能够准确计算物流绩效的指标		20				
	5	能够对绩效指标进行分析		20				
职业素养评价	6	具有物流成本管理意识		10				
	7	具备较强的团队合作能力		10				
总得分				100				

行动巩固

行动巩固 1-3

一、选择题

1.（单选）下列（　　）不是平衡计分卡方法的要素。

A.维度　　　　　　　　　　　B.目标

C.绩效　　　　　　　　　　　D.效率

2.（单选）下列（　　）不是顾客服务绩效评价指标。

A.顾客保有率　　　　　　　　B.顾客流动率

C.新顾客吸引率　　　　　　　D.顾客满意度

3.（单选）下列（　　）不是物流活动的业务绩效指标。

A.物流准时率　　　　　　　　B.物流准确率

C.物流经济率　　　　　　　　D.物流安全率

4.（单选）对（　　）的正确阐述，是企业信息化条件下有效管理采购的关键。

A.供应商　　　　B.财务指标　　　　C.信息流　　　　D.市场价格

5.（单选）物流责任中心是指企业物流一定期间经营活动的"总预算"的落实及其具体化过程，为整个企业及其经营活动的各个方面规定了总的目标和任务，但不包括（　　）。

A.物流核算中心　　　　　　　B.物流成本中心

C.物流利润中心　　　　　　　D.物流投资中心

二、简答题

简述物流成本的绩效评价的步骤。

项目总结

本项目分别从物流成本的基础知识、物流成本管理的相关知识以及物流绩效管理的相关知识三个层面出发，系统地讲解了物流成本的分类和构成、物流成本管理的主要内容、降低物流成本的有效对策和途径以及物流绩效评价技术及基本步骤等内容，如图 1-3-1 所示。

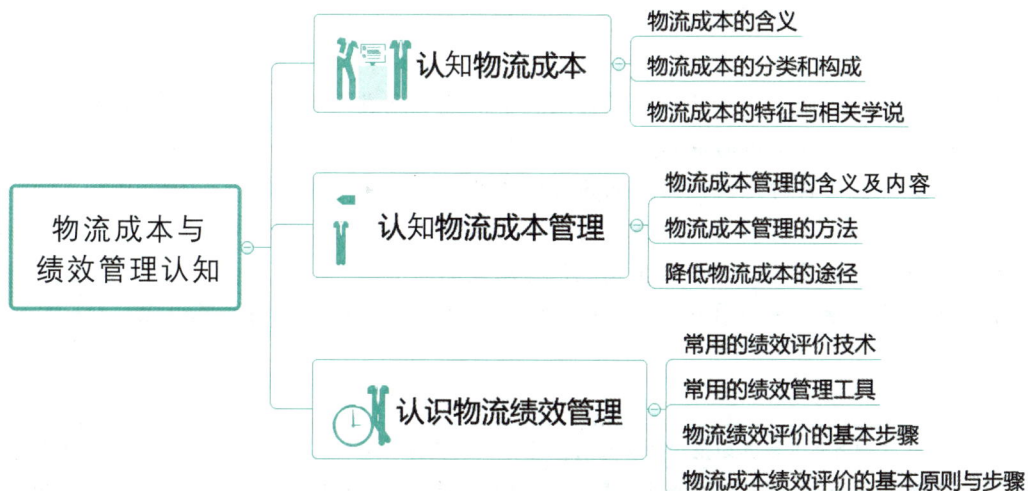

图1-3-1　物流成本与绩效管理认知构成图

项目二　物流成本管理实施

项目引入

　　王明在领导的带领下学习并理解了物流成本以及物流成本管理的知识，能够基于实际的物流具体作业分析其主要的成本构成，能够针对具体的物流成本发展趋势提出自己的阐述，并能提出一些比较有建设性的降低物流成本的意见。

　　近期，公司的物流成本呈现一个逐渐上升的趋势，经理给出了公司最近签约的客户信息、具体的业务数据信息，让王明尝试进行物流成本的管理。

　　下面我们就跟随王明的学习脚步，一同解读物流成本管理实施的相关内容。

学习目标

知识目标	在认识物流成本核算的范围的基础上，进一步理解物流成本核算的程序；基于物流成本预测的内容与分类，深度理解物流成本预测的方法；基于物流成本决策的程序，进一步理解物流成本决策的方法；基于物流成本预算的分类，理解物流成本预算的编制方法；基于物流成本控制遵循的原则，深度理解物流成本控制的内容与分类；在认识物流成本绩效评价的基本原则的基础上，阐述物流成本绩效评价的评价指标体系
技能目标	能够基于实际情况实施物流成本核算、物流成本预测、物流成本决策、物流成本预算、物流成本控制；基于上述物流成本管理操作，实施物流成本的绩效管理
素养目标	通过物流成本核算、预测、决策、预算、控制以及绩效评价等知识的学习，培养学生具有成本节约意识，具有严谨科学的数据思维，具备较强的与人沟通能力及团队精神

项目实施

任务一　物流成本核算

行动任务

　　远光公司进行成本计算及控制以运输服务作为对象，其中，对于运输服务的成本核算是按分步法和分批法进行的，其基本上是以数量为基础的成本核算方法。这种方法在产品品种少、批量大、直接费用大而营运间接费用少的情况下，比较适用。但是，近年来，由于公司引入了现代信息系统，通过提高运输及配送效率，以应对越来越激烈的市场竞争，即可以在运输服务中同时为多家供应商、零售商及客户服务，这就使得公司的服务品种增多，直接人工、直接材料费用减少，批量降低。相应地，服务品种增多，客户数量增加，导致类似设备消耗费、货物装卸费等营运间接费用不断提高。这样，公司的成本费用构成有了根本性的改变，这种改变使得传统的以数量为基础的成本核算在营运间接费用的分配上不再适用，同时无法满足公司正确进行成本核算及控制的需要，于是迫切需要一种新的方法来改变这种境况，这种方法便是作业成本法。

远光公司于2024年9月份签订了A公司和B公司两份物流服务合同，两份合同的基本内容都是从2024年10月起，每个月将汽车72 000件CKD件从德国运至我国长春。A公司的要求是：72 000件CKD件每三天分送7 200件到公司；B公司的要求是：72 000件CKD件每两天分送4 800件到公司。为了满足A公司的要求，远光公司决定：从2024年10月起，每个月的72 000件CKD件从德国利用货轮分两次运到大连港，货物到港后即用货车从大连港运输到远光公司的保税仓库，然后每三天分送7 200件到位于长春的A公司，利用远光公司租用的1 200平方米的仓库存储。为了满足B公司的要求，远光公司决定：从2024年10月起，每个月的72 000件CKD件从德国利用货轮分三次运到大连港，货物到港后即用货车从大连港运输到远光公司的保税仓库，然后每两天分送4 800件到位于长春的B公司，利用远光公司租用的800平方米的仓库存储。

假设：

（1）因为物流企业并不需要生产有形产品，而是提供无形的物流服务，相较于制造企业，其固定成本很少，所以，在本研究中，固定费用暂不考虑。因此，这两份物流服务的合同成本仅包括直接变动成本和间接作业成本。

（2）为了计算简便和便于比较，假设远光公司在本月内仅签订和完成这两份合同，并且两份合同的起点相同，从远光公司到签订合同的两家公司的距离相等。

请你以王明的身份完成此次作业成本法的核算。

行动锦囊

一、物流成本核算的含义与原则

（一）物流成本核算的含义

物流成本核算是物流会计核算的一项重要工作。针对物流成本核算复杂多变的特点，为了在特定经济环境下进行合理的账务处理，必须提出必要的假设条件，这种假设也是物流成本核算原则确立的基本前提。

微课 2-1

物流成本核算概述

（二）物流成本核算的前提与一般原则

1.物流成本核算的前提

（1）核算主体假设。

（2）持续经营假设。

（3）核算分期假设。

（4）货币计量假设。

2.物流成本核算的一般原则

（1）客观性原则。

（2）相关性原则。

（3）一贯性原则。

（4）可比性原则。

（5）及时性原则。

（6）权责发生制原则。

（7）历史成本原则。

（8）重要性原则。

二、物流成本核算的特点与范围

（一）物流成本核算的特点

（1）物流成本核算主体多层次。

（2）物流成本核算对象复杂。

（3）物流成本核算确认计量多样化。

（4）物流成本核算项目多样化。

（二）物流成本核算的范围

企业物流的一切活动最终体现为经济活动，经济活动必然要求进行经济核算，计算成本并考核业绩。所以，物流成本核算贯穿于企业物流活动的全过程。由于企业的物流活动包括运输、仓储、装卸、搬运、包装、流通加工、配送和信息处理等多个环节，决定了企业物流成本核算必然包括以下内容：

（1）仓储成本核算。

（2）运输成本核算。

（3）配送成本核算。

（4）物流包装成本核算。

（5）装卸搬运成本核算。

（6）流通加工成本核算。

（7）物流信息成本核算。

（8）其他物流成本核算。

微课 2-2

物流成本核算
的程序

三、物流成本核算的程序与方法

（一）物流成本核算的程序

物流成本核算的程序，如图2-1-1所示。

1.确定物流成本核算对象

物流成本计算对象和成本项目的确定，主要取决于物流活动范围、物流功能范围的选取，以及物流成本控制的重点等。

（1）物流活动范围的选取，是指对物流的起点与终点以及起点与终点之间的物流活动过程的选取，也就是对物流活动空间的选取。物流活动范围可以划分为企业物流与社会物流；也可以从企业角度划分为供应物流、生产物流、销售物流、退货物流、回收物流、废弃物流。物流活动范围的选取不同，其成本计算结果也就不同。对于一个物流企业来说，物流活动范围确定之后，一般不能任意改变，以满足成本计算的可比性和一贯性要求。

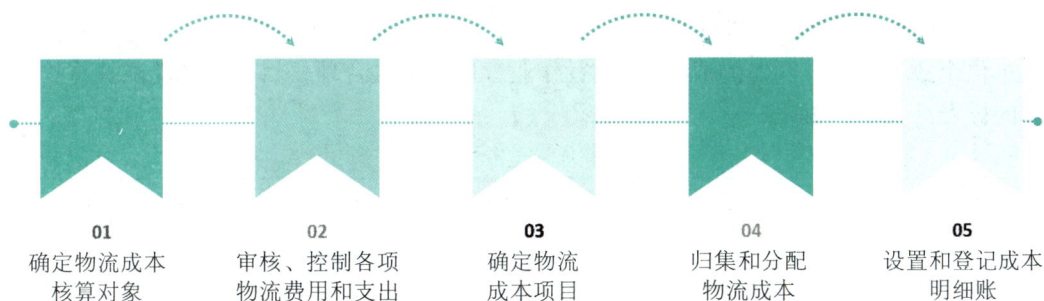

01	02	03	04	05
确定物流成本核算对象	审核、控制各项物流费用和支出	确定物流成本项目	归集和分配物流成本	设置和登记成本明细账

图2-1-1 物流成本核算的程序

（2）物流功能范围的选取，是指在运输、搬运、装卸、储存、包装、流通、加工、物流信息处理、物流管理等物流功能中，选取某些功能作为物流成本计算对象。将所有的物流功能作为成本计算对象，与仅将运输、保管这两种功能作为成本计算对象，其所反映的物流功能范围的成本显然是不同的。例如，美国的物流成本只选取了储存、运输、物流管理三个物流功能，日本的物流成本选取了成本运送费、保管费及物流管理费三个部分。

（3）物流成本控制的重点。企业在确定成本计算项目时，如果项目较为繁多，可将成本控制的重点作为成本计算项目，而对那些非成本控制的重点可加以归并。物流成本的计算，并非越全越细越好，其成本计算对象和成本项目也并非越全越好。因此，应该根据管理的重要性，结合成本效益原则加以确定；过细过全的成本计算是不必要的，也是不经济的，或者是不可能的。

物流成本计算的目的是更好地进行物流成本管理，因此，企业可以按照物流成本管理的不同要求和目的，对成本计算进行规定；同时，企业应当按照相应的成本计算项目设置成本费用科目的明细科目。

①按支付形态计算物流成本。这种方法将物流成本分别按运费、保管费、包装材料费、自家配送费（企业内部配送费）、人事费、物流管理费、物流利息等支付形态记账。从中可以看出，如何认识物流成本总额，认识何种经费项目花费最多。这种方法对于认识物流成本合理化的重要性，以及考虑物流成本管理的重点十分有效。按支付形态计算物流成本的样表见表2-1-1。

表2-1-1　　　　　　　　　　按支付形态计算物流成本

项目	运输费	仓储费	包装费	装卸搬运费	流通加工费	其他费用	合计
材料费							
人工费							
燃料动力费							
经营管理费							
一般经费							
委托物流费							
其他支出							
合计							

②按功能计算物流成本。这种方法分别按包装、配送、保管、搬运、信息、物流管理等功能来核算物流费用。采用这种方法，可以看出哪种功能更加耗费成本，相比按形态计

算成本的方法，能够更进一步地找出实现物流合理化的根本，而且可以计算出标准物流成本（单位个数、质量、容器的成本），进行作业管理，设定合理化目标。按功能计算物流成本的样表见表2-1-2。

表2-1-2　　　　　　　　　　　按功能计算物流成本

项目	主营业务成本	其他业务成本	销售费用	管理费用	财务费用	合计
运输费						
仓储费						
包装费						
装卸搬运费						
流通加工费						
其他费用						
合计						

③按适用对象计算物流成本。按适用对象核算物流成本，可以分析出物流成本主要花费在哪一对象上。例如，可以分别将商品、地区、顾客或营业单位作为适用对象来进行计算分析。

按营业单位核算物流成本，就是要计算出各营业单位物流成本与销售金额或毛收入的对比，用来认识各营业单位物流成本中存在的问题，以加强管理。

按顾客核算物流成本，又可分为按标准单价计算和按实际单价计算两种计算方法。按顾客计算物流成本，可用来作为选定顾客、确定物流服务水平等制定顾客战略的参考。

按商品核算物流成本，是指通过将按功能计算出来的物流费，利用各自不同的基准分配各类商品的方法计算出来的物流成本。这种方法可以用来分析各类商品的盈亏，在实际运用时，要考虑进货和出货差额的毛收入与商品周转率之积的交叉比率。

2.审核、控制各项物流费用和支出

为了保证成本核算的真实、正确和合法，成本核算人员必须严格审核有关的原始记录，必须对物流企业的各项费用和开支进行严格审核、控制，并按照国家的有关规定确定其是否应当计入物流成本。

例如，审核其内容是否填写齐全、数字计算是否正确、签章是否齐全、费用应不应该开支、所耗费用的种类和用途是否符合规定、用量有无超过定额或计划等。只有经过审核无误后的原始记录，才能作为成本计算的依据。对于不符合制度和规定的费用以及各种浪费、损失等，应当加以制止或追究经济责任。

3.确定物流成本项目

（1）有关物流企业本身发生的物流费用。

①库存费。其具体内容包括仓储费、折旧费、人力费、维护费、保险费、税费及库存占用资金的利息。

②运输费。

③物流管理费。

④物流信息费。

（2）有关物流企业对外支付的物流费用。

其具体内容包括企业对外支付的库存费、运输费、包装费、装卸费、手续费、管理费等。

4.归集和分配物流成本

物流成本计算对象和成本计算期确定之后，就可以根据成本计算期按成本计算对象和成本项目归集计算物流费用。

物流成本的归集，是指对企业生产经营过程中所发生的各种物流费用，按规定的对象，如各种产品、作业、各个车间或部门所进行的成本数据的收集或汇总。对于直接材料、直接人工，应按成本计算对象，如物流服务的品种、批别、步骤进行归集，而对于间接费用，则应按发生地点或用途进行归集，然后计入该计算对象的成本。物流成本如何归集与计算，取决于物流管理对所评价和考核的成本计算对象的选取。成本计算对象的确定方法不同，得出的物流成本也就不同，从而导致了不同的成本评价对象与评价结果。因此，正确确定成本计算对象，是进行成本计算的基础。在拥有多个成本计算对象的情况下，为求得各计算对象的成本，对不能直接计入成本计算对象的费用，在费用归集后，应按一定的标准进行分配。物流成本的分配，是指将归集的间接成本分配给成本对象的过程，也称物流成本的分摊或分派。

5.设置和登记成本明细账

为了正确计算各种对象的成本，必须正确编制各种费用分配表和归集计算表，并且登记各类有关明细账，这样才能将各种费用最后分配、归集到成本的明细账中，计算出各种对象的成本。

（二）物流成本核算的方法

1.物流成本核算的一般方法

物流成本核算的一般方法是从会计和统计的角度核算物流成本，其主要方法有会计核算方式、统计核算方式以及混合式核算方式。

根据物流成本计算对象的不同，还可利用作业成本法及产品成本法来进行物流成本的核算。

2.作业成本法

（1）作业成本法的基本原理。作业成本法是以"成本驱动因素"理论为基本依据，根据产品生产或企业经营过程中发生和形成的产品与作业、作业链和价值链的关系，对成本发生的动因加以分析，选择"作业"为成本计算对象，归集和分配生产经营费用的一种成本核算方式。

微课 2-3

物流成本核算的方法——作业成本法

作业成本法核算的物流成本就是以作业成本计算为指导，将物流间接成本和辅助资源更加准确地分配到物流作业、运作过程、产品、服务及顾客当中。

作业成本法的基本原理是：作业消耗资源，产品消耗作业，生产导致作业的发生，作业导致间接费用或间接成本的发生。作业成本法是基于传统成本核算制度下间接费用或间接成本分配不真实而提出的。在作业成本法下，成本归属从因果关系出发，间接费用或间接成本不在各产品之间直接分配，而在各作业项之间进行分配，从而使作业成本乃至产品成本的计算更为准确，体现了费用分配的因果性。从中可以看出，作业成本法的实质就是在资源耗费与产品耗费之间借助作业这一"桥梁"来分离、归纳、组合，然后形成各种产品成本，如图2-1-2所示。

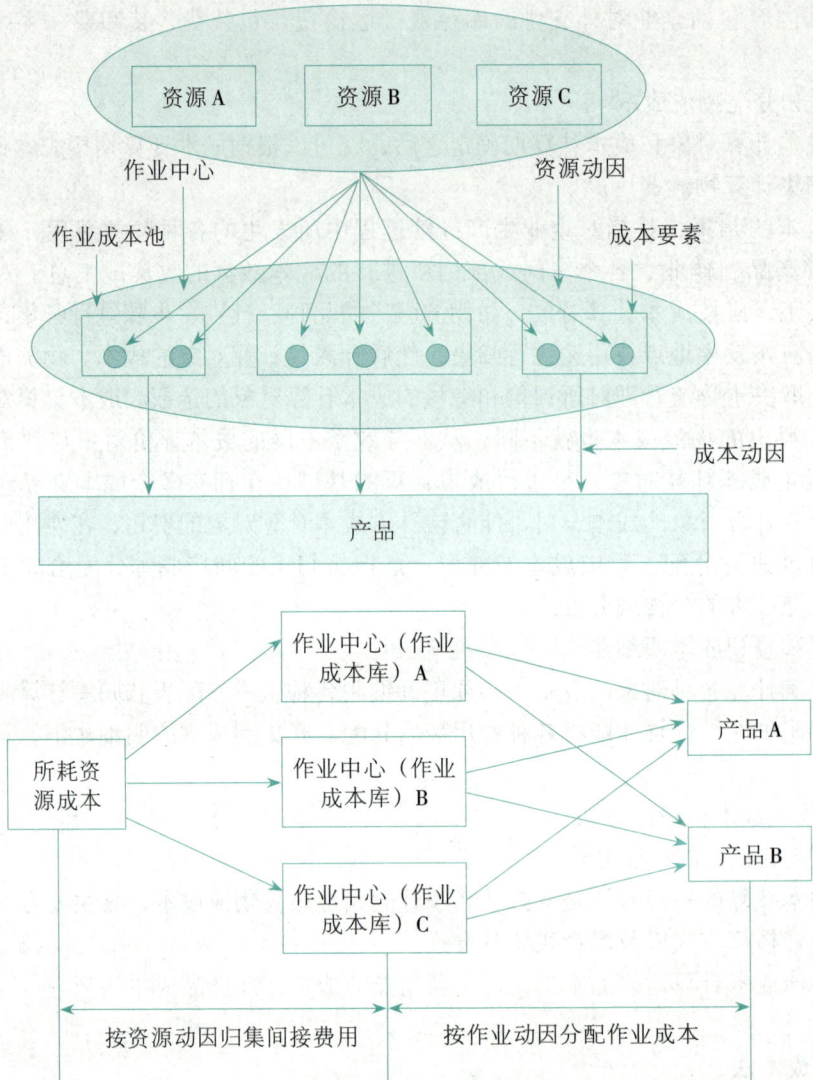

图2-1-2　作业成本模型

（2）作业成本法的核算流程。在具体核算时，一般来说，物流作业成本计算需要经过以下几个阶段：分析和确定资源，建立资源库；分析和确定作业，建立作业成本库；确定资源动因，分配资源耗费至作业成本库；确定成本动因，分配作业成本至成本对象；计算物流成本。

①分析和确定资源。分析和确定资源是要将物流过程中的资源消耗归集形成资源库。物流资源是物流作业所消耗的各种劳动耗费。例如，流通加工是一项作业，从事这项作业的机器、工具、人员等，就是这项作业的物流资源。当一项资源只服务于一项作业时，分配该项资源到作业成本库就比较简单。当一项资源服务于多项作业时，就必须通过资源动因将资源的消耗恰当地分配给相应的作业。表2-1-3列示了某项物流作业的资源情况。

在分析和确定资源时，有时需要将一些账目和预算科目结合起来组成一个资源库，有时需要将不同的作业消耗的账目和科目分解开来。

表2-1-3　　　　　　　　　　　　　　分析和确定资源

活动 ＼ 费用	费用1	费用2	费用3	费用4	费用5	共同费用
采购	差旅费	业务招待费				人工费、办公用品费、水电费等
储运	资金占用费	仓库租赁费	搬运器具折旧费	包装用材料	运输费	
供货	运输费	包装用材料	搬运器具折旧费			
…						

②分析和确定作业。作业是连接资源和成本对象的桥梁。企业经营过程中的每个环节或每道工序都可以视为一项作业，企业的经营过程就是由若干项作业构成的。物流作业是一个组织活动对物质资料实体的物理性移动，包括场所位置的转移和时间占有的实际操作过程。物流作业包括运输作业、储存与保管作业、包装作业、装卸搬运作业、流通加工作业、信息处理等。这些作业构成了物流整体作业，从而实现物流功能。物流作业分为不增值作业、专属作业和共同消耗作业。通过对作业层次的揭示，作业成本系统能够指出不同层次作业的动因（不同层次的作业，其成本习性不同），进而较为准确地描述成本发生的因果关系（见表2-1-4）。

表2-1-4　　　　　　　　　　　　　　分析和确定作业

活动 ＼ 作业	活动1	活动2	活动3	活动4	活动5
采购	谈判	发出订单	委托采购		
储运	入库检验	仓库租赁	流通加工	报关、运输	装卸搬运
供货	运输	装卸搬运			
…					

作业不一定正好与组织的传统职能部门相一致。有时作业是跨部门的，有时一个部门就能完成几项作业。

实际上，如果要全部列出所有的作业，有可能过于烦琐和复杂，并增加信息采集的成本，因此有必要对作业进行筛选和整合，确保最后设计出特定而有效的作业中心。

③确定资源动因，分配资源耗费至作业成本库。作业确认以后，要为每一项作业设立一个作业成本库，然后以资源动因为标准，将各项资源耗费分配至各作业成本库。

④确定成本动因，分配作业成本至成本对象。成本动因是将作业成本库中的成本分配至成本对象的标准，也是作业消耗与最终产出相互沟通的媒介。确定成本动因，即确定成本动因的数目和应选择哪些成本动因。这两个问题是相关的，因为所选择的成本动因类型将影响所需的成本动因数目。在实践中，弄清需要多少个成本动因，必须加以判断和分析。第一步是找出高额的投入；第二步是考察产品多样性和数量多样性。首先，将多样性较高的产品分离出去，设计者便可以认定哪些主要投入可以综合起来计算而不至于带来很大的误差。然后，就可以分析被低估的投入，从而确定哪些投入可以与主要投入综合起来计算，而哪些需要分开计算。

⑤计算物流成本。作业成本动因选定以后，就可以按照同质的成本动因将相关的成本归集起来，有几个成本动因，就建立几个成本库，物流作业成本计算是将成本库中归集的

作业成本按成本动因分配到各成本计算对象上。物流作业成本的计算分配方法有两阶段法和多阶段法。两阶段法较为简单，首先将明细账中的资源成本按资源动因分配到不同的作业上，然后将这些作业归集的成本按成本动因分配到产品上。

物流作业成本计算的多阶段法，无论采用何种分配计算方法，各作业成本库的作业成本在成本计算对象之间进行分配时，均应通过确定成本动因分配率，以计算各成本计算对象的物流作业成本。其分配计算公式如下：

$$某项作业成本分配率 = \frac{该作业中心作业成本总额}{该中心成本动因量化总和}$$

某产品应承担的某项作业成本分配额的计算公式为：

某产品应承担的作业分配额=该产品消耗某项作业量总和×该项作业成本分配率

所有作业成本库的作业动因和分配率确定以后，便可以依据这些作业动因，为各成本对象分配其应得的作业成本。采用作业成本法计算物流成本的逻辑，如图2-1-3所示。

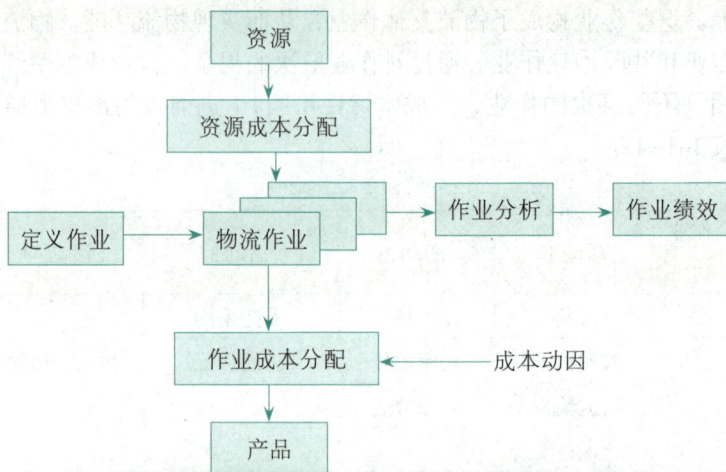

图2-1-3 采用作业成本法计算物流成本逻辑图

3.产品成本法

（1）产品成本法概述。"产品"在这里是广义的，实际上是指企业的产出物，即最终的成本计算对象，其不仅可以指企业生产的产成品，还可以指企业提供的劳务，如运输、保管、装卸、包装等。这里的"产品"，是指企业最终完成的各项物流服务。

最基本的成本计算方法有：品种法、分批法、分步法。按照产品的品种计算产品成本，称为品种法；按照产品的批别计算产品成本，称为分批法；按照产品的生产步骤计算产品成本，称为分步法。产品成本是在生产经营过程中形成的。计算产品成本是为了加强成本管理，因而还应该根据管理要求的不同，采用不同的产品成本计算方法。因此，企业只有按照企业生产经营的特点和管理要求，选用适当的成本计算方法，才能正确、及时地计算产品成本，为成本管理提供有用的成本信息。

（2）产品成本法的种类。

①品种法。品种法是以产品的品种（或劳务作业种类）作为成本计算对象来归集生产经营费用，计算产品成本的一种成本计算方法。这种方法适用于大量大批单步骤经营的企业，也可用于不需要分步骤计算成本的大量大批多步骤经营的企业。在品种单一的情况下，可以采用简单法计算产品成本。在生产经营多品种的情况下，就需要按产品的品种分

别设置成本明细账。

品种法成本计算的主要特点如下：

A.以各种产品的品种（或劳务作业种类）作为成本计算对象，按产品的品种（或劳务作业种类）归集生产费用并计算其成本。

B.按月定期计算产品（或劳务作业种类）成本。

C.对于单步骤企业，因其生产品种（或劳务作业种类）单一，并且生产周期较短，月末一般没有在产品，所以一般不需要将生产费用在完工和月末在产品之间进行分配。

对于物流活动的产品成本计算，常常用到品种法中的一种计算工作比较简单的方法，即简单法。这种方法一般适用于大量大批单步骤的简单生产，如运输作业等。这类生产往往品种单一，封闭式生产，月末一般没有在产品。即使有在产品，数量也很少，所以一般不需要将生产经营费用在完工产品与在产品之间进行划分。当期发生的物流费用总和就是该种完工产品的总物流成本，除以作业量，就可以计算出该产品的单位成本。在简单法下，生产经营过程中发生的一切费用都属于直接费用，可以直接计入该种产品成本。由于不存在完工产品与在产品成本划分的问题，计算方法比较简单，故称之为简单法。

②分批法。分批法是按照产品的批别（或劳务作业的批次）归集生产经营费用，计算产品成本的一种成本计算方法。其主要适用于单件小批且管理上不要求分步骤计算成本的多步骤作业。

分批法成本计算的主要特点如下：

A.以产品的批别作为成本计算对象。如果生产订单中只有一种产品，但数量较大，也可将其划分为若干生产批次，并按批别计算各批产品成本。在小批和单件生产中，产品的种类和每批产品的批量，大多是根据用户的订单确定的，因而按批、按件计算产品成本，往往也就是按照订单计算产品成本，因此，这种方法又称为订单法。

B.产品成本计算是不定期的，在有完工产品（同一批产品全部完工时才算作完工产品）的月份才计算完工产品成本。成本计算期与产品生产周期相一致。

C.在分批法下，由于成本计算期与产品生产周期基本一致，因而在计算月末产品成本时，一般不存在完工产品与在产品之间分配费用的问题。

③分步法。分步法是按照产品的生产步骤归集生产经营费用，计算产品成本的一种成本计算方法。其适用于大量大批多步骤的生产，即适用于多环节、多功能、综合性营运的物流企业。在这类企业中，产品生产可以分为若干生产步骤的成本管理，往往不仅要求按照产品品种计算成本，而且要求按照生产步骤计算成本，以便为考核和分析各种产品以及各生产步骤的成本计划的执行情况提供资料。

分步法成本计算的主要特点如下：

A.成本计算对象是各生产步骤的半成品和最后一个步骤的产成品。

B.成本计算定期在每月月末进行，与产品的生产周期不需要一致。

C.以生产步骤为成本计算对象，即在各生产步骤范围内归集生产费用，并按步骤计算产品成本。

D.由于大量大批多步骤生产的产品往往跨月陆续完工，月末各生产步骤如有未完工的在产品，为计算完工产品成本，需要采用一定的方法将归集的生产费用在完工产品和在产品之间进行分配。

行动进行

步骤一：分析定义作业

通过对合同的仔细分析，这两项物流服务的整个过程主要包括：从德国到大连港的海路运输，从大连港到远光公司保税仓库的公路运输，货物在远光公司的仓储保管，远光公司向 A 公司和 B 公司的货物配送等。根据作业成本法的特点，将整个物流过程分为九项作业，分别为订单处理作业、海路运输作业、公路运输作业、货物验收作业、货物入库作业、货物仓储作业、报关作业、货物出库作业、货物配送作业。其中，远光公司决定将海运业务外包给一家海运公司。

各项作业及其相应的成本动因分析见表2-1-5。

表2-1-5   各项作业及成本动因分析

作业名称	作业类型	资源动因	作业动因
订单处理作业	批别作业	人工工时	订单数
海路运输作业	批别作业	人工工时	海运次数
公路运输作业	单位作业	运输车数	运输次数
货物验收作业	批别作业	人工工时	验收次数
货物入库作业	产品作业	机械台班	入库次数
货物仓储作业	产品作业	货物箱数	仓储面积
报关作业	批别作业	人工工时	报关次数
货物出库作业	产品作业	机械台班	出库次数
货物配送作业	单位作业	配送车数	配送次数

步骤二：资源确定

对远光公司各项作业的资源确定见表2-1-6。

表2-1-6   各项作业资源确定

作业名称	资源费用
订单处理	订单处理人员工资、通信费、其他费用
海路运输	外包的海运费用
公路运输	司机工资、车辆折旧费、燃油费、路桥费、车辆保险费、养路费等
货物验收	验收人员工资、通信费、其他费用
货物入库	叉车司机工资、叉车折旧费、燃油费
货物仓储	仓储管理人员工资、仓库租金、通信费、临时工人工费等
报关	报关人员工资、报关费、通信费
货物出库	叉车司机工资、叉车折旧费、燃油费
货物配送	司机工资、车辆折旧费、燃油费、通信费等

步骤三：作业成本性态分析

对远光公司各项作业的成本性态分析见表2-1-7。

表2-1-7　各项作业成本性态分析

作业名称	直接变动成本	间接作业成本
订单处理		订单处理人员工资、通信费、其他费用
海路运输		外包的海运费用
公路运输	燃油费、路桥费、司机工资	车辆折旧费、车辆保险费、养路费、运输管理费、通信费等
货物验收		验收人员工资、通信费、其他费用
货物入库		叉车司机工资、叉车折旧费、燃油费
货物仓储	临时工人工费	仓储管理人员工资、仓库租金、通信费、其他费用
报关		报关人员工资、报关费、通信费
货物出库		叉车司机工资、叉车折旧费、燃油费
货物配送	燃油费	司机工资、车辆折旧费、养路费、车辆保险费、通信费等

步骤四：作业成本计算

1.各项作业的成本计算

根据对作业资源的确认及成本性态分析，各项作业的成本计算（预算）如下（以2024年10月为例）：

（1）作业1：订单处理

每月给A公司和B公司各运送72 000件CKD件，每三天给A公司配送7 200件CKD件，每两天给B公司配送4 800件CKD件，因此，每月订单数为25个。订单处理作业成本类型及费用见表2-1-8。

表2-1-8　订单处理作业成本核算费用明细

作业成本类型	成本费用（元/月）	备注
订单处理人员工资	1 500	订单处理人员1名
通信费	200	
其他费用	200	包括办公用品等
合计	1 900	

（2）作业2：海路运输

因海运为外包作业，故将海运费用归为间接作业成本，作业动因为海运次数（假设两份合同的订单不存在交叉情况）。

每月A公司的72 000件CKD件分两次运到大连港，B公司的72 000件CKD件分三次运到大连港，海运费用为25 000元。

（3）作业3：公路运输

A公司的72 000件CKD件分两次运到大连港，每次运送36 000件CKD件并装在18个标准箱内，每箱2 000件CKD件；B公司的72 000件CKD件分三次运到大连港，每次运送24 000件CKD件并装在12个标准箱内，每箱2 000件CKD件。每辆运输车能够装载6个标准箱，大连港—长春往返需要1.5天，因此需要运输车3辆（假设这两份合同的订单不存在交叉情况，另外，由于在大连港没有租用仓库，因此到港的货物必须立即运走），发车次数为12次。

从大连港到远光公司保税仓库的距离大约为600公里。公路运输作业成本分为直接变动成本和间接作业成本两个部分。直接变动成本主要是与运输里程有关的费用，间接作业成本则主要是与运输次数有关的费用。

下面对上述两类成本进行分别核算：

①直接变动成本。这里的直接变动成本，也就是作业成本核算模型中的 $\sum_{i=1}^{m}(b_i x_i)$，其中，b_i 表示单位里程费用率，x_i 表示里程数。直接变动成本主要包括燃油费、路桥费和司机工资等，具体见表2-1-9。

表2-1-9　　　　　　　　　公路运输作业直接变动成本核算费用明细

直接变动成本类型	单位里程费用率	备注
燃油费	1.35元/公里	0#柴油价格为4.5元/升，车辆每百公里耗油30升
路桥费	1.2元/公里	平时统计的经验数
司机工资	0.74元/公里	每辆运输车配有2名司机，司机收入按照重驶0.5元/公里，空驶0.2元/公里，路途住宿补贴0.04元/公里核算

注：燃油费和路桥费为往返平均费率，司机工资为单程，柴油价格为2024年9月份时价。

由表2-1-9可知，大连港—长春直接变动成本为：[（1.2+1.35）×2+0.74]×600= 3 504（元/次）。

所以，月直接变动成本为：3 504×12=42 048（元）。

②间接作业成本。每辆运输车成本核算费用明细见表2-1-10。

表2-1-10　　　　　　　　　每辆运输车成本核算费用明细

间接作业成本类型	成本费用（元/月）	备注
车辆折旧费	5 000	车辆购置价30万元，车辆购置税10%，交易税费、配置费用、牌照、检测费等共计2万元，使用5年，残值5万元
车辆维修费	1 000	
车辆保险费与事故成本	2 000	交强险、乘员险、第三者责任险12 000元/年，事故成本12 000元/年
通信费	300	
轮胎费	1 200	
养路费	1 440	180元/月·吨，每辆运输车8吨
运输管理费	376	47元/月·吨，每辆运输车8吨
年审费	125	1 500元/年
合计	11 441	

所以，月间接作业成本为：11 441×3=34 323（元）。

（4）作业4：货物验收

货物验收作业成本为间接作业成本，成本核算费用明细见表2-1-11。

表2-1-11   货物验收作业成本核算费用明细

作业成本类型	成本费用（元/月）	备注
验收人员工资	1 500	验收人员1名
通信费	200	
其他费用	200	包括低值易耗品摊销和辅助材料等
合计	1 900	

（5）作业5：货物入库

货物出库、入库利用叉车进行装卸，作业成本为间接作业成本。因为叉车用来同时操作出库、入库作业，发生的间接作业成本应分摊到出库、入库两个作业成本中，其具体费用见表2-1-12。

表2-1-12   货物入库作业成本核算费用明细

作业成本类型	成本费用（元/月）	备注
叉车司机工资	2 400	每人每月1 200元
叉车折旧费	833.33	叉车购置成本8万元，可用8年
燃油费	1 000	平时统计的经验数
合计	4 233.33	

因此，货物入库成本为：4 233.33÷2=2 116.67（元）。

（6）作业6：货物仓储

货物仓储作业成本分为直接变动成本和间接作业成本。直接变动成本为3个临时工人工费，共计2 400元，每月工作80小时，因此，单位直接变动成本为：2 400÷80=30（元/小时）。间接作业成本具体费用见表2-1-13。

表2-1-13   货物仓储间接作业成本核算费用明细

作业成本类型	成本费用（元/月）	备注
仓储管理人员工资	4 000	仓储管理人员2名，每人每月2 000元
仓库租金	20 000	2 000平方米仓库租金24万元/年
通信费	400	每人每月200元
其他费用	200	货架摊销等费用
合计	24 600	

（7）作业7：报关

报关作业成本类型及成本费用见表2-1-14。

表2-1-14   报关作业成本核算费用明细

作业成本类型	成本费用（元/月）	备注
报关人员工资	1 200	报关人员1名
报关费	2 500	每次500元
通信费	200	
合计	3 900	

（8）作业8：货物出库

货物出库成本为：4 233.33÷2=2 116.67（元）。

（9）作业9：货物配送

货物配送作业成本也分为直接变动成本和间接作业成本两个部分。直接变动成本的成本动因是配送里程，间接作业成本的作业动因是配送次数。

①直接变动成本。因配送车辆司机为远光公司职工，所以其工资属于间接作业成本。货物配送的直接变动成本仅为燃油费。

配送车辆每百公里耗油27升，0#柴油价格为4.5元/升，小修费每公里0.05元（按经验数），故直接变动成本率为：27÷100×4.5+0.05=1.27（元/公里）。从远光公司到A公司和B公司的往返距离近似相等，均为10公里。A公司每三天配送7 200件CKD件，B公司每两天配送4 800件CKD件，每个标准箱装有2 000件CKD件，每辆配送车能够装载4个标准箱，因此，需要1辆配送车，发车次数为25次（如果时间有交叉，则先送至A公司，再返回远光公司装货后送至B公司）。因此，货物配送直接变动成本为：1.27×10×25=317.5（元）。

②间接作业成本。间接作业成本核算费用明细见表2-1-15。

表2-1-15　　　　　　货物配送间接作业成本核算费用明细

作业成本类型	成本费用（元/月）	备注
司机工资	2 000	司机每人每月2 000元
车辆折旧费	2 500	车辆购置成本15万元，5年计提折旧
大修费	1 000	单车平均年大修费1.2万元
养路费	1 100	养路费每吨每月220元，每辆配送车为5吨
运管费	400	运管费每吨每月80元，每辆配送车为5吨
车辆保险费	415	货险及第三者责任险每年5 000元
审证费	25	每车每年审证费300元
通信费	200	
合计	7 640	

2.作业总成本的核算

根据上述对九项作业成本的分别计算，远光公司作业总成本的计算见表2-1-16。

表2-1-16　　　　　　作业总成本核算表

作业名称	作业成本（元）		
	直接变动成本	间接作业成本	合计
订单处理作业		1 900	1 900
海路运输作业		25 000	25 000
公路运输作业	42 048	34 323	76 371
货物验收作业		1 900	1 900
货物入库作业		2 116.67	2 116.67
货物仓储作业	2 400	24 600	27 000
报关作业		3 900	3 900
货物出库作业		2 116.67	2 116.67
货物配送作业	317.5	7 640	7 957.5
合计	44 765.5	103 496.34	148 261.84

3.合同消耗的作业动因量

两份合同消耗的作业动因量见表2-1-17。

表2-1-17　　　　　　　　　　合同消耗作业动因量分析

作业动因	单位	作业动因量		
		总计	A公司	B公司
订单数	个	25	10	15
海运次数	次	5	2	3
运输里程	公里	7 200	3 600	3 600
运输次数	次	12	6	6
入库次数	次	5	2	3
验收次数	次	5	2	3
仓储面积	平方米	2 000	1 200	800
报关次数	次	5	2	3
出库次数	次	25	10	15
配送里程	公里	250	100	150
配送次数	次	25	10	15

步骤五：作业成本分配

1.间接作业成本分配

间接作业成本按照作业动因量分配，具体见表2-1-18。

表2-1-18　　　　　　　　　　作业动因率计算表

作业名称	资源动因	资源数	作业动因	作业动因量	作业动因率
订单处理	人工工时	1 900	订单数	25	76元/个
海路运输	人工工时	25 000	海运次数	5	5 000元/次
公路运输	运输车数	34 323	运输次数	12	2 860.25元/次
货物验收	人工工时	1 900	验收次数	5	380元/次
货物入库	机械台班	2 116.67	入库次数	5	423.33元/次
货物仓储	货物箱数	24 600	仓储面积	2 000	12.3元/平方米
报关	人工工时	3 900	报关次数	5	780元/次
货物出库	机械台班	2 116.67	出库次数	25	84.67元/次
货物配送	配送车数	7 640	配送次数	25	305.6元/次

2.作业总成本分配

如果成本标的（分配对象）选择为运输车的每次运输，那么，单位成本核算结果见表2-1-19。

表2-1-19   作业总成本分配（A）   金额单位：元

作业名称	作业动因率	动因数	每次间接作业成本	每次直接变动成本	每次成本
订单处理	76元/个	1.67	126.92		126.92
海路运输	5 000元/次	0.33	1 666.67		1 666.67
公路运输	2 860.25元/次	1	2 860.25	3 504.00	6 364.25
货物验收	380元/次	0.33	125.40		125.40
货物入库	423.33元/次	0.33	139.70		139.70
货物仓储	12.3元/平方米	200	2 460.00	200.00	2 660.00
报关	780元/次	0.33	257.40		257.40
货物出库	84.67元/次	1.67	141.40		141.40
货物配送	305.6元/次	1.67	510.35	26.46	536.81
合计			8 288.09	3 730.46	12 018.55

表2-1-19中的动因数计算过程为：A公司每月有10个订单，CKD件共36箱，则每个订单3.6箱，每辆运输车装载6个标准箱，因此，每辆运输车运输的标准箱折合成订单数为：6÷3.6=1.67（个）；余下依此计算。

大连港—长春每次物流成本合计为12 018.55元，如果分配为另外一个成本标的——标准箱，那么，远光公司为A公司提供物流服务的单箱物流成本为：12 018.55÷6=2 003.09（元）。同理，大连港—长春每次物流成本合计为12 688.06元，如果分配为另外一个成本标的——标准箱，那么，远光公司为B公司提供物流服务的单箱物流成本为：12 688.06÷6=2 114.68（元）。其具体计算过程见表2-1-20。

表2-1-20   作业总成本分配（B）   金额单位：元

作业名称	作业动因率	动因数	每次间接作业成本	每次直接变动成本	每次成本
订单处理	76元/个	2.5	190.00		190.00
海路运输	5 000元/次	0.5	2 500.00		2 500.00
公路运输	2 860.25元/次	1	2 860.25	3 504.00	6 364.25
货物验收	380元/次	0.5	190.00		190.00
货物入库	423.33元/次	0.5	211.67		211.67
货物仓储	12.3元/平方米	133.33	1 640.00	200.00	1 840.00
报关	780元/次	0.5	390.00		390.00
货物出库	84.67元/次	2.5	211.68		211.68
货物配送	305.6元/次	2.5	764.00	26.46	790.46
合计			8 957.60	3 730.46	12 688.06

行动拓展

辰悦物流公司与供应链集团北京分公司的下属某配送中心于2024年8月加工两种产品，其中，甲产品批量为8 000件，乙产品批量为1 000件，本月共发生加工费44 000元。

由于两种产品的加工工艺不同，该配送中心为准确核算两种产品的成本，需要采用作业成本法核算产品成本。

经分析，该配送中心间接费用的成本动因有五个：材料采购、生产准备、质量检验、机器工作和装卸搬运。产品成本资料汇总见表2-1-21，产品作业分析见表2-1-22。运用作业成本法，分别核算甲产品和乙产品的成本。

表2-1-21　　　　　　　　　　　产品成本资料汇总　　　　　　　　　　单位：元

项目	甲产品	乙产品
直接人工成本	2 000	5 000
直接材料成本	200 000	60 000
间接费用	44 000	

表2-1-22　　　　　　　　　　　产品作业分析

作业成本库		成本动因	作业量		
名称	费用（元）		甲产品	乙产品	合计
材料采购	9 600	采购次数	9	7	16
生产准备	4 800	准备次数	15	9	24
质量检验	7 200	检验次数	60	30	90
机器工作	17 600	机器工时	4 000	1 000	5 000
装卸搬运	4 800	装卸搬运次数	500	500	1 000

果行育德

物流行业是融合运输、仓储、货代、信息等产业的复合型服务业，是支撑国民经济发展的基础性、战略性、先导性产业。改革开放以来，我国的物流行业实现了从萌芽起步到快速发展，从理念传播到实践探索，从一路追赶到并跑领跑的历史性变革，为国民经济的持续健康发展提供了有力支撑。

果行育德 2-1

请扫描相关二维码，学习文章《中国物流70年：砥砺奋进 跨越发展》相关内容。

行动评价

行动评价考核内容包括理论知识评价、技能操作评价和职业素养评价，根据学习和测评结果，填写表2-1-23。

表2-1-23　　　　　　　　物流成本核算行动评价考核表

姓名			学号		专业		
任务名称			物流成本核算				
考核内容		考核标准	参考分值（100）	学生自评	小组互评	教师评价	考核得分
理论知识评价	1	理解物流成本核算的原则与特点	10				
	2	阐述物流成本核算的范围	10				
	3	理解物流成本核算的程序及方法	10				

续表

考核内容		考核标准	参考分值（100）	学生自评	小组互评	教师评价	考核得分
技能操作评价	4	能够分析确定具体物流成本的作业	10				
	5	能够确定物流成本资源	10				
	6	能够进行作业成本性态分析	15				
	7	能够准确核算物流成本	15				
职业素养评价	8	具有社会责任感	10				
	9	具备较强的团队合作能力	10				
总得分			100				

行动巩固

行动巩固 2-1

一、选择题

1.（单选）现在越来越多的企业推行（　　），这是一种进行物流成本归集核算的有效方法。

A.作业成本法　　　　　　　　B.经验法

C.数量法　　　　　　　　　　D.规划论法

2.（单选）作业成本法的产生最早可以追溯到20世纪美国杰出的会计大师（　　）教授。

A.埃里克·科勒　　　　　　　B.库伯

C.菲利普·科特勒　　　　　　D.卡普兰

3.（单选）下列选项中，（　　）不属于物流成本的核算对象。

A.某种物流功能　　　　　　　B.某一物流部门

C.某一过程　　　　　　　　　D.某一产品的损耗

4.（单选）在物流成本二级账户（或辅助账户）核算形式下，采购人员的工资等应记入（　　）。

A.制造费用科目下的生产物流成本二级科目

B.材料采购科目下的供应物流成本二级科目

C.管理费用科目下的供应物流成本二级科目

D.财务费用科目下的生产物流成本二级科目

5.（单选）采用作业成本法，将资源分配到作业或作业中心的依据是（　　）。

A.资源动因　　　　　　　　　B.作业动因

C.成本动因　　　　　　　　　D.作业的资源总需求

6.（单选）作业的成本要素是分配到作业的（　　）。

A.成本　　　B.资源　　　C.作业动因　　　D.资源动因

7.（多选）作业成本按作业动因分配到（　　）。

A.产品　　　B.作业　　　C.作业池　　　D.成本项目

二、简答题

作业成本法的优点是什么？

三、计算题

某企业从外地购入甲材料2 500千克，单价10元/千克；购入乙材料1 500千克，单价8元/千克。共同发生的运费为800元。

要求：按材料的重量分配间接费用，并将计算结果填入表2-1-24中的空白处。

表2-1-24 间接费用分配表

材料名称	买价	分配率	应分配费用	总成本	单位成本
甲材料					
乙材料					

任务二 物流成本预测

行动任务

任务1：

远光公司2024年各月份的实际物流成本见表2-2-1。

表2-2-1 远光公司实际物流成本汇总表 单位：万元

月份	1	2	3	4	5	6	7	8	9	10	11	12
成本	51	53	55	52	51	53	58	60	65	61	66	67

1.根据表2-2-1中的数据，预测远光公司2025年1月份的物流成本。

2.按照趋势移动平均法，预测远光公司2025年第一季度各月份的物流成本（假设按照三期移动平均）。

任务2：

远光公司2025年1月份至9月份的实际物流运作成本分别为93万元、85万元、90万元、88万元、92.5万元、90万元、95万元、94万元、95.5万元。假设1月份的成本预测值为91.5万元，a=0.5，按指数平滑法预测远光公司10月份的物流运作成本。

任务3：

远光公司2024年各月份实际发生的搬运机械工作小时和机械维修成本见表2-2-2，采用回归分析法预测2025年第一季度的机械维修成本。

表2-2-2 远光公司机械工作数据资料表

月份	机械工作小时	机械维修成本（元）
1	500	364
2	460	358
3	380	330
4	420	340
5	360	320

续表

月份	机械工作小时	机械维修成本（元）
6	480	356
7	390	354
8	394	362
9	430	352
10	460	344
11	396	360
12	504	370

行动锦囊

一、物流成本预测的含义及作用

微课 2-4

物流成本预测概述

（一）物流成本预测的含义

所谓物流成本预测，是指依据物流成本与各种技术经济因素的依存关系，结合发展前景及采取的各种措施，利用一定的科学方法，对未来期间的物流成本水平及其变化趋势做出科学的推测和估计。

（二）物流成本预测的作用

物流成本预测能使企业对未来的物流成本水平及其变化趋势做到"心中有数"，并能与物流成本分析一起为企业的物流成本决策提供科学的依据，以减少物流成本决策中的主观性和盲目性。

（1）物流成本预测为企业的物流成本决策提供依据。

（2）物流成本预测为确定目标成本奠定了基础。

（3）物流成本预测可以确定最佳的物流成本投入方案。

二、物流成本预测的内容与分类

微课 2-5

包装标准成本制定

（一）物流成本预测的内容

物流成本预测的内容，具体包括运输成本的预测、仓储成本的预测、配送成本的预测、包装成本的预测、流通加工的预测、物流信息成本的预测。

（二）物流成本预测的分类

1.按对象的范围可分为宏观预测和微观预测

宏观预测是指对大系统的综合的、总体的预测，例如，对整个流通领域物流成本的预测。它要求对整个流通领域在物资流通的整个过程中所消耗的成本进行预测。微观预测是指对个别具体的物流企业在物资流通过程中所支付的成本进行预测，例如，基层企业所作的生产成本、运输成本、仓储成本、配送成本的预测等。

2.按时间的长短可分为短期预测和长期预测

一般将一年或一年以内的预测称为短期预测，短期预测由于预测的时间较短，不确定因素和影响因素较少，预测结果比较准确。一般将一年以上的预测称为长期预测，长期预测由于预测的时间较长，有许多不确定因素的影响，所以预测结果一般不太精确，需要经常收集新的信息或数据，以对预测方案和预测结果不断地进行完善和修补。

3.按预测目的所用方法的不同可分为定性预测和定量预测

定性预测是指预测者依靠熟悉业务知识、具有丰富经验和综合分析能力的人员与专家，根据已经理解的历史资料和直观材料，运用个人的经验和分析判断能力，对事物的未来发展做出性质上和程度上的判断，通过一定的形式综合各方面的意见，作为预测未来的主要依据。定性预测方法主要有集合意见法、德尔菲法、主观概率法、历史类比法、经济指标法、调查预测法等。定量预测是指根据过去和现在的资料，运用一定的数学方法，建立预测模型，对现象未来的变化数值做出预测。定量预测方法包括时间序列分析预测法、因果回归分析预测法等。

在实际应用中，从预测对象的发展规律出发，正确地选择和运用预测方法。一般来说，当能够占有较多的数据资料时，可以采用各种定量预测方法；当缺乏足够的数据资料时，只能采用定性预测方法。在实际预测时，往往根据理解的情况采用多种方法同时预测，以获得较为可靠的结论。

三、物流成本预测的程序

微课 2-6

为了保证预测结果的客观性，企业进行物流成本预测时，通常按照以下程序进行：

物流成本预测的程序

（一）确定预测目标

进行物流成本预测，首先必须有一个明确的目标。只有明确了预测的具体目标，工作才能抓住重点，避免盲目性，提高预测工作的效率。物流成本预测的目标取决于企业对未来的生产经营活动所期望达成的总目标。物流成本预测目标确定以后，便可以明确物流成本预测的具体内容。

（二）收集和审核相关历史资料

任何预测都是以相关历史资料为依据，对未来趋势做出分析的。物流成本指标是一项综合性指标，涉及企业的生产技术、生产组织和经营管理等各个方面。因此，在进行物流成本预测之前，尽可能全面地收集相关资料信息，并对这些资料信息进行加工、整理和分析，以便去伪存真、去粗取精。

（三）提出假设，建立预测模型，进行预测

建立预测模型就是对已经收集到的相关资料，运用一定的科学方法进行分析研究，通过数学方程式将预测对象（物流成本）与各个影响因素或相关事件之间的数量依存关系表示出来。它是对预测对象发展变化情况的高度概括和抽象模拟，进而利用这个预测模型对预测对象的未来发展水平及其发展趋势进行预测。

（四）分析预测误差，检验假设

以历史资料为基础建立起来的预测模型，可能与未来的实际情况之间有一定的偏差。由于受资料的质量、预测方法本身的局限性、工作人员的分析判断能力等因素影响，预测结果未必能够确切地估计预测对象的未来状态。因此，有必要将每项预测结果与实际结果进行比较，以发现和确定误差大小。所有的预测报告都应当定期地、不断地利用有关的最新资料加以复核，检验所作的假设是否可靠。若发现误差很大，假设不可靠，就应当变更假设，不断完善数学模型，改进预测方法。即使某种预测方法已经被确认为较为完善，预测不会有较大的误差，也应不断地检验其误差，以确定其精确性。若检验表明误差在允许的范围内，假设成立，则可以进行下一步操作，即对预测结果进行修正。

（五）修正预测结果

由于假设的存在，预测模型往往舍弃了一些影响因素或事件，仅反映出预测对象与各个主要影响因素和相关事件之间的数量依存关系。因此，需要由具有丰富经验的专家对预测结果进行修正，以保证预测目标顺利实现。

另外，由于预测需要一定的时间，在此期间，若企业内部和外部发生了不同于过去的影响因素或重大事件，就必须对已有的预测结果进行修正，这样才能保证预测结果的可靠性和准确性。例如，在物流成本预测中，应当考虑价格体系的重大改革，以及经济管理体制和财经制度的改革与重要因素的影响。

（六）撰写并提交预测报告

将预测的最终结果编制成文件和报告，提交有关部门，作为编制计划、制定决策和拟定策略的依据。预测报告除了应列出预测结果之外，一般还应包括资料的收集与处理过程、选用的预测模型以及对预测模型的检验、对预测结果进行修正的理由和修正方法等。预测报告的表述，应尽可能利用统计图表及数据，做到形象直观、准确可靠。

综上所述，物流成本预测程序的框架，如图2-2-1所示。

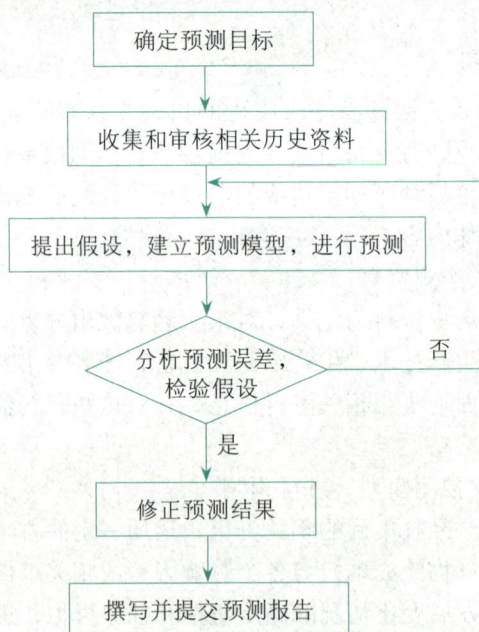

图2-2-1 物流成本预测程序框架图

四、物流成本预测的方法

微课 2-7

物流成本预测的方法

（一）时间序列预测法

这种方法的基本思路是将时间序列作为随机变量序列的一个样本，应用概率统计的方法，尽可能减少偶然因素的影响，做出在统计意义上较好的预测。

1. 简单平均数法

某期预测值=该期之前的N期值之和/N（N的取值可以根据实际需要而定）

2. 趋势移动平均法

此方法建立在过去的成本趋势及其规律性依然不变这一假定之上。其基本计算公式为：

某期预测值=最后一期移动平均数+推后期数×最后一期趋势移动平均数

显然，采用趋势移动平均法计算若干期的平均数和趋势平均数时，前后各个时期所用的是同一个权数，即认为这些数据对未来的预测值具有同等的影响。因此，采用此方法预测的结果与实际情况往往差异较大。为了弥补这一缺陷，可以采用指数平滑法进行预测。

3. 指数平滑法

假设以 F_n 表示下期预测值，F_{n-1} 表示本期预测值，D_{n-1} 表示本期实际值，a表示平滑指数（其取值范围为0<a<1），则 F_n 的计算公式为：

$$F_n = F_{n-1} + a(D_{n-1} - F_{n-1}) = aD_{n-1} + (1-a)F_{n-1}$$

由上式类推下去，可得展开式为：

$$F_n = aD_{n-1} + a(1-a)D_{n-1} + a(1-a)^2 D_{n-2} + \cdots + a(1-a)^{t-1}D_{n-t} + (1-a)^t F_{n-t}$$

可见，指数平滑法在预测时分别以a，a(1-a)，a(1-a)²等系数对过去各期的实际数进行加权。远期的实际值影响较小，因而其权数也较小；近期的实际值影响较大，因而其权数也较大。显然，这种预测方法更加符合客观实际，但a值的确定具有较大的主观因素。

（二）回归分析法

回归分析法是通过对观察值的统计分析来确定其之间联系形式的一种有效的预测方法。从量的方面来说，事物变化的因果关系可以用一组变量来描述，因为因果关系可以表述为变量之间的依存关系，即自变量与因变量的关系。运用变量之间这种客观存在的因果关系，可以使人们对未来状况的预测达到更加准确的程度。

回归分析法分为一元线性回归预测和多元线性回归预测，这里我们重点介绍一元线性回归预测。

利用线性回归分析法时，首先要确定自变量x与因变量y之间是否存在线性关系及其相关程度，判别的方法主要有散布图法与相关系数法。所谓散布图法，就是将有关的数据绘制成散布图，然后依据散布图的分布情况判断x与y之间是否存在线性关系。所谓相关系数法，就是通过计算相关系数r，判别x与y之间的关系。相关系数可按下列公式进行计算：

$$r = \frac{\sum x_i y_i - n\bar{x}\bar{y}}{\sqrt{\left[\sum x_i^2 - n(\bar{x})^2\right]\left[\sum y_i^2 - n(\bar{y})^2\right]}}$$

其判断标准见表2-2-3。

表2-2-3　　　　　　　　　　　相关系数相关性判断

相关系数的数值	|r| > 0.7	0.3 < |r| < 0.7	|r| < 0.3	|r| = 0
因变量与自变量的关系	强相关	显著相关	弱相关	不相关

在确认因变量与自变量之间存在线性关系之后，便可建立回归直线方程如下：

y=a+bx

式中，y为因变量，x为自变量，a、b为回归系数。根据最小二乘法原理，可求得a、b的相关公式如下：

$$a = \frac{\sum x_i^2 \bar{y} - \bar{x} \sum x_i y_i}{\sum x_i^2 - n(\bar{x})^2}$$

$$b = \frac{\sum x_i y_i - n\bar{x}\bar{y}}{\sum x_i^2 - n(\bar{x})^2}$$

行动进行

步骤一：简单平均数法预测成本

根据行动任务中的相关数据可知，远光公司2024年各月份的实际物流成本见表2-2-4。

表2-2-4　　　　　　　　　　　远光公司实际物流成本汇总表　　　　　　　　　金额单位：万元

月份	1	2	3	4	5	6	7	8	9	10	11	12
成本	51	53	55	52	51	53	58	60	65	61	66	67

按照简单平均数法的计算公式，可得：

2025年1月份的物流成本=（51+53+55+52+51+53+58+60+65+61+66+67）÷12=57.67（万元）

步骤二：趋势移动平均法预测成本

已知远光公司2024年各月份的实际物流成本，可得2025年第一季度各月份的物流成本预测见表2-2-5。

表2-2-5　　　　　　　　　　远光公司物流成本预测计算表　　　　　　　　金额单位：万元

时间（月份）	实际生产成本	三期平均	变动趋势	三期趋势平均
1	51			
2	53	52.67		
3	55	53.00	+0.33	
4	52	52.33	−0.67	−0.22
5	51	52.00	−0.33	+0.33
6	53	54.00	+2.00	+1.56
7	58	57.00	+3.00	+3.00
8	60	61.00	+4.00	+2.67
9	65	62.00	+1.00	+2.33
10	61	64.00	+2.00	+1.22
11	66	64.67	+0.67	
12	67			

根据表2-2-5中的有关数据，可按公式进行生产成本的预测：

2025年1月份的物流成本=64.67+2×1.22=67.11（万元）

2025年2月份的物流成本=64.67+3×1.22=68.33（万元）

2025年3月份的物流成本=64.67+4×1.22=69.55（万元）

步骤三：指数平滑法预测成本

已知2025年1月份至9月份的实际物流运作成本，可按公式计算如下：

F_1=915 000元

F_2=0.5×930 000+（1-0.5）×915 000=922 500（元）

F_3=0.5×850 000+（1-0.5）×922 500=886 250（元）

F_4=0.5×900 000+（1-0.5）×886 250=893 125（元）

F_5=0.5×880 000+（1-0.5）×893 125=886 562.5（元）

F_6=0.5×925 000+（1-0.5）×886 562.5=905 781.25（元）

F_7=0.5×900 000+（1-0.5）×905 781.25=902 890.63（元）

F_8=0.5×950 000+（1-0.5）×902 890.63=926 445.32（元）

F_9=0.5×940 000+（1-0.5）×926 445.32=933 222.66（元）

F_{10}=0.5×955 000+（1-0.5）×933 222.66=944 111.33（元）

可得，远光公司2025年10月份的物流运作成本预测值为944 111.33元。

步骤四：回归分析法预测成本

假设以 y 代表机械维修成本，x 代表机械工作小时，根据行动任务中提供的相关资料计算见表2-2-6。

表2-2-6　　　　　　　　　　远光公司机械工作计算列表　　　　　　　　　金额单位：元

月份	x_i	y_i	x_iy_i	y_i^2	x_i^2
1	500	364	182 000	132 496	250 000
2	460	358	164 680	128 164	211 600
3	380	330	125 400	108 900	144 400
4	420	340	142 800	115 600	176 400
5	360	320	115 200	102 400	129 600
6	480	356	170 880	126 736	230 400
7	390	354	138 060	125 316	152 100
8	394	362	142 628	131 044	155 236
9	430	352	151 360	123 904	184 900
10	460	344	158 240	118 336	211 600
11	396	360	142 560	129 600	156 816
12	504	370	186 480	136 900	254 016
合计	5 174	4 210	1 820 288	1 479 396	2 257 068

为了判断x与y之间是否存在线性关系，应计算相关系数如下：

$$r = \frac{1\ 820\ 288 - 12 \times 431.17 \times 350.83}{\sqrt{(2\ 257\ 068 - 12 \times 431.17^2)(1\ 479\ 396 - 350.83^2)}} = \frac{5\ 079.55}{7\ 952.17} = 0.63876$$

根据前述的判断标准，可以判定x与y之间呈显著相关关系，建立回归直线方程如下：

$$a = \frac{2\ 257\ 068 \times 350.83 - 431.17 \times 1\ 820\ 288}{2\ 257\ 068 - 12 \times 431.17^2} = \frac{6\ 993\ 589.48}{26\ 177.17} = 267.16$$

$$b = \frac{1\ 820\ 288 - 12 \times 431.17 \times 350.83}{2\ 257\ 068 - 12 \times 431.17^2} = \frac{5\ 079.55}{26\ 177.17} = 0.19$$

y=267.16+0.19x

预测2025年第一季度的机械维修成本如下：

远光公司2025年第一季度的机械工作小时预计分别为496、512、526，则有：

1月份维修成本预测值=267.16+0.19×496=361.40（元）

2月份维修成本预测值=267.16+0.19×512=364.44（元）

3月份维修成本预测值=267.16+0.19×526=367.10（元）

行动拓展

1.某物流企业1月份至6月份的配送成本分别为42万元、43.5万元、44.1万元、43万元、47万元、45万元，企业规模和技术水平保持不变，利用简单平均数法和趋势移动平均法预测7月份的配送成本，并比较结果。

该物流企业6月份的实际配送成本为45万元，6月份的预测成本为46.5万元，a=0.4，利用指数平滑法预测7月份的配送成本。

2.某物流中心2024年1月份至10月份的实际物流运作成本依次为50万元、52万元、48万元、49万元、42万元、43万元、47万元、51万元、52.4万元、50.6万元。2024年1月份的成本预测值为49万元，假设平滑指数a=0.3，利用指数平滑法预测该物流中心2024年11月份的物流运作成本。

果行育德

果行育德2-2

请扫描相关二维码，观看视频，认识传统物流行业中存在哪些变化，谈谈你对我国物流行业发展的认识。

行动评价

行动评价考核内容包括理论知识评价、技能操作评价和职业素养评价，根据学习和测评结果，填写表2-2-7。

表2-2-7　　物流成本预测行动评价考核表

姓名			学号		专业		
任务名称		物流成本预测					
考核内容		考核标准	参考分值（100）	学生自评	小组互评	教师评价	考核得分
理论知识评价	1	理解物流成本预测的含义和作用	10				
	2	理解物流成本预测的内容和分类	10				
	3	理解物流成本预测的程序	10				
	4	理解物流成本预测的方法	10				
技能操作评价	5	能够运用简单平均数法预测物流成本	10				
	6	能够运用趋势移动平均法预测物流成本	10				
	7	能够运用指数平滑法预测物流成本	10				
	8	能够运用回归分析法预测物流成本	10				
职业素养评价	9	具有社会责任感	10				
	10	具备较强的团队合作能力	10				
总得分			100				

行动巩固

行动巩固 2-2

一、选择题

1.（单选）（　　）就是运用统计学和预测科学的方法，根据历史的和现在的信息资料，通过分析，对未来的物流成本水平及其发展趋势进行预计和测算。

A.物流成本预测　　　　　　　　B.物流成本决策

C.物流成本计划的制订　　　　　D.物流成本计算

2.（单选）以下不属于物流成本预测的是（　　）。

A.库存成本的预测　　　　　　　B.采购成本的预测

C.运输成本的预测　　　　　　　D.物流信息成本的预测

3.（单选）物流成本预测按对象的范围可分为（　　）。

A.主观预测和客观预测　　　　　B.宏观预测和微观预测

C.近期预测和远期预测　　　　　D.定性预测和定量预测

4.（单选）（　　）是对个别具体的物流企业在物资流通过程中所支付的成本进行预测，例如，基层企业所作的库存成本、运输成本、配送成本、物流信息成本的预测等。

A.宏观预测　　　　　　　　　　B.微观预测

C.定性预测　　　　　　　　　　D.定量预测

5.（单选）（　　）是通过对现象的调查和认识，凭借预测者个人的实践经验、理论水平和分析能力，对事物未来的发展做出的判断。

A.宏观预测　　　　　　　　　　B.微观预测

C.定性预测　　　　　　　　　　D.定量预测

6.（单选）下列不属于直观成本预测法特点的是（　　）。

A.成本预测费用投资少　　　　　B.成本预测所需的时间短

C.成本预测效果的客观性较差　　D.成本预测效果的效度强

7.（单选）高低点法选择高低点的依据是（　　）。

A.业务量　　　　　　　　　　　B.变动成本

C.总成本　　　　　　　　　　　D.固定成本

8.（单选）（　　）适用于对那些具有详细固定成本与变动成本历史资料的物流活动进行成本预测，其计算结果相比按照总成本时间序列法计算的结果，误差要小些。

A.加权平均法　　　　　　　　　B.回归直线法

C.高低点法　　　　　　　　　　D.指数平滑法

9.（多选）物流成本预测的作用包括（　　）。

A.为物流成本决策提供依据

B.为确定目标成本奠定基础

C.减少企业经营的盲目性，降低经营风险

D.是企业制定物流成本目标的依据

10.（多选）下列预测方法中，属于定量预测法的有（　　）。

A.因果回归分析预测法　　　　　B.时间序列分析预测法

C.调查预测法　　　　　　　　　D.经济指标法

二、案例分析题

青岛合家圆食品有限公司是集生产加工、经营销售于一体，以生产食用植物油为主的大型专业油脂加工企业，公司始建于1992年，经过几十年的不断积淀和市场开拓，得到了健康快速的发展。为提升企业的经济效益和竞争能力，该企业不断改进老产品，开发新产品。2019年年初，经企业内部高层商议决定，研制一种新型的健康植物油——棕榈调和油。为保证该产品研发上市后的销售量，该企业CEO采用预测方法对该产品的销售量进行预测。首先，该企业CEO选择若干植物油批发商、零售商负责人，以及各大区销售代表、高级营养师、消费者等组成专家小组，将该产品的信息（包括原材料、营养价值、价格等）和问卷发放给各位专家，要求各位专家在问卷上填写该产品的最低销售量、最可能销售量和最高销售量，并简要阐明自己的理由。然后，该企业CEO将专家们填写的问卷进行归纳汇总，并将汇总结果反馈给各位专家，要求大家在参考其他专家的意见后对自己的预测做出调整。如此反复进行，直到每位专家都不再修改自己的意见为止。最终，该产品的预测结果为最低销售量650吨，最高销售量1 500吨，最可能销售量1 150吨。

根据以上内容回答下列问题：

（1）该企业CEO采用的预测方法是什么？它是按照什么类别进行分类的？

（2）除按以上标准分类，物流成本预测还可按照哪些标准进行分类？

（3）该企业CEO为何要对新产品的销售量进行预测？

（4）如果你是该企业的CEO，你会选择哪种方法进行预测？为什么？

任务三　物流成本决策

行动任务

任务1：

远光公司为了扩大物流服务范围，拟建设新的物流中心。根据市场预测，所提供的物流服务销路好的概率为0.7，销路差的概率为0.3。以下有三种方案可供选择：

方案Ⅰ：新建大型物流中心，需要投资300万元。据初步估计，销路好时，每年获利100万元；销路差时，每年亏损20万元。服务期为10年。

方案Ⅱ：新建小型物流中心，需要投资140万元。据初步估计，销路好时，每年获利40万元；销路差时，每年获利30万元。服务期为10年。

方案Ⅲ：先建小型物流中心，3年后销路好时，再扩建物流中心，需要追加投资200万元，服务期为7年，估计每年获利95万元。

请问，哪一种方案最好？

任务2：

远光公司拟开发新服务，有三种设计方案可供选择。因不同的设计方案的制造成本、产品性能各不相同，在不同的市场状态下的损益值也各不相同，具体见表2-3-1。

表2-3-1		各设计方案损益值计算表		单位：万元
设计方案	畅销	一般	滞销	Max
Ⅰ	50	40	20	50
Ⅱ	70	50	0	70
Ⅲ	100	30	−20	100

请问，远光公司应当选择哪个设计方案？

行动锦囊

一、物流成本决策的内容及重要性

成本决策是为了实现成本管理目标，运用一定的决策技巧和方法，并结合成本预测所提供的成本信息，从多个成本备选方案中选择最优成本方案的行为过程。

物流企业的成本决策涉及企业的生产经营和资本运作等各个领域，可以说，凡是发生成本费用支出的各项经济活动，都有一个成本决策问题。成本决策分析的最终目的是选出最优方案，选优的标准主要是关注经济效益的高低，而影响经济效益高低的决定性因素则是分析、研究成本指标。人们在日常的工作和生活中，经常需要做出决策，以规划自己的行为。正确的决策产生正确的行为，得出满意的结果；反之，一旦决策失误，将会造成无可挽回的经济损失。因此，必须正确认识物流企业的成本决策行为，其对于企业增强市场竞争优势，实现预测目标有着十分积极的作用。

1.成本决策是企业成本计划工作的前提条件

只有进行物流企业的成本决策并择优选出一个最具可行性的方案，才能在此基础上编制成本执行计划，并使所编制的成本计划能够切实保证目标利润的实现。未经过成本决策而编制的成本计划，具有相当的盲目性，计划的盲目性又会导致计划执行的非控制性，不利于有效地控制成本支出，最终使目标利润难以实现。

2.成本决策是其他经营决策的重要依据

物流企业的其他经营决策是指除了成本决策之外的经营决策，包括筹资决策、投资决策、技术决策和利润决策等。成本决策的直接结果反映了企业未来成本的最低耗费水平，在进行其他经营决策时，必须遵循低消耗、高收入的原则，根据决策的最低成本水平，针对目标成本的设定与分解需要进行分析、比较，从而对企业资源实现优化配置，并适时修订或重订企业的经营管理方案，使企业真正实现以最低的成本支出，获取最大的经济效益。

3.成本决策是企业目标利润实现的重要保证

企业的利润水平在一定条件下受制于企业的成本水平和费用水平。成本费用与利润的变动方向是相反的。在其他因素不变的前提下，成本和费用增加，利润就会相应降低；反之，成本和费用降低，利润就会相应增加。所以，成本决策分析可以揭示企业成本在市场竞争中所处的优劣地位，从更高层面上理解成本控制的主动权，逐步对企业的生产结构、技术结构和产品结构实行调整。因此，企业要实现未来的目标利润，就必须使未来的成本和费用达到最优，没有最低成本作为保证，目标利润就不可能实现。

4.成本决策是企业提高管理水平的一个重要手段

成本决策有利于减少交易成本，降低市场风险。预算管理的战略决策不可能详尽、周密地把握未来环境的变动趋势，只有通过具体决策，才能做出更为准确的判断，为企业计划期的经营环节确定最低耗费目标，从而更好地加强成本控制。例如，在开放的市场环境下，原材料和产品供需数量的变化、价格的高低、贷款利率和外汇汇率的升降等指标时刻处于波动状态，给企业经营带来了多重风险。成本决策的作用就在于趋利避害，化险为夷，提高企业的经营管理水平。

微课 2-8

物流成本决策
的基本程序

二、物流成本决策的基本程序

科学的成本决策贯穿于企业经营管理的全过程，也是促进企业整体推动的基本保证。一般来说，企业的成本决策应按以下步骤进行：

（一）确定决策目标

这是决策的出发点和归宿点。没有明确的成本决策目标，只会引起决策过程的混乱和决策结果的无效。成本决策的总目标就是成本最低化。当然，在确定这个目标时，也需要注意与经营管理的可能性相匹配，也要有目标的约束条件，同时也要使目标具体化，并尽可能地量化。

（二）拟订备选方案

拟订备选方案的过程，实际上是根据目标的要求，对预测资料及其相关信息进行设想、分析的过程，一个成功的决策应有一定数量和质量的可行性方案作为保证。这些备选方案必须是技术上先进的，同时经济上也应合理的。在拟订过程中，要注意实事求是，量力而行，扬长避短，力戒浮夸；务必使现有的人力、物力和财力资源都能得到最合理、最充分的配置。

（三）选择最优方案

应对各个备选方案进行分析评价和效果对比，论证每个方案所能达到的成本水平和经济效果。为此，应为每个备选方案收集尽可能多的或对其有影响的各种可计量因素的资料，同时也要对所收集到的这些资料进行鉴别、归类、对照比较，做出合理的判断。选择的关键就在于评价标准是否恰当，特别是在多目标决策中更应注意择优标准的多重性和综合性。

（四）方案的实施准备

最优方案确定以后，还要考虑其他相关性的系统之外的一切环境因素，如国家产业政策的变化、社会生态环境的改变、国家政局的动荡等，只有充分考虑了这些系统之外的环境影响因素之后，才能将其作为最终方案加以实施。在实施之前，还应根据所选定的方案拟定各环节的措施，以保证决策目标的进一步落实。

三、物流成本决策的方法

成本决策的方法有很多，应根据决策的性质、决策的内容和取得资料的不同进行选择。一般可将成本决策方法按照决策的性质划分为定性分析法和定量分析法两大类。

（一）定性分析法

定性分析法又称非数量分析法，其是依靠专家和有丰富知识和经验的专业人员的分析能力，利用直观材料和逻辑推理对所提出的各种备选方案做出正确评价和选择的方法。也正因为定性分析法只是一种直观判断和逻辑推理，因此，定性分析法没有固定的模式，依据不同的分析对象和分析要求而灵活运用。一般来说，定性分析法主要有下述几种：

微课 2-9
物流成本决策的方法——定性分析法

1.头脑风暴法

头脑风暴法又称思维共振法，即通过有关专家之间的信息交流，引起思维共振，产生组合效应，从而引导创造性思维。头脑风暴法是比较常用的群体决策方法，其利用一种思想的产生过程，鼓励提出任何种类的方案设计思想，同时禁止对各种方案的任何批判。因此，这种方法主要用于收集新设想。

在典型的头脑风暴法会议中，群体领导者以一种明确的方式向所有参与者阐明问题，使参与者在完全不受约束的条件下，敞开思路，畅所欲言。在一定的时间内，他们"自由"提出尽可能多的方案，不允许任何批评，并且将所有的方案当场记录下来，留待稍后讨论和分析。

头脑风暴法的创始人英国心理学家奥斯本为这一决策方法的实施提出了以下四项原则：

（1）对他人的建议不作任何评价，将相互讨论限制在最低限度内。

（2）建议越多越好，在这个阶段，参与者不要考虑自己建议的质量，想到什么就应该说出来。

（3）鼓励每个人独立思考，广开思路，想法越新颖、越奇异，越好。

（4）可以补充和完善已有的建议，以使其更具说服力。

头脑风暴法的目的是创造一种畅所欲言、自由思考的氛围，诱发创造性思维的共振和连锁反应，产生更多的创造性思维。

因此，头脑风暴法仅是一个产生思想的过程，而下面的方法则进一步提供了取得期望决策的途径。

2.哥顿法

哥顿法是美国人哥顿于1964年提出的决策方法。该方法与头脑风暴法相类似，首先由会议主持人将决策问题向会议成员进行笼统的介绍，然后由会议成员（专家成员）海阔天空地讨论解决方案，当会议开展到适当时机，决策者将决策的具体问题展示给小组成员，使小组成员的讨论进一步深化，最后由决策者吸纳讨论结果，并进行决策。

3.德尔菲法

德尔菲法是由美国著名的兰德公司首创并用于预测和决策的方法。该方法以匿名方式通过几轮函询征求专家的意见，组织预测小组对每一轮的意见进行汇总整理后作为参考再发给各专家，以供他们分析判断，并提出新的论证。几轮反复后，专家意见渐趋一致，以供决策者进行最终决策。

德尔菲法是一种广为适用的预测决策方法，其基本步骤如下：

（1）确定预测题目。预测题目即预测所要解决的问题，预测题目要具体明确，符合实际需要。

（2）选择专家。选择专家是德尔菲法的重要环节，因为预测结果的可靠性取决于所选专家对预测主题认识的深度和广度。选择专家必须解决以下四个问题：

①什么是专家。德尔菲法所选专家是指在预测主题领域从事预测或决策工作10年以上的技术人员或管理者。

②怎样选取专家。如何选取专家，要视预测或决策任务而定。如果预测或决策主题较多地涉及组织内部情况或组织机密，则最好从内部选取专家；如果预测或决策主题仅关系到某一具体技术的发展，则最好从组织外部挑选专家，甚至从国外挑选专家。

③选择什么样的专家。所选专家不仅要精通技术，拥有一定的名望和具有代表性，而且应具备一定的边缘科学知识。

④专家人数。专家人数要视所预测或决策问题的复杂性而定。人数太少会限制学科的代表性和权威性；人数太多则难以组织。一般以10~15人为宜，对重大问题的预测或决策，专家人数可以相应增加。

（3）制定调查表。将预测或决策问题项目有次序地排列成表格形式，调查表项目应少而精。为了使专家对德尔菲法有所认识，调查表的前言部分应对德尔菲法进行介绍。

（4）预测过程。德尔菲法决策一般要分四轮进行：第一轮将调查表发给各专家，调查表只提出决策主题，让各专家提出应决策的事件。第二轮由决策者将第一轮调查表进行综合整理，归并同类事件，排除次要事件，做出第二轮调查表再返给各专家，由各专家对第二轮调查表所列事件做出评价，阐明自己的意见。第三轮是对第二轮的结果进行统计整理后再次反馈给各专家，以便其重新考虑自己的意见并充分陈述理由，尤其是要求持异端意见的专家充分阐述理由，因为他们的依据经常是其他专家所忽略的或未曾研究的一些问题，而这些依据又会对其他成员的重新判断产生影响。第四轮是在第三轮的基础上，让各专家再次进行预测，最后由决策者在统计分析的基础上做出结论。

（5）做出决策结论。经过多次反馈后，一般意见渐趋一致，或对立的意见已十分明显，此时便可将资料整理出来，做出决策结论。

德尔菲法具有下述特点：

①匿名性。为克服专家之间因名望、权力、尊重等心理因素的影响，德尔菲法采用匿名函询征求意见，以保证各成员能够独立地做出自己的判断。

②多轮反馈。通过多轮反馈，可使各成员充分借鉴其他成员的意见，并对自己的意见不断修正。

③统计性。德尔菲法属于定性决策，但对专家成员的意见采用统计方法予以定量处理。德尔菲法的缺点是比较烦琐，预测所花费的时间和成本比较高。该方法过于耗费时间，当需要进行一个快速决策时，这种方法通常行不通。

（二）定量分析法

定量分析法是运用一定的数学原理，将决策所涉及的变量与决策目标之间的关系，运用一定的数学模式或公式表达并据以决策的分析方法。由于决策方案中的数据预测结果的确定性程度有强有弱，因此，所采用的相应决策方法也不尽相同。根据数学模型涉及的决策问题的性质（或者说，根据所选方案结果的可靠性）的不同，定量决策方法一般分为确定型决策、风险型决策和不确定型决策三类，下面分别予以介绍。

微课 2-10
物流成本决策的方法——定量分析法

1.确定型决策方法

确定型决策方法的特点是只要满足数学模型的前提条件，模型就会给出特定的结果。属于确定型决策方法的模型有很多，如盈亏平衡点法、线性规划法等。这里主要介绍盈亏平衡点法。

盈亏平衡点法又称量本利分析法或保本分析法，是进行产量决策常用的方法。该方法的基本特点是将成本分为固定成本和可变成本两部分，然后与总收益进行对比，以确定盈亏平衡时的产量或某一盈利水平的产量。其中，可变成本与总收益为产量的函数，当可变成本、总收益与产量为线性关系时，总收益、总成本和产量的关系，如图2-3-1所示。

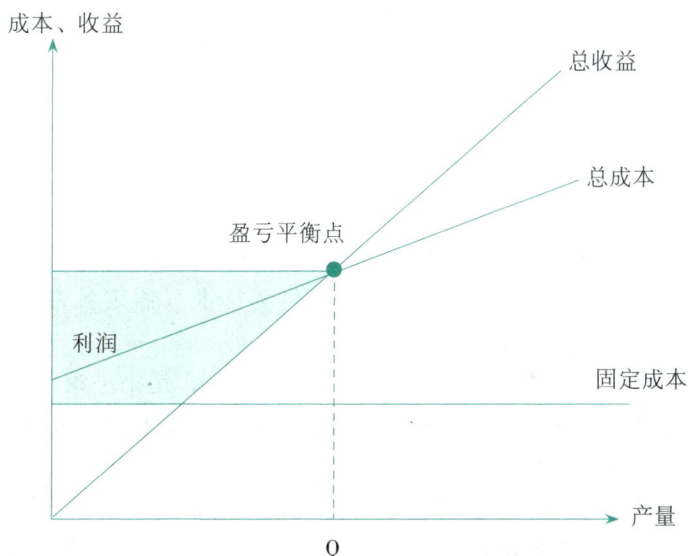

图2-3-1　盈亏平衡点分析示意图

$Q=F/(P-V)$

上式中有四个变量，给定任何三个变量的值，便可求出另外一个变量的值。

【例】某物流公司提供某项物流服务，其固定成本为50万元，单位可变成本为10元，服务单位售价为15元，则其盈亏平衡点的产量为：

$Q=F/(P-V)=500\,000÷(15-10)=10$（万件）

【例】某物流公司仓库加工某产品的固定成本为50万元，产品单位售价为80元，本年度产品订单量为1万件，请问单位可变成本降至什么水平才不至于亏损？

据题意得：

$10\,000=500\,000÷(80-V)$

$V=30$

因此，该产品的单位可变成本为30元。

2.风险型决策方法

在比较和选择决策方案时，如果未来情况不止一种，而是两种以上，管理者不确定到底哪种情况会发生，但知道每种情况发生的概率，在这种情况下，选择任何一种方案，都存在一定的风险，则可以采用风险型决策方法。常用的风险型决策方法是决策树法。

风险型决策方法的决策标准是期望值。所谓期望值，实质上是各种状态下加权性质的平均值。当决策指标为收益时，应选取期望值最大的方案；当决策指标为成本时，应选取期望值最小的方案。一种方案的期望值，是该方案在各种可能状态下的损益值与其对应的概率的乘积之和。采用期望值进行决策，既可用表格表示，也可用树状图表示，后者称为决策树法。下面以决策树为例说明风险型决策方法的应用。

决策树法是用树状图来描述各方案在不同情况（或自然状态）下的收益，据此计算每种方案的期望收益，从而做出决策的方法。

决策树的形状，如图2-3-2所示。

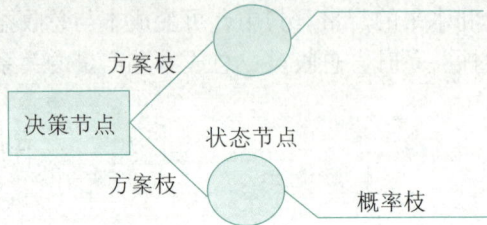

图2-3-2　决策树图

3.不确定型决策方法

（1）冒险法（大中取大法）。大中取大法又称乐观法，是指愿意承担风险的决策者在方案取舍时以各方案在各种状态下的最大损益值为标准（假定各方案最有利的状态发生），在各方案的最大损益值中取最大者对应的方案。

（2）保守法（小中取大法）。小中取大法又称悲观法，是指决策者在进行方案取舍时以每个方案在各种状态下的最小值为标准（假定每个方案最不利的状态发生），再从各方案的最小值中取最大者对应的方案。

（3）折中法。保守法和冒险法都是以各方案在不同状态下的最大或最小极端值为标准。但在多数情况下，决策者既非完全的保守者，也非极端的冒险者，而是在介于两个极端值之间的某一位置上寻找决策方案，即折中法。折中法的决策步骤如下：

①找出各方案在所有状态下的最小值和最大值。

②决策者根据自身的风险偏好程度给定最大值系数α（0<α<1），最小值系数随之被确定为1-α。其中，α也称为乐观系数，是决策者冒险（或保守）程度的度量。

③利用给定的乐观系数α和对应的各方案最大值、损益值，计算各方案的加权平均值。

④选取加权平均最大的损益值对应的方案，作为所选方案。

（4）后悔值法（大中取小法）。后悔值法是利用后悔值标准选择方案的方法。所谓后悔值，是指在某种状态下因选择某方案而未选取该状态下的最佳方案而少获得的收益。例如，在某种状态下选择某方案，其损益值为100，而该状态下的诸多方案中最大损益值为150，则选择该方案要比最佳方案少收益50，即后悔值为50。利用后悔值法进行方案选择的步骤如下：

①计算损益值的后悔值矩阵。其方法是用各状态下的最大损益值分别减去该状态下所有方案的损益值，从而得到对应的后悔值。

②从各方案中选取最大后悔值。

③从已经选出的最大后悔值中选取最小值，所对应的方案即为利用最小后悔值方法选取的方案。

（5）等概率法。当无法确定某种自然状态发生的可能性大小及其顺序时，可以假定每一自然状态具有相等的概率，并以此计算各方案的期望值，进行方案选择，这种方法也称为莱普勒斯法。由于假定各种状态的概率相等，因此，等概率法实质上是简单算术平均法。

行动进行

步骤一：风险型决策方法决策

绘制该问题的决策树，如图2-3-3所示。

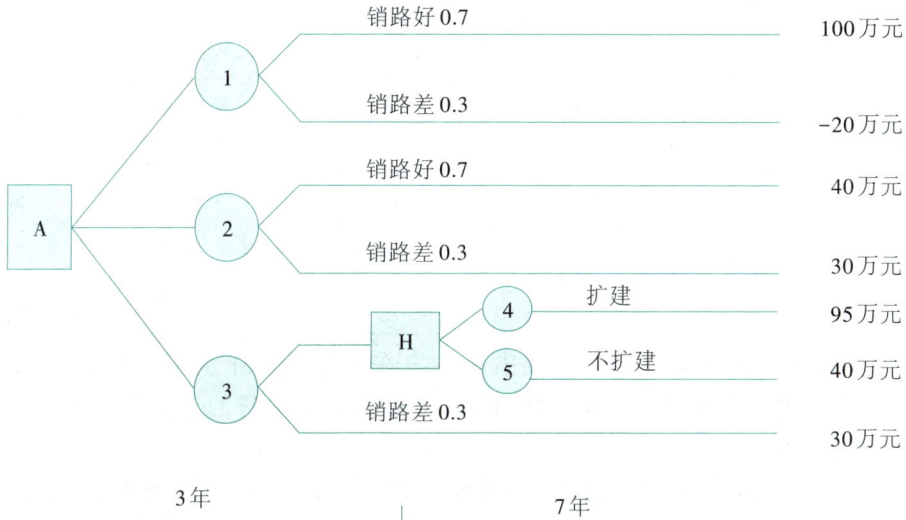

销路好0.7 ———————————————— 100万元

销路差0.3 ———————————————— -20万元

销路好0.7 ———————————————— 40万元

销路差0.3 ———————————————— 30万元

④ 扩建 95万元

⑤ 不扩建 40万元

销路差0.3 ———————————————— 30万元

3年 | 7年

图2-3-3 一个多阶段决策的决策树图

方案Ⅰ（节点①）的期望收益为：$[0.7×100+0.3×(-20)]×10-300=340$（万元）。

方案Ⅱ（节点②）的期望收益为：$(0.7×40+0.3×30)×10-140=230$（万元）。

至于方案Ⅲ，由于节点④的期望收益465万元（95×7-200）大于节点⑤的期望收益280万元（40×7），所以，销路好时，扩建比不扩建要好。

方案Ⅲ（节点③）的期望收益为：$(0.7×40×3+0.7×465+0.3×30×10)-140=359.5$（万元）。

上述计算结果表明，在三种设计方案中，方案Ⅲ最好。

需要说明的是，在上面的计算过程中，没有考虑货币的时间价值，这是为了使问题简化。但在实际中，多阶段决策通常需要考虑货币的时间价值。

步骤二：不确定型决策方法决策

1.冒险法

已知远光公司的三种设计方案在不同市场状态下的损益值各异，具体见表2-3-2。

表2-3-2　　　　　　　**各设计方案损益值表（一）**　　　　　　　单位：万元

设计方案 \ 市场状态 损益值	畅销	一般	滞销	Max
Ⅰ	50	40	20	50
Ⅱ	70	50	0	70
Ⅲ	100	30	-20	100

当不确定各种状态的概率时，利用大中取大法选择方案的过程如下：

①从各方案的损益值中找出最大者；

②从所有方案的最大损益值中找出最大者，即 Max {50，70，100} =100，其所对应的方案Ⅲ，就是利用该方法选出的最终方案。

2.保守法

已知远光公司的三种设计方案在不同市场状态下的损益值各异，具体见表2-3-3。

表2-3-3 　　　　　　　　　　　各设计方案损益值表（二）　　　　　　　　　　单位：万元

设计方案 \ 损益值 \ 市场状态	畅销	一般	滞销	Max
Ⅰ	50	40	20	50
Ⅱ	70	50	0	70
Ⅲ	100	30	-20	100

利用小中取大法决策时，首先找出各方案在各种状态下的最小值，即 {20，0，-20}，然后从中选取最大值：Max {20，0，-20} =20，所对应的方案Ⅰ，即为小中取大法选取的决策方案。

该方案能够保证在最坏的情况下获得不低于20万元的收益，而其他方案则无此保证。

3.折中法

根据任务中给出的各方案损益值，计算各方案的最小值和最大值，具体见表2-3-4。

表2-3-4 　　　　　　　　　　　平均收益值比较表　　　　　　　　　　单位：万元

方案	Min	Max	加权平均值（α=0.75）
Ⅰ	20	50	42.5
Ⅱ	0	70	52.5
Ⅲ	-20	100	70

假设决策者给定最大值系数 α=0.75，最小值系数即为0.25，各方案的加权平均值计算如下：

方案Ⅰ：20×0.25+50×0.75=42.5。

方案Ⅱ：0×0.25 +70×0.75=52.5。

方案Ⅲ：（-20）×0.25+100×0.75=70。

选取加权平均值的最大者：Max {42.5，52.5，70} =70，所对应的方案Ⅲ，即为最大值系数 α=0.75的折中法方案。

利用折中法选择方案的结果，取决于反映决策者风险偏好程度的乐观系数的确定。上例中，如果 α=0.2，1-0.2=0.8，则方案的选择结果是方案Ⅰ，而非方案Ⅲ。当 α=0时，结果与保守法相同；当 α=1时，结果与冒险法相同。

4.后悔值法

根据任务中给出的各方案损益值，最大后悔值的比较见表2-3-5。

表2-3-5 最大后悔值比较表 单位：万元

市场状态 设计方案 / 后悔值	畅销	一般	滞销	Max
I	50	10	0	50
II	30	0	20	30
III	0	20	40	40

各方案的最大后悔值为 {50，30，40}，取其最小值 Min {50，30，40} =30，所对应的方案 II，即为最小后悔原则选取的方案。

5.等概率法

根据任务中给出的各方案损益值，各方案有三种状态，因此每种状态的概率为1/3，各方案的平均值为：

方案 I：50×1/3+40×1/3+20×1/3=110/3。

方案 II：70×1/3+50×1/3+0×1/3=40。

方案 III：100×1/3+30×1/3+（-20）×1/3=110/3。

Max {110/3，40，110/3} =40，所以，应该选择方案 II。

行动拓展

某配送中心为适应市场的需要，准备扩大服务能力，有两种方案可供选择：第一种方案是建立大配送中心；第二种方案是先建立小配送中心，后考虑扩建。如果建立大配送中心，需要投资700万元，当市场销路好时，每年收益210万元，当市场销路差时，每年亏损40万元。在第二种方案中，先建立小配送中心，如果销路好，3年后进行扩建。建立小配送中心的投资为300万元，当市场销路好时，每年收益90万元，当市场销路差时，每年收益60万元，如果3年后扩建，扩建投资为400万元，收益情况同第一种方案一致。未来市场销路好的概率为0.7，销路差的概率为0.3；如果前3年销路好，则后7年销路好的概率为0.9，销路差的概率为0.1。无论选择哪种方案，使用期均为10年，试做出决策分析。

果行育德

"要做行业的先行者，就要耐得住寂寞。"从建立我国首个规模最大的第三方汽车物流自动化立体库，到打造国内最大的汽车物流无人仓，并牵头申请获得了33项专利技术，重庆长安民生物流股份有限公司智能设备研发经理李想，俨然成为智慧物流行业的先行者。

果行育德 2-3

请扫描相关二维码，李想从基层小白成长为公司智慧物流"智囊团"元老，思考自己该如何提升自身的专业水平，并转化为为国奉献的实践行动？

行动评价

行动评价考核内容包括理论知识评价、技能操作评价和职业素养评价，根据学习和测评结果，填写表2-3-6。

表2-3-6 物流成本决策行动评价考核表

姓名			学号		专业		
任务名称			物流成本决策				
考核内容		考核标准	参考分值（100）	学生自评	小组互评	教师评价	考核得分
理论知识评价	1	理解物流成本决策的内容和重要性	10				
	2	理解物流成本决策的基本程序	15				
	3	理解物流成本决策的方法	10				
技能操作评价	4	能够运用风险型决策法进行物流成本决策	20				
	5	能够运用不确定型决策法进行物流成本决策	25				
职业素养评价	6	具有社会责任感	10				
	7	具备较强的团队合作能力	10				
总得分			100				

行动巩固

行动巩固 2-3

一、选择题

1.（单选）物流成本决策是在（　　）的基础上形成并不断丰富发展的。

A.物流成本管理　　　　　　　　B.物流成本分析

C.物流成本预测　　　　　　　　D.物流成本计算

2.（单选）以下有关物流成本决策的说法，错误的是（　　）。

A.物流成本管理是企业管理的重要组成部分，其是从管理体制到技术方法的角度来研究成本管理中出现的新课题，以促使成本管理水平的提高

B.一般来说，物流成本决策是指企业为了实现既定的目标，在充分占有必要的信息资料的基础上，借助一定的手段和方法进行估算和判断，分析比较各种备选方案并从中选优的过程

C.物流成本决策不仅是成本管理的重要职能，也是企业生产经营决策体系中的重要组成部分

D.物流成本决策具有较强的分散性，对其他的生产经营决策起着指导和约束作用

3.（单选）企业为了增强自身的竞争能力和适应能力，必须不断研究改进物流过程和降低物流成本的方法，不断提高经济效益，并从中求得发展。严格地讲，这一切都有赖于科学的（　　）。

A.物流数据分析　　　　　　　　B.物流成本预测

C.物流成本决策　　　　　　　　D.物流数据评估

4.（单选）近年来，（　　）的进步已对成本管理产生了重大影响。在目前阶段，实施物流成本决策也是现代化成本管理的重要标志。

A.经济管理学　　　　B.管理科学　　　　C.管理统计学　　　　D.工商管理学

5.（单选）下列物流成本决策的基本程序排列顺序，正确的是（　　）。

①确定决策目标

②提出备选方案

③收集整理与备选方案相关的材料

④通过定量分析对备选方案做出初步选择

⑤考虑其他因素影响，确定最优方案

A.①②③④⑤　　　B.①②③⑤④　　　C.②③⑤④①　　　D.②①③④⑤

6.（单选）（　　）是在风险型决策以及不确定型决策中，通过计算最佳期望值进行决策的方法。

A.期望值决策法　　　　　　　　B.量本利分析法

C.线性规划法　　　　　　　　　D.差量分析法

7.（单选）（　　）的实质是将经济问题转化为数学模型进行定量分析，通过求函数极值（极小值或极大值）来确定最优方案。

A.差量分析法　　　B.回归直线法　　　C.高低点法　　　D.线性规划法

8.（多选）物流成本决策首先要求成本尽可能（　　），在此基础上再进一步考虑净收益尽可能（　　）。

A.高　　　　　　　B.低　　　　　　　C.大　　　　　　　D.小

9.（多选）物流成本决策的作用包括（　　）。

A.企业自身性质的客观要求

B.企业提高经济效益的迫切需要

C.企业内外部环境条件变化的必然结果

D.现代化成本管理的重要特征

10.（多选）物流成本决策的方法有很多，最常用的有（　　）。

A.期望值决策法　　　　　　　　B.量本利分析法

C.线性规划法　　　　　　　　　D.差量分析法

11.（多选）量本利分析法是一种简便有效、使用范围较广的定量决策方法，其广泛应用于（　　）。

A.生产方案的选择　　　　　　　B.配送中心的选址

C.利润预测　　　　　　　　　　D.目标成本预测

12.（多选）变动成本是指在一定条件下，其总额随产量或销量的变动而变动的成本。下列属于变动成本的有（　　）。

A.办公费　　　　B.生产工人工资　　　C.产品包装费　　　D.原材料

13.（多选）差量分析法中的差量，包括（　　）。

A.差量损益　　　B.差量收入　　　C.差量资金　　　D.差量成本

二、案例分析题

胶东物流运输公司位于青岛胶东临空经济示范区，该公司主要承揽各种普通货物的运输业务，运输业务的单位变动成本为150元/千吨公里，固定成本为200 000元，运输单价为200元/千吨公里，税率为4%。2024年3月底，该公司召开全体中层干部会议，总经理提出 4 月份要完成周转量为 6 000 千吨公里的运输计划。各部门中层干部针对总经理的提议进行了讨论，如果能够完成计划，公司是否能够盈利？

根据以上内容回答下列问题：

（1）作为该公司的运输部门经理，你将采取什么方法来进行分析？请简述这种方法的基本原理及其具体应用。

（2）除该方法外，最常用的物流成本决策方法还有哪三种？

（3）你认为物流成本决策对于一个组织来说重要吗？为什么？

任务四　物流成本预算

行动任务

远光公司生产部门生产丙产品，预计单位变动成本 410 元，其中，直接材料成本 310 元，直接人工成本 60 元，单位变动制造成本 40 元，预计固定制造费用总额 116 000 元。远光公司业务量的适用范围为 800 台～1 100 台，如果生产量在这一业务量范围内，固定成本相对不变，而变动成本与业务量成比例变动。

根据上述资料，试按照弹性预算法编制不同业务量水平下的成本预算。

另外，远光公司物流部门根据企业下年度的利润目标、销售目标和成本目标，以及物流部门具体承担的物流经营任务的要求，提出计划期的各项费用及其水平，具体见表 2-4-1。

表 2-4-1　　　　　　　　　　　　　物流部门计划期费用

项目	费用（元）
人员工资及福利	200 000
设施、设备折旧费	50 000
材料采购费	35 000
广告宣传费	350 000
仓库保管费	25 000
物流信息费	120 000

如果企业可供物流部门使用的资金为 730 000 元，试采用零基预算法编制年度物流费用预算。

行动锦囊

一、物流成本预算的含义与作用

微课 2-11

物流成本预算
概述——思政

（一）物流成本预算的含义

物流成本预算是指企业在未来一定时期内，以货币形式或其他数量形式反映的关于企业物流系统成本计划以及相应措施的数量说明。

（二）物流成本预算的作用

编制物流成本预算是企业物流成本管理的一项重要工作，其具体作用主要体现在以下四个方面：

1.明确物流成本目标

企业拥有的物流资源是有限的，如物流人员、物流设备和工具、物流资金等。企业物流部门追求的目标是合理、有效地运用这些有限的物流资源，实现最佳的物流效果。为此，通过决策，企业物流部门确立了自己的成本目标。为了实现目标，保证最佳决策方案在实际工作中顺利实施，需要编制物流成本预算。通过物流成本预算，可以将企业物流系统的整体目标分解为各个物流部门的分目标，从而使企业物流系统的整体目标与物流系统各个部门的分目标有机地结合起来。这不仅使每个物流部门、物流运营者明确了自己未来的努力方向和应达到的成本控制水平，而且为企业物流系统整体目标的实现提供了有力的保障。

2.协调各个物流部门之间的相互关系

企业物流系统的整体目标，必须层层分解为物流各部门、人员和经营环节上的具体目标，才能够得到落实。然而，企业物流系统各个物流部门彼此之间是相对独立的。构成物流系统整体的各个物流部门的职责不同，有时会出现彼此之间利益冲突的现象。例如，假设企业生产的某种产品年销售量是固定的，如果物流运输部门为了降低该产品运输成本，提出采用整车批量发运，但仓储部门可能因仓储空间有限而不能容纳这些库存，使这个提议不能实现。即便仓储空间足够用，仓储部门也不愿意接受这样的提议，因为在降低运输成本的同时，也会导致仓储活动相关成本（仓储成本和库存持有成本）的增加。通过编制物流成本预算，可以有效权衡各个物流部门的工作计划，使各个物流部门、运营者的目标有机地结合起来，明确相互之间的数量关系，有助于各个物流部门和运营者通过正式渠道加强内部沟通并互相协调、紧密配合，从而保障企业物流系统整体目标的实现。

3.控制各个物流部门的日常物流活动

物流成本预算确定以后，就进入了实施阶段，物流成本管理工作的重心就转为成本控制。在日常的物流活动中，有关部门和单位以物流成本预算为依据，通过计量、对比，及时提供实际执行结果与预算标准之间的差异数额，分析其原因，及时采取有效措施纠正，保证预算任务的顺利完成和目标的顺利实现。

4.评价考核物流活动业绩

物流活动业绩评价是物流活动过程中的一项重要任务。物流成本预算管理为企业物流系统业绩评价提供了基本的评价标准、评价方法、评价范围和评价期间。经过审批的各种物流成本预算指标，是评价的基本标准；物流成本预算指标同历史指标、行业指标、当期实际指标进行对比分析，是评价的基本方法；企业物流系统整体业绩评价、各个物流部门与环节经营业绩评价和物流系统岗位员工工作业绩评价，是三个基本的评价范围。此外，物流成本预算不仅有年度预算，而且有季度预算和月份预算。因此，企业可以进行年度业绩评价、季度业绩评价和月份业绩评价。

在实际工作中，为了使物流成本预算更好地发挥其作用，除了要编制高质量的预算外，还应制定合理的预算管理制度，包括预算的编制程序、预算调整方法、预算执行情况的分析、预算工作的组织管理等。

二、物流成本预算的分类

企业的物流成本可以依据不同的标准进行分类核算，与此相适应，物流成本预算也可以依据不同的标准进行分类编制。具体来讲，物流成本预算主要存在以下四种类型：

（一）按照物流成本编制的依据划分

微课 2-12

物流成本预算
编制的内容

按照物流成本编制的依据，可将物流成本预算划分为性态别预算、功能别预算、范围别预算和对象别预算。

1.性态别预算

按照物流成本性态编制的物流成本预算，称之为物流成本性态别预算。其包括物流人员工资、物流设备折旧费、耗用品费以及各种其他费用的预算。物流成本性态别预算有利于评价、分析企业一定时期内的物流财务状况，但不便于企业的物流成本管理。

2.功能别预算

按照物流功能成本编制的物流成本预算，称之为物流成本功能别预算。其包括物流运作成本预算（运输成本预算、仓储成本预算、包装成本预算、装卸搬运成本预算、流通加工成本预算）、物流信息成本预算、物流管理成本预算。这种形式的物流成本预算能够将预算同物流部门及其工作人员有机地结合起来，提高物流部门及其工作人员降低物流成本的积极性。只要将预算与实际执行结果进行比较，就能够认识各个物流部门的预算执行情况，便于明确责任，从而有利于降低企业的物流成本水平。

3.范围别预算

按照物流成本构成范围编制的物流成本预算，称之为物流成本范围别预算。物流成本按照构成范围，可划分为供应物流成本、企业内物流成本、销售物流成本、回收物流成本和废弃物物流成本，相应编制的预算分别为供应物流成本预算、企业内物流成本预算、销售物流成本预算、回收物流成本预算和废弃物物流成本预算。这种形式的预算可以规划出预算期内各个物流领域中的物流成本支出数目，从而作为各个领域物流工作人员降低物流成本的目标。

4.对象别预算

按照物流成本发生对象编制的物流成本预算，称之为物流成本对象别预算。该预算通常是按照不同商品、不同地区和不同用户编制的，包括主要商品的物流成本预算、主要销售地区的物流成本预算和主要用户的物流成本预算。编制主要商品的物流成本预算，便于企业有效控制这些主要商品的物流成本支出，进行重点管理，从而达到降低物流成本的目的；编制主要销售地区的物流成本预算，有利于控制企业在主要销售地区的物流成本支出，便于采取措施完成预算，进而降低物流成本；编制主要用户的物流成本预算，有利于调整企业与用户之间的服务与成本之间的关系，从而有利于降低物流成本水平。总之，通过编制物流成本对象别预算，可以实现重点管理，加强企业物流成本支出的重点控制，从而提高物流管理的有效性。

（二）按照物流成本的性态划分

按照物流成本的性态，可将物流成本预算划分为变动成本预算和固定成本预算。

为了提高物流成本预算的准确度，有必要将物流成本分解为变动成本和固定成本，并分别编制预算。在物流成本预算中，变动成本预算和固定成本预算的编制方法是有区别的。

（三）按照物流成本的可控性划分

按照物流成本是否可以为现场物流管理者所控制或施加影响，可将物流成本预算划分为可控物流成本预算和不可控物流成本预算。

可控物流成本是指现场物流管理者拥有物流成本的决策权限，必须对成本支出结果和绩效负责的物流成本。与此相对应，不可控物流成本是指现场物流管理者不拥有物流成本的决策权限，不对成本支出结果负责的物流成本。在预算中，这样区分的目的是将可控的物流活动及其成本从物流系统整体活动和总成本中分解出来，以便落实责任，进而对物流活动及其责任者进行有效的追踪管理。

（四）按照物流成本变动产生的原因划分

按照物流成本变动产生的原因，可将物流成本预算划分为金额预算和物流量预算。

通常，物流成本预算主要是对物流成本金额进行预算，并没有对具体的物流量进行分析，这种单方面的预算分析不利于优化物流管理以及明确物流责任。因为物流成本的发生金额等于物流量与单价预算的乘积。如果物流成本的上升是由物流量的增加引起的，则需要进一步分析具体是哪个物流领域的物流量增加，进而明确物流责任。例如，物流量的增加如果是由生产量的增加导致的，责任可能在生产部门；如果是由销售量的增加导致的，责任可能在销售部门；如果是由物流管理失效导致的，责任应由物流管理部门承担。同样，如果物流成本上升是由单价预算上升导致的，则也需要进一步分析是什么原因导致的。如果是市场因素导致的，企业任何部门和人员都不需要承担责任；如果是管理不佳导致的，物流管理部门应该承担相应的责任。

以上物流成本预算的各种类型以及彼此之间的相互联系、相互补充，构成了一个有机的整体。在以往的物流成本预算中，主要是对性态别成本进行预算，而现代的物流成本预算，不仅要对性态别成本进行预算，而且要对物流功能别成本、范围别成本、对象别成本进行预算。因为，现代的物流成本管理仅仅从性态别成本管理入手是不完全的，真正对物流管理起到能动作用的是功能别成本、范围别成本和对象别成本。在功能别物流成本预算中，还需要进一步细分为变动成本预算和固定成本预算，理解哪些物流活动与业务量密切相关，而哪些物流成本是企业必须支付的，其与物流业务量并无直接关系。此外，为了服从物流管理的要求，尤其是物流部门管理人员业绩评价的要求，还应该将物流成本变动预算和固定预算进一步区分为可控制物流成本预算和不可控制物流成本预算。同时，在可控制物流成本预算中，按照金额预算和物流量预算进行分析，从而明确物流责任，优化物流管理。

三、物流成本预算的编制方法

（一）弹性预算法

弹性预算又称变动预算或滑动预算，是在固定预算的基础上发展起来的。采用固定预算法编制预算时，其中的变动费用明细项目是以预算期内某一给定的业务量水平为基础确定其预算金额的，不考虑预算期内经营业务量水平可能发生的变动。如果实际业务量与编制时所依据的业务量产生较大差异，各费用明细项

微课 2-13
物流成本预算的编制方法——弹性预算法

目的实际数与预算数就失去了可比性。在实际中，由于市场行情的变化或季节性的原因，各月份的实际业务量水平常常与预算数产生较大差异，致使无法对物流成本预算的执行情况做出准确的评价和考核，从而也就难以对其实施有效的预算控制。为了弥补固定预算法编制预算所存在的不足，提高物流成本预算的有效性，就有必要编制物流成本弹性预算。

弹性预算是指企业根据成本、业务量、利润之间的依存关系，以预算期内可预见的各种业务量水平为基础编制的预算。具体来说，就是在编制物流成本费用预算时，预先对预算期内业务量可能发生的变化进行估计，编制出一套能够适应多种业务量水平的成本费用预算。这样，在企业物流规模和业务量水平发生变化时，物流成本预算金额能够随着业务量水平的变化而调整，使之仍然能够准确、真实地反映某一特定物流经营规模和业务量水平下所应当发生的成本费用。因此，即使预算期内实际业务量与预计业务量不一致，通过编制弹性预算，也能够提供与实际业务量水平相适应的预算金额，从而能够将预算数与实际执行数进行比较，有利于对某些物流经营活动进行有效的控制。

物流成本弹性预算的具体编制方法主要有公式法和列表法两种。

1.公式法

公式法是指在编制弹性预算时，根据物流成本习性将有关预算中的全部成本区分为固定成本和变动成本两部分，变动成本主要根据业务量控制，固定成本则根据总额控制，用成本公式近似地表示预算数的方法。物流成本预算数的计算公式为：

$$y=a+bx$$

其中，y表示物流成本总额预算数，b表示物流成本中的单位变动成本，x表示业务量。

在公式法下，只要确定物流成本中的固定成本a和单位变动成本b，就可以推算出物流成本在相关业务量范围内任何业务量水平下的预算金额，并用此预算金额对成本支出进行控制和考核。采用公式法编制预算时，不需要反映业务量水平，编制预算的工作量较小。但在进行预算控制和考核时，不能直接找出特定业务量水平下的总成本预算额，需要根据实际业务量临时计算预算数，而且还需按项目分解成本，比较烦琐，工作量较大。

2.列表法

列表法是指在相关的业务量范围内，将业务量划分为若干不同的水平，然后通过列表的方式，分别计算不同业务量水平下的各项预算成本，并计算总成本预算额，编制成本弹性预算的方法。采用列表法编制预算，能够直接找出特定业务量水平下的总成本预算额，便于预算的控制和考核。但其预算编制工作量较大，并且选择业务量的间距越小，工作量就越大。事实上，即使选择较小的间距，也不能囊括业务量范围内的所有业务量水平。

微课 2-14

物流成本预算的
编制方法——
零基预算法

（二）零基预算法

零基预算是相对定基预算而言的。定基预算法又称调整预算法或增量预算法，是指在编制预算时，以基期各种费用项目的实际水平为基础，综合考虑预算期内可能使各种费用项目发生变动的有关因素，如业务量增减变化、有关降低成本措施的实施等，通过调整原有成本费用项目的内容和金额而形成预算的方法。按照定基预算法编制成本预算，以基期相同项目的预算指标值为基础，按比例进行增减调整，推算出预算期内该类预算指标。

定基预算过分地依赖基期，往往不加分析地保留或接受原有成本项目，可能会导致原来不合理的费用开支继续存在下去，并像滚雪球一样越滚越大，造成预算先天性的浪费，大大降低了企业的资源利用效率。20世纪70年代，美国德州仪器公司的人事控制经理彼得·菲尔提出了"以零为基础编制预算和计划的方法"，即零基预算（又称零底预算）。该预算方法打破了传统的以历史基期为基础进行预算编制的惯例，而是根据企业现在和未来发展的需要，在相同的基础上，设定各业务优先级，进行预算、资源配置和业务调整。具体来讲，就是在编制成本预算时，对所有的预算收支均以"零"为基底，不考虑其以往情况和现有的费用开支水平，而是从实际需要出发，从根本上考虑每项费用开支的必要性、合理性及支出金额。

零基预算的优点是不受历史资料和现行预算的限制，对一切费用项目的开支都是以零为起点来考虑其必要性和重要性，并以此为依据分配企业的预算资源。因此，这种预算方式可以有效地压缩经费开支，提高资金或经济资源的使用效率。但是，零基预算编制的工作量要比增量预算繁重很多，通常企业间隔若干年才编制一次零基预算，以后的几年仅略做适当的调整，这样既可以简化预算工作量，又可以有效地节约费用开支。

物流成本零基预算是零基预算在物流管理领域中的具体应用，按照物流成本零基预算的思想，企业在编制物流成本预算时，对于任何一种物流成本项目的开支数，不考虑基期的成本开支水平，而是以零为起点从根本上考虑各成本项目存在的必要性和开支数。

物流成本零基预算在编制时，大体上可以分为以下三个步骤：

首先，根据未来发展需要，制订个别物流业务层面计划表。通常，这些业务计划表是由企业的物流管理人员、操作人员以及各层次的决策人员根据本企业预算期内的总体经营目标和各个物流部门应当完成的任务，在充分沟通协商的基础上提出的。在业务计划表中列出本物流部门必须安排的物流业务项目，并明确每一物流业务项目需要的具体开支金额。

其次，企业管理人员根据各个物流部门提交的业务计划表，进行成本效益分析，确定物流业务的优先级别。具体来讲，就是确定各物流业务项目存在的必要性，并根据轻重缓急的原则，按重要程度、影响程度分为不同等级，并依级次排列。

最后，根据以上确定的物流业务预算项目的先后顺序，将预算期内可动用的资金来源或经济资源，在有关物流业务项目之间进行合理分配，既要保证重点物流业务项目的资金落实，又要使预算期内的各项生产经营活动得以均衡协调发展。

（三）动态预算法

动态预算是相对静态预算而言的。静态预算又称定期预算，一般以一个会计年度作为固定的预算期，首先反映年度预算，然后进一步细分为季度预算、月度预算，也就是说，静态预算一般按年分季度、分月度编制。静态预算由于预算期的选择与会计期间保持一致，具有稳定性，有利于对预算执行情况进行考核和评价。

但是，静态预算方法在实际应用中存在着诸多不足，主要表现为：第一，由于受固定预算期间的限制，预算执行一段时间后，管理人员往往只考虑剩余预算期间的经营活动，而将视野局限于眼前利益，缺乏长远打算，这样不符合企业持续经营的要求，也不利于企业的长远发展。第二，由于静态预算需要提前两三个月编制，编制时对预算后期的经营活动无法准确预测，只能对其进行大致的估计和推测，使得预算偏离实际的可能性较大，给预算的执行造成较大的困难。

为了弥补静态预算在实际应用中存在的不足，企业可以编制动态预算。

动态预算又称滚动预算、永续预算或连续预算，是指在基期预算的基础上，每执行完一个季度（或月份）的预算立即在期末增列一个新的季度（或月份）的预算，使预算永远保持连续4个季度（或12个月份）的时间跨度。动态预算的预算期是连续不断的，始终保持一定期限，在某期预算执行后，将实际执行情况和预算指标进行对比分析，找出偏差及其原因，并结合执行中发生的新的情况对预算进行重新修订，然后续增一期预算，如此逐期向后滚动，使预算连续不断地规划企业未来的生产经营活动。

行动进行

步骤一：弹性预算法预算成本

该企业的1 000台生产量水平为正常活动能力水平，根据业务量百分数编制各级水平的预算，以此形成弹性成本预算表（见表2-4-2）。

表2-4-2 弹性成本预算表

费用项目		单位变动费用（元）	生产量（台）			
			800	900	1 000	1 100
单位产品变动成本	直接材料	310	248 000	279 000	310 000	341 000
	直接人工	60	48 000	54 000	60 000	66 000
	变动制造成本	40	32 000	36 000	40 000	44 000
固定成本			116 000	116 000	116 000	116 000
预算总成本			444 000	485 000	526 000	567 000

步骤二：零基预算法预算成本

（1）根据有关历史资料，对各种费用进行成本效益分析。

物流部门人员工资及福利和设施、设备折旧费属于约束性固定成本，是企业必不可少的开支项目；材料采购费和仓库保管费属于变动性物流费用，与特定的业务量相关，是完成计划规定的物流业务活动必不可少的开支。

对广告宣传费和物流信息费需要做出进一步的分析。根据以往有关的平均费用金额和相应的平均收益金额，计算成本效益比率，具体见表2-4-3。

表2-4-3 广告宣传费和物流信息费成本效益分析表

明细项目	平均费用（元）	平均收益（元）	成本效益比率
广告宣传费	20 000	400 000	0.05
物流信息费	40 000	400 000	0.1
合计	—	—	—

（2）安排各项费用的开支顺序。

材料采购费和仓库保管费是必须支出项目，需要全额保证，列为第一层次。人员工资及福利和设施、设备折旧费，列为第二层次。广告宣传费的成本收益水平高于物流信息费，列为第三层次。物流信息费则列为第四层次。

（3）分配资金，落实预算。

物流部门可使用的资金为730 000元，则分配结果见表2-4-4。

表2-4-4 预算资金分配表

费用项目	优先级	预算费用（元）
材料采购费	第一层级	35 000
仓库保管费		25 000
设施、设备折旧费	第二层级	50 000
人员工资及福利		200 000
以上费用合计		310 000
广告宣传费	第三层级	280 000
物流信息费	第四层级	140 000

行动拓展

某运输企业正在编制2026年的运输成本预算，由运输车队负责，年终进行考核。经过深层次的分析以及根据2025年各项运输成本的数据，确定各项变动运输成本的变动成本率分别为：燃料费0.8元/吨公里，维修费0.5元/吨公里，轮胎费0.6元/吨公里，其他费用0.45元/吨公里。另外，根据2025年的实际情况，并考虑预算期的变化因素，确定预算期支付各项固定运输成本的数额如下：运输设备折旧费5.5万元，养路费2.2万元，交通管理费3.2万元，其他固定成本1.1万元。经业务部门预测，该公司2026年可能完成商品运输任务250万吨公里。

（1）根据上述资料，试编制企业2026年度自营运输成本的预算报告。

（2）若2026年度运输车队的实际完成业务量可能高于或者低于250万吨公里，范围为210万吨公里～290万吨公里，试编制一份运输成本弹性预算报告。

果行育德

"十四五"时期，我国将建设"四横四纵"8条国家冷链物流骨干通道，拓展我国冷链物流服务网络覆盖"广度"和"深度"。

请扫描相关二维码，观看视频并回答以下问题："四横四纵"8条国家冷链物流骨干通道中的"四横"和"四纵"分析指的是什么？

果行育德2-4

行动评价

行动评价考核内容包括理论知识评价、技能操作评价和职业素养评价，根据学习和测评结果，填写表2-4-5。

表2-4-5 物流成本预算行动评价考核表

姓名			学号		专业		
任务名称			物流成本预算				
考核内容		考核标准	参考分值（100）	学生自评	小组互评	教师评价	考核得分
理论知识评价	1	理解物流成本预算的含义和作用	10				
	2	理解物流成本预算的分类	15				
	3	理解物流成本预算的方法	15				

续表

考核内容		考核标准	参考分值（100）	学生自评	小组互评	教师评价	考核得分
技能操作评价	4	能够运用弹性预算法预算物流成本	15				
	5	能够运用零基预算法预算物流成本	15				
	6	能够运用动态预算法预算物流成本	10				
职业素养评价	7	具有社会责任感	10				
	8	具备较强的团队合作能力	10				
		总得分	100				

行动巩固

行动巩固 2-4

一、选择题

1.（单选）下列关于物流预算的说法，错误的是（　　）。

A.物流预算是被分解为若干部分，分别从属于销售预算、生产预算、采购预算、资金预算、设备预算、人员预算

B.为了加强物流管理，有必要建立独立完整的物流预算体系

C.从目前来看，我国企业的预算体系中物流预算占有较高的位置

D.如果物流部门实行独立核算，则还可编制物流收益预算

2.（多选）物流成本预测的方法有（　　）。

A.判断分析法　　　　B.分步法　　　　　　C.外推法　　　　　　D.因果法

3.（多选）下列属于定量分析法的物流成本预测方法的有（　　）。

A.趋势平均法　　　　B.直观法　　　　　　C.一元线性回归预测法　D.指数平滑法

4.（多选）按照物流成本的功能编制的物流成本预算，包括（　　）等。

A.运输成本预算　　　B.包装成本预算　　　C.物流设备折旧预算　D.库存成本预算

5.（单选）（　　）就是所有以货币形式及其他数量形式反映的有关企业未来一定时间内全部物流活动的行动计划与相应措施的数量说明。

A.物流预算　　　　　B.成本会计　　　　　C.物流营销　　　　　D.资金流

6.（单选）根据目标管理的原则，物流成本预算作为计划和控制物流活动的工具，其编制过程必须有（　　）的参与。

A.消费者　　　　　　　　　　　　　　B.集团高层领导

C.物流部门中层以上　　　　　　　　　D.物流部门全体员工

7.（多选）物流成本预测的定量方法有（　　）。

A.移动平均法　　　　　　　　　　　　B.判断分析法

C.指数平滑法　　　　　　　　　　　　D.一元线性回归预测法

E.多元线性回归预测法

二、案例分析题

1.A物流公司编制2026年运输成本预算。依照多年的数据分析和2025年公司各项运输成本的数据，确定运输各项变动成本和固定成本指标见表2-4-6。如果该公司2026年可能实现的运输任务为500万吨公里，按照实际完成任务为80%至120%之间以10%为间隔，

编制A物流公司运输成本弹性预算。

表2-4-6 A物流公司运输各项变动成本和固定成本指标表

成本项目	成本与运输周转量之间的关系
变动成本：	
燃料费	按单位运输周转量计算（吨公里）1.00元
维修费	按单位运输周转量计算（吨公里）0.40元
轮胎费	按单位运输周转量计算（吨公里）0.50元
其他	按单位运输周转量计算（吨公里）0.45元
固定成本：	
工资及津贴	20万元
折旧费	5万元
养路费	4万元
管理费	3万元
其他	1万元

2.某物流公司拟采用零基预算法编制明年业务管理费预算，有关资料见表2-4-7和表2-4-8。该公司提出生产要素采购费，仓库挑选、整理、保管费，物流设施、设备折旧费，物流部门人员工资及福利费，均为必不可少的开支；广告宣传费和物流信息费属于酌量性开支。假定该公司预算年度的可动用财力只有90万元。

表2-4-7 计划期各项费用开支水平

费用项目	开支金额（万元）
物流部门人员工资及福利费	30
物流设施、设备折旧费	6
生产要素采购费	4
仓库挑选、整理、保管费	2
广告宣传费	40
物流信息费	20
合计	102

表2-4-8 有关项目成本效益表

费用项目	平均费用金额（万元）	平均收益金额（万元）
广告宣传费	2	60
物流信息费	1.5	30

任务五 物流成本控制

行动任务

远光公司在深圳市开设有子公司，子公司独立运营。深圳远光物流位于深圳市龙华区，所有订单均为代工，具有自主采购权，客户70%来自非洲、中东、南美等发展中国家，30%为国内客户。员工总数62人，负责采购的员工2人，国内销售2人，国外销售1人，物流部门员工2人，所有运输、仓储都外包给B物流。物流部门员工小李负责国内物流部分，主要包括从供应商提货至工厂，从工厂送货至第三方公司仓库，从工厂送货至客户仓库。员工小王负责国外物流部分，其涵盖的内容稍微广泛一些，主要包括从工厂送货至深圳机场物流园或者中港物流园，原材料进口运输报关，出口报关。两人之间在工作上几乎没有交集。深圳远光物流坐落于龙华区，所以其选择的供应商85%集中在此区，公司产品主要为空运，距离工厂比较近的机场为深圳宝安国际机场和香港国际机场。所以，销往国外的货物主要是送往深圳机场物流园或者中港物流园。

为深圳远光物流提供物流服务的B物流，某月提取的职工培训经费为14 500元。该月发生的作业包括运输作业、仓储作业、包装作业、装卸搬运作业、流通加工作业、物流信息作业、物流管理作业和非物流作业，从事各项作业的人数分别为5人、4人、3人、8人、5人、2人、3人和30人。

根据深圳远光物流去年的相关数据，运输费用占总物流费用的70%，其余30%为仓库、包装、装卸、保险、过路过桥费、港口杂费等。诸如过路过桥费、保险、港口杂费等，均属于不可控物流成本，基本没有可改善的地方，而运输费用则属于可控范围。现摘取部分提货费用来自2025年3月收到的第三方物流公司开具的账单，具体见表2-5-1。

表2-5-1　　　　　深圳远光物流2025年3月物流账单摘取　　　　　单位：元

费用明细	时间	取货地	到达地	运费	装卸费	总计
提货费	2025.3.8	龙华A公司仓库	远光工厂	300		300
	2025.3.8	龙华B公司仓库	远光工厂	300		300
	2025.3.10	龙华B公司仓库	远光工厂	300		300
	2025.3.15	远光工厂	深圳机场	250	50	300
	2025.3.15	远光工厂	罗湖某客户	250		250

（1）根据案例背景以及相关材料，分析深圳远光物流在物流成本环节上可能存在的问题，并提出解决方案。

（2）根据案例背景、相关材料以及作业成本法的相关知识，运用作业成本法对B物流某月物流费用进行分析。

行动锦囊

一、物流成本控制的含义

微课2-15

物流成本控制是指企业在物流成本的形成过程中，根据物流成本的特性和类别，对其事先进行规划，事中进行指导、限制和监督，事后进行分析、评价，总结经验教训，不断采取改进措施，降低物流成本和提高物流服务水平的一系列活动过程。

物流成本控制概述

二、物流成本控制必须遵循的原则

1.经济原则

提高经济效益是物流成本控制的核心，经济原则是物流成本控制的最基本原则。

2.全面原则

物流成本控制需要全面覆盖物流各环节与流程，实现全员参与、全程管控。

3.责、权、利相结合原则

只有切实贯彻责、权、利相结合原则，物流成本控制才能真正发挥其效益。企业管理层在要求企业内部各部门和单位完成物流成本控制职责的同时，必须赋予其在规定的范围内拥有决定某项费用是否可以开支的权力。

4.目标控制原则

企业管理层以既定的目标作为管理人力、物力、财力和完成各项重要经济指标的基础，即以目标物流成本为依据，对企业经济活动进行约束和指导，力求以最小的物流成本获取最大的盈利。

5.重点控制原则

所谓重点控制，就是对超出常规的关键性差异进行控制，旨在保证管理人员将精力集中在偏离标准的一些重要事项上。企业日常出现的物流成本差异成千上万、头绪繁杂，管理人员对异常差异重点实行控制，有利于提高物流成本控制的工作效率。重点控制是企业进行日常控制所采用的一种专门方法，流行于西方国家，特别是在对物流成本指标的日常控制方面应用得更为广泛。

三、物流成本控制的内容与分类

物流成本控制是加强企业物流成本管理的一项重要手段，贯穿于企业生产经营活动的全过程。物流成本控制按物流成本发生的时间先后划分为事前成本控制、事中成本控制和事后成本控制三个阶段，也就是成本控制循环中的设计阶段、执行阶段和考核阶段。

物流成本的事前控制又称物流成本的前馈控制和预防控制，是指在物流活动发生之前，在对物流活动的成本功能关系分析研究的基础上，明确企业对物流功能和目标成本的要求，从根本上剔除过剩功能，降低成本。同时，在对物流成本形成的各种因素分析研究的基础上，根据物流成本特性和类别分别采取不同方法约束成本开支，防止偏差和浪费的发生。

物流成本的事中控制又称日常成本控制，是指在物流活动过程中，企业内部各级对物流成本负有经营管理责任的单位，依据事先确定的物流成本标准，对各责任中心日常发生的各项物流成本和费用进行严格的计量、监督，发现偏差，及时查找原因，并针对具体的原因采取措施纠正偏差，从而保证物流成本目标和成本预算任务的完成。

物流成本的事后控制又称物流成本的后馈控制，是指在物流成本发生以后，对物流成本预算的执行情况进行分析评价，总结经验教训，不断采取改进措施，为日后进行物流成本控制和制定新的物流目标成本提供依据。

四、物流成本控制的基本程序

微课 2-16

物流成本控制
的基本程序

物流成本控制贯穿于企业生产经营的全过程。一般来说，物流成本控制的基本程序如下：

（一）制定物流成本控制标准

在物流成本预测与决策的基础上，规定出计划期内各项物流成本开支和资源耗费的数量限度，并以此作为检查、衡量、评价实际物流成本水平的依据。物流成本标准应当包括物流成本计划中规定的各项指标，但物流成本计划中的一些指标综合性较强，难以满足具体控制的要求。为此，需要运用一定的科学方法规定出一系列具体的标准，通常，确定这些标准的科学方法主要有三种：计划指标分解法、预算法和定额法。在采用这些方法确定具体的物流成本控制标准时，要正确处理物流成本指标与其他技术经济指标（如质量、生产效率等）的关系，从企业的总体目标出发，进行综合平衡，防止片面性，必要时还应进行多种方案的择优选用。

（二）物流成本的日常控制

根据物流成本控制标准，对实际发生的各项物流成本进行审核、监督，不仅要检查各项物流成本指标本身的执行情况，而且要检查和监督影响各项物流成本指标的各种因素，如物流设施、设备、工具及工人技术水平和工作环境等。所以，物流成本的日常控制要与企业整体作业控制等结合起来进行。

物流成本的日常控制主要包括：物流相关直接费用的日常控制和物流相关间接费用的日常控制。这些与物流相关联的费用的日常控制，不仅要由专人负责和监督，而且要使费用发生的执行者实行自我控制，并在责任制中加以规定。只有这样，才能充分调动企业全体部门全员进行物流成本控制、降低物流成本的积极性和主动性。

（三）及时查找成本差异原因并纠正不利偏差

在物流成本的日常控制中，对实际发生的各项物流成本进行审核、监督，查找与成本控制标准产生差异的原因，明确责任归属，进而有针对性地提出改进措施，并贯彻执行。对于重大物流成本差异项目的纠正，一般采取下列程序：

首先，提出降低物流成本的课题。从各种物流成本超支的原因中，提出降低物流成本的课题。这些课题应当是那些成本降低潜力大、各方关心、具有可行性的项目。提出课题的要求，包括课题的目的、内容、理由、依据和预期达到的经济效益等。

其次，讨论和决策。课题选定以后，应该发动有关部门和人员进行广泛深入的研究和讨论。对于重大课题，应该提出多种解决方案，通过比较分析，择优选用。

再次，实施选定的方案。方案确定以后，需要落实方案实施的方法、步骤及负责执行的部门和人员，并贯彻执行。在方案的执行过程中，要及时对其加以监督和检查。

最后，评价和激励。方案实施结束后，还需对方案的实施结果进行评价，评价物流成本目标的执行结果，依据物流成本控制的业绩实施奖惩。

五、物流成本控制的方法

物流成本控制的方法包括：绝对成本控制法和相对成本控制法。

（一）绝对成本控制法

其是将成本支出控制在一个绝对金额以内的成本控制方法。绝对成本控制法从节约各种费用支出、杜绝浪费的途径进行物流成本控制，要求将营运生产过程中发生的一切费用支出都列入成本控制范围。标准成本和预算控制是绝对成本控制的主要方法。

（二）相对成本控制法

其是通过成本与产值、利润、质量和功能等因素的对比分析，寻求在一定制约因素下取得最优经济效益的一种控制方法。相对成本控制法扩大了物流成本控制领域，要求人们在努力降低物流成本的同时，充分注意与成本关系密切的因素，诸如产品结构、项目结构、服务质量水平、质量管理等方面的工作，其目的是提高控制成本支出的效益，既减少单位产品成本投入，也提高整体经济效益。

行动进行

步骤一：深圳远光物流在物流成本环节上可能存在的问题和解决方案

通过案例背景以及相关材料，可以得出如下分析：

1.2025 年 3 月 8 日，有从龙华公司仓库到远光工厂的两趟运输，运抵地相同，起运地很近，是否可以考虑合并运输？

2.2025 年 3 月 8 日和 2025 年 3 月 10 日，同时有从龙华 B 公司仓库到远光工厂的运输，虽然物流活动发生的时间不是同一天，但如果进料不是特别紧急，是否也可以合并运输？

3.2025 年 3 月 15 日，有从远光工厂分别到深圳机场物流园和机场附近某客户的两趟运输，是否也存在合并运输的可能性？

逐一分析以上三个问题，可以发现发生在 3 月 8 日的两趟运输，虽然都是由国内操作员小李负责的，但是其派车时间不一致，上游发来的派车指定来自不同的采购员，且采购员告知小李货物紧急，需要马上出车送到工厂，否则工厂第二天就会停产，所以导致上午执行了从龙华公司仓库到远光工厂的运输，下午同一路线再运输一次。通过分析不难发现，造成这种后果的原因是由于企业操作员小李对物流成本控制的认识不够，物流成本控制的概念在员工中没有得到普及，员工认为只要将上游或者领导安排的工作完成即可，并没有思考如何优化效率、节省成本。前文已经说明远光工厂的供应商基本集中在龙华区，也就是说，基本上所有的原料进货都是从龙华公司仓库到远光工厂，有经验的员工应该会考虑采用"合并运输"。"合并运输"的两个原则为：一是规模运输，通俗来说便是一次运输 3 吨的货物比分三次运输 1 吨的货物要省；二是距离运输，通俗来讲便是一次运输 150 千米比分三次运输 50 千米所产生的运费要省。既然每天都有多次从龙华公司仓库到远光工厂的运输任务，可否一天只合并运输一次？一天从龙华公司仓库运送三次货物到远光工厂的费用显然会比一天运输一次的费用高很多，那么，如何做到集中运输？我们可以按时间来划分，要求所有采购及业务的运送计划最迟必须在前一天提出，那么，第二天就有足够的时间制订运输方案，而不是当天提出运输需求，当天就要执行，这样会造成物流资源的浪费。

接下来分析第二个问题，3 月 8 日与 3 月 10 日同时有从龙华 B 公司仓库到远光工厂的运输任务，二者相隔的时间很近，是否可以采取合并运输？这需要依情况而定，在时间上特别紧急的进料，是没有办法合并运输的，但在进料不是特别紧急的情况下，一定要考虑

微课 2-17

物流成本控制的
方法——目标
成本法

合并运输。那么，物流操作员怎样才能知晓运输的缓急？其同样源于物流工作人员的经验，有经验的物流工作人员会要求对于所有采购，销售人员在提交采购及销售运送计划时必须写明最迟交货期，这样，操作员就不会安排一票非紧急运输计划单独执行。

继续分析第三个问题，同样是在3月15日，一个是国外物流运输小王安排的从远光工厂到深圳机场物流园的运输作业，另一个是国内物流运输小李安排的从远光工厂到机场附近某客户的单次运输，起运地一致，是否可以只派一辆车沿路运输？其答案是肯定的，而此次运输为何最终还是分开操作？究其原因是企业ERP系统不够完善，没有一个功能可以综合显示所有运输项目，这样分散地实施单次物流活动，势必会造成资源的极大浪费。如果员工调出当天的运输计划，发现有起运地一致的两票或多票运输，就可以合并起来，而不是分次操作。可是，由于小王和小李的工作都是各自执行的，并没有信息共享机制可以分享运输信息，从而造成了此次运输的浪费。

步骤二：运用作业成本法对B物流某月物流费用进行分析

1.根据相关材料中的具体步骤，将企业职工培训经费进行细分，将其细分到不同类型作业中，首先需要确定资源动因，此例中可以很明显地看出资源动因为职工人数，具体计算过程如下：

企业总人数=5+4+3+8+5+2+3+30=60（人）

职工培训经费资源动因分配率=$\dfrac{14\,500}{60}$ = 241.67（元/人）

运输作业分配的职工培训经费=$\dfrac{14\,500}{60}$ × 5 = 1 208.33（元）

仓储作业分配的职工培训经费=$\dfrac{14\,500}{60}$ × 4 = 966.67（元）

包装作业分配的职工培训经费=$\dfrac{14\,500}{60}$ × 3 = 725（元）

装卸搬运作业分配的职工培训经费=$\dfrac{14\,500}{60}$ × 8 = 1 933.33（元）

流通加工作业分配的职工培训经费=$\dfrac{14\,500}{60}$ × 5 = 1 208.33（元）

物流信息作业分配的职工培训经费=$\dfrac{14\,500}{60}$ × 2 = 483.33（元）

物流管理作业分配的职工培训经费=$\dfrac{14\,500}{60}$ × 3 = 725（元）

非物流作业分配的职工培训经费=$\dfrac{14\,500}{60}$ × 30 = 7 250（元）

2.企业该月的运输作业、仓储作业、包装作业、装卸搬运作业、流通加工作业、物流信息作业、物流管理作业，以作业人数为资源动因分配的职工培训经费如上述计算结果所示，接下来按作业动因将职工培训经费分配到最终成本计算对象中。

（1）运输作业的分配。

总里程数=900+300+1 000+100+50=2 350（千米）

作业动因分配率=$\dfrac{1\,208.33}{2\,350}$ = 0.51（元/千米）

供应物流应分配的运输作业成本=$\dfrac{1\,208.33}{2\,350}$ × 900 = 462.76（元）

企业内物流应分配的运输作业成本=$\dfrac{1\,208.33}{2\,350}$ × 300 = 154.25（元）

销售物流应分配的运输作业成本=$\frac{1\,208.33}{2\,350} \times 1\,000 = 514.18$（元）

回收物流应分配的运输作业成本=$\frac{1\,208.33}{2\,350} \times 100 = 51.42$（元）

废弃物物流应分配的运输作业成本=$\frac{1\,208.33}{2\,350} \times 50 = 25.71$（元）

（2）仓储作业分配的职工培训经费为966.67元，因其对应的阶段为企业内物流，所以，企业内物流分配的该项仓储作业成本为966.67元。

（3）包装作业分配的职工培训经费为725元，因其对应的范围为企业内物流，所以，企业内物流分配的该项包装作业成本为725元。

（4）装卸搬运作业的分配。

总搬运次数=360+240+420+36+20=1 076（次）

作业动因分配率=$\frac{1\,933.33}{1\,076} = 1.80$（元/次）

供应物流应分配的装卸搬运作业成本=$\frac{1\,933.33}{1\,076} \times 360 = 646.84$（元）

企业内物流应分配的装卸搬运作业成本=$\frac{1\,933.33}{1\,076} \times 240 = 431.23$（元）

销售物流应分配的装卸搬运作业成本=$\frac{1\,933.33}{1\,076} \times 420 = 754.65$（元）

回收物流应分配的装卸搬运作业成本=$\frac{1\,933.33}{1\,076} \times 36 = 64.68$（元）

废弃物物流应分配的装卸搬运作业成本=$\frac{1\,933.33}{1\,076} \times 20 = 35.94$（元）

（5）流通加工作业分配的职工培训经费属于销售物流阶段，计入销售物流成本，共为1 208.33元。

（6）物流信息作业的分配。

物流信息总工作时间=50+20+45+10+7=132（小时）

作业动因分配率=$\frac{483.33}{132} = 3.66$（元/小时）

供应物流应分配的物流信息作业成本=$\frac{483.33}{132} \times 50 = 183.08$（元）

企业内物流应分配的物流信息作业成本=$\frac{483.33}{132} \times 20 = 73.23$（元）

销售物流应分配的物流信息作业成本=$\frac{483.33}{132} \times 45 = 164.77$（元）

回收物流应分配的物流信息作业成本=$\frac{483.33}{132} \times 10 = 36.62$（元）

废弃物物流应分配的物流信息作业成本=$\frac{483.33}{132} \times 7 = 25.63$（元）

（7）物流管理作业的分配。

物流管理总工作时间=40+30+50+6+6=132（小时）

作业动因分配率=$\frac{725}{132} = 5.49$（元/小时）

供应物流应分配的物流管理作业成本=$\frac{725}{132} \times 40 = 219.70$（元）

企业内物流应分配的物流管理作业成本=$\frac{725}{132} \times 30 = 164.77$（元）

销售物流应分配的物流管理作业成本 $= \dfrac{725}{132} \times 50 = 274.62$（元）

回收物流应分配的物流管理作业成本 $= \dfrac{725}{132} \times 6 = 32.95$（元）

废弃物物流应分配的物流管理作业成本 $= \dfrac{725}{132} \times 6 = 32.95$（元）

步骤三：总结

此例中运用了作业成本法对物流成本进行核算分析，首先将职工培训经费以职工人数为资源动因分配到不同的作业中，然后分析每个独立作业，根据每个作业的作业动因将该作业消耗的资源分配到最终的成本对象即不同物流范围如销售物流、回收物流中。为了更加清晰地表示上述计算结果，编制各物流作业所耗费的职工培训经费在不同物流范围内的分配一览表，具体见表2-5-2。

表2-5-2　　　　　　　　　　职工培训费用在不同物流阶段分配一览表　　　　　　　　　　单位：元

物流作业 作业范围	供应 物流	企业内 物流	销售 物流	回收 物流	废弃物 物流	合计
运输作业	462.76	154.25	514.18	51.42	25.71	1 208.32
仓储作业		966.67				966.67
包装作业		725.00				725.00
装卸搬运作业	646.84	431.23	754.65	64.68	35.94	1 933.33
流通加工作业			1 208.33			1 208.33
物流信息作业	183.08	73.23	164.77	36.62	25.63	483.33
物流管理作业	219.70	164.77	274.62	32.95	32.95	725.00
合计	1 512.38	2 515.15	2 916.55	185.67	120.23	7 249.98

行动拓展

某物流企业的物流成本计算采用标准成本计算系统，A产品有关的成本资料见表2-5-3。本月生产销售A产品2 450件，购入原材料30 000千克，实际成本88 500元，本月生产消耗原材料5 500千克；实际耗用工时9 750小时，应付生产工人工资40 000元；实际发生变动间接费用15 000元，实际发生固定间接费用10 000元。要求：计算A产品成本差异。

表2-5-3　　　　　　　　　　A产品有关成本资料表

成本项目	标准价格	标准数量	标准成本
直接材料	3元/千克	10千克/件	30元/件
直接人工	4元/小时	4小时/件	16元/件
变动间接费用	1.5元/小时	4小时/件	6元/件
固定间接费用	1元/小时	4小时/件	4元/件
单位产品标准成本			56元/件

果行育德

2022年4月29日，国家发展改革委等四部门发布《关于做好2022年降成本重点工作的通知》。其中提到推进物流提质增效降本，完善现代物流体系：完善综合立体交通网络，推进国家物流枢纽、国家骨干冷链物流基地、综合货运枢纽（物流园区）建设，完善港站枢纽集疏运体系。

果行育德 2-5

请扫描相关二维码，根据通知内容，谈谈我国是如何推进物流提质增效降本的？

行动评价

行动评价考核内容包括理论知识评价、技能操作评价和职业素养评价，根据学习和测评结果，填写表2-5-4。

表2-5-4　　　　　　　　　物流成本控制行动评价考核表

姓名			学号		专业	
任务名称		物流成本控制				
考核内容		考核标准	参考分值（100）	学生自评	小组互评	教师评价	考核得分
理论知识评价	1	理解物流成本控制的含义	10				
	2	理解物流成本控制遵循的原则	15				
	3	认识物流成本控制的内容与分类	10				
技能操作评价	4	能够运用作业成本法控制物流成本	20				
	5	能够借鉴物流成本控制方法和程序控制物流成本	25				
职业素养评价	6	具有社会责任感	10				
	7	具备较强的团队合作能力	10				
总得分			100				

行动巩固

一、选择题

1.（多选）对物流成本控制进行分类，按控制时间划分为（　　）。

行动巩固 2-5

A.事前控制　　　　　　　　　　　　B.事中控制

C.事后控制　　　　　　　　　　　　D.反馈控制

2.（单选）对物流成本进行事中控制，即日常控制，通常采用（　　）。

A.目标成本法　　　B.完全成本法　　　C.责任成本法　　　D.标准成本法

3.（多选）物流成本控制的原则包括（　　）。

A.经济原则　　　B.全面原则　　　C.目标控制原则　　　D.重点控制原则

4.（单选）在物流成本控制方法中，通过"售价-利润"计算出来的是（　　）。

A.企业责任成本　　B.产品生产成本　　C.产品目标成本　　D.物流作业成本

5.（多选）下列关于目标成本法特点的描述，正确的有（　　）。

A.起点在设计阶段　　　　　　　　B.侧重事前控制

C.制定标准成本　　　　　　　　　D.实施系统化管理

6.（单选）标准成本法下的产品成本，不是产品的实际成本，而是（　　）。

A.目标成本　　　　B.理想成本　　　　C.标准成本　　　　D.现行成本

7.（多选）物流标准成本的制定，主要包括（　　）标准成本的制定。

A.直接材料　　　　B.直接人工　　　　C.资源消耗　　　　D.物流间接费用

8.（多选）导致物流成本差异的原因往往是多种因素综合作用的结果，但从计算的角度看，这些因素可归结为（　　）。

A.耗费因素　　　　B.用量因素　　　　C.价格因素　　　　D.效率因素

9.（单选）"标准成本"一词准确来讲有两种含义，其中一种是指"单位产品的标准成本"，又称为（　　）。

A."单项成本"　　　B."单位成本"　　　C."目标成本"　　　D."成本标准"

二、计算题

兴发物流公司的物流成本计算采用标准成本计算系统，与甲产品相关的物流成本资料见表2-5-5。

表2-5-5　　　　　　　　　流通加工标准成本资料表

成本项目	标准数量	标准价格	标准成本
直接材料	50 千克/件	10 元/千克	500 元/件
直接人工	1.5 工时/件	20.2 元/工时	30.3 元/件
变动物流间接费用	3 工时/件	4 元/工时	12 元/件
单位产品标准成本			542.3 元/件

该企业本月流通加工甲产品10 000件，购入原材料52 000千克，实际购买成本525 200元；本月流通加工甲产品实际消耗材料497 000千克，实际耗用人工14 850工时，应付加工人员工资305 910元；实际发生变动物流间接费用56 430元，每件产品耗用3.1工时（假设不考虑固定物流间接费用）。甲产品全部加工完成并入库。要求：

（1）计算甲产品流通加工实际总成本。

（2）计算各项成本差异并进行成本差异分析。

任务六　物流成本绩效评价

行动任务

王明是远光公司成本管理部门的一名员工，近期，鉴于公司已经实施了一段时间的物流成本管理，公司想让王明对近期物流成本管理进行绩效评价。王明尝试采用平衡计分卡法对物流成本管理绩效进行评价。

行动锦囊

一、物流成本绩效评价指标及评价标准

物流成本管理绩效评价指标体系由定量评价指标与定性评价指标两部分构成。

微课 2-18

物流成本绩效
评价指标及
评价标准

（一）定量评价指标

1.单位销售收入物流成本率

物流成本率是物流成本考核最直接的衡量指标。一般而言，企业的物流成本包括运输成本、库存成本、装卸搬运成本、包装成本、流通加工成本、配送成本、物流信息成本等。单位销售收入物流成本率越低，说明单位销售额所消耗的物流成本越低，即企业物流系统运转流畅。其计算公式为：

$$单位销售收入物流成本率 = \frac{物流成本总额}{销售收入} \times 100\%$$

2.物流成本利润率

物流成本利润率主要反映单位物流成本所获取的利润额，物流成本利润率越高，说明企业的盈利能力越强。其计算公式为：

$$物流成本利润率 = \frac{利润总额}{物流成本总额} \times 100\%$$

3.物流成本占企业总成本的比率

物流成本占企业总成本的比率主要反映物流成本占企业总成本的比例，该指标越高，说明企业在物流成本管理方面改进的空间越大。其计算公式为：

$$物流成本占企业总成本的比率 = \frac{物流成本}{企业总成本} \times 100\%$$

4.货损货差赔偿费率

货损货差赔偿费率反映仓储及运输系统的服务质量，该指标越高，表明出库仓储作业精度越高，货差越小；运输子系统服务质量越高，货损数量越小。其计算公式为：

$$货损货差赔偿费率 = \frac{报告期货损货差赔偿费总额}{报告期销售收入总额} \times 100\%$$

5.客户满意率

客户满意度是指客户对企业所提供的物流服务的满意程度。企业物流成本管理绩效评价的目的是在保证服务质量的前提下，提高物流系统运作效率，降低物流成本。物流服务的及时性、质量以及市场需求的响应程度等诸多因素都能够影响客户满意度，因此其衡量难度较大，可以通过客户为企业提供的物流服务投诉率等指标间接反映客户的满意程度。其计算公式为：

$$客户满意率 = \frac{客户满意次数}{企业物流服务总次数} \times 100\%$$

（二）定性评价指标

物流成本管理定性评价指标体系由物流信息化程度、物流创新发展能力和物流标准化管理等方面的内容构成。

1.物流信息化程度

物流信息化是指企业运用现代信息技术对物流过程中产生的全部或部分信息进行采集、分类、传递、汇总、识别、跟踪、查询等一系列处理活动，以实现对货物流动过程的控制，从而降低成本、提高效益的管理活动。物流信息化是现代物流的灵魂，是企业物流系统发展的基石。物流信息化程度越高，越能准确、及时地提供信息，指导物流系统更有效地运作及发展。

2.物流创新发展能力

创新是最有效的竞争，也是企业生存与发展最核心的问题。物流创新发展能力主要包括运营模式、激励机制、技术研发、营销能力等方面的创新。

3.物流标准化管理

只有实现了物流标准化，才能在国际经济一体化的条件下有效实施物流系统的科学管理，加快物流系统建设，促进物流系统与国际系统和其他系统的衔接，有效降低物流费用，提高物流系统的经济效益和社会效益。物流标准大致可分为以下三大类：

（1）物流作为一个整体系统，其间的配合应有统一的标准。

（2）大的物流系统又分为许多子系统，子系统中也要制定一定的技术标准。

（3）工作标准及作业规范，是指对各项工作制定的统一要求及规范化规定。

微课 2-19

物流成本绩效
评价方法

二、物流成本绩效评价方法

（一）标杆法

标杆法就是将本企业各项活动绩效与从事该项活动最佳者的绩效进行比较，从而提出行动方法，以弥补自身的不足。它是将本企业经营的各个方面状况和环节与竞争对手或行业内外一流的企业进行对照分析的过程，是一种评价自身企业和研究其他组织的手段，是将外部企业的持久业绩作为自身企业的内部发展目标并将外界的最佳做法移植到本企业的经营环节中的一种方法。实施标杆法的公司必须不断对竞争对手或一流企业的产品、服务、经营业绩等进行评价，以发现优势和不足。总体来说，标杆法就是对企业所有能够衡量的指标给出一个参考值，其可以是一种管理体系、学习过程，侧重于流程的研究分析。

标杆法的一般流程包括以下几个方面：

（1）确定需要执行标杆法的具体项目。

（2）选择目标，通常，竞争对手和领先企业是标杆法分析的首选对象。

（3）收集分析数据，包括本企业的情况和对比企业的情况。

（4）确定行动计划。

（5）实施计划并跟踪结果。

（二）关键绩效指标法

企业关键绩效指标（Key Performance Indicator，KPI）是通过对组织内部流程的输入端、输出端的关键参数进行设置、取样、计算、分析，衡量流程绩效的一种目标式量化管理指标。KPI可以使部门主管明确部门的主要责任，并以此为基础，明确部门人员的业绩衡量指标。建立明确的、切实可行的KPI体系，是做好绩效管理的关键。

确定关键绩效指标有一个重要原则，即SMART原则。SMART原则是5个英文单词首字母的缩写：S代表具体（Specific），指绩效考核要切中特定的工作指标，不能笼统；M代表可度量（Measurable），指绩效指标是数量化或者行为化的，验证这些绩效指标的数据或者信息是可以获得的；A代表可实现（Attainable），指绩效指标在付出努力的情况下可以实现，避免设立过高或者过低的目标；R代表关联性（Relevant），指绩效指标与上级目标具有明确的关联性，最终与公司目标相结合；T代表有时限（Time-bound），指注重完成绩效指标的特定期限。

建立KPI的要点就在于流程性、计划性和系统性。首先，明确企业的战略目标，并在企业会议上利用头脑风暴法和鱼骨分析法找出企业的业务重点，也就是企业价值评估的重点。其次，利用头脑风暴法找出这些关键业务领域的关键业绩指标，即企业级KPI。再次，各部门的主管人员需要依据企业级KPI建立部门级KPI，并对相应部门的KPI进行分解，确定相关的要素目标，分析绩效驱动因素（技术、组织、人员），确定实现目标的工作流程，分解出各部门的部门级KPI，以便确定评价指标体系。最后，各部门的主管人员和部门的KPI人员一同将KPI进一步细分，分解为更细的KPI及各职位的业绩衡量指标，这些业绩衡量指标就是员工考核的要素和依据。这种对KPI体系的建立和测评过程本身就是统一全体员工朝着企业战略目标努力的过程，也必将对各部门管理者的绩效管理工作起到很大的促进作用。

指标体系确立以后，还需要设定评价标准。一般来说，指标指的是从哪些方面衡量或评价工作，解决"评价什么"的问题；而标准指的是在各个指标上分别应该达到什么样的水平，解决"被评价者怎样做、做多少"的问题。

最终，必须对关键绩效指标进行审核。比如，审核这样一些问题：多个评价者对同一个绩效指标进行评价，结果是否能够取得一致？这些指标的总和是否可以解释被评估者80%以上的工作目标？跟踪和监控这些关键绩效指标是否可行？审核主要是为了确保这些关键绩效指标能够全面、客观地反映被评价对象的绩效，而且易于操作。

（三）经济增加值法

经济附加值（Economic Value Added，EVA）是股东衡量利润的一种方法。它是在一定会计期间使用一定数量的资产创造的全部收益减去该资产的使用成本后的余额，可以定义为：公司经过调整的营业净利润减去其现有资产经济价值的机会成本后的余额。其公式表示为：

EVA=税后营业净利润-资本总成本

=税后营业净利润-资本总额×加权平均资本成本率

税后营业净利润=息税前收入×（1-所得税税率）

=（净销售收入-经营费用）×（1-所得税税率）

资本总额包括债务资本和股东资本，加权平均资本成本率可采用加权平均的方法计算。

如果经济增加值大于零，说明企业创造了价值和财富；如果经济增加值小于零，说明企业不仅没有创造财富，而且金融市场一般预期收益（机会收益）都无法获得；如果经济增加值等于零，说明企业只获得了金融市场一般预期收益。

（四）作业成本法

作业成本法（Activity-based Costing，ABC）是通过对所有作业活动进行追踪，动态反映计量作业和成本对象的成本，评价作业业绩和资源的利用情况的一种成本计算和管理方法。它以作业为中心，根据作业对资源耗费的情况将资源的成本分配到作业中，然后根据产品和服务所耗用的作业量，最终将成本分配到产品与服务中。它是将企业一般管理费用按照更为现实的基础进行分摊，而非按照直接劳动工时或机械工时分摊。达成该目标的工具是作业成本法会计系统，首先基于实施的作业累加成本，然后按成本动因分摊成本到产品或其他要素，如客户、市场或项目。

一般认为，作业成本法是一个以作业为基础的管理信息系统。它以作业为中心，作业的划分从产品设计到物料供应，从工艺流程的各个环节、总装、质检到发运销售全过程，通过对作业及作业成本的确认计量，最终计算出相对准确的产品成本。同时，经过对所有与产品相关联作业的跟踪，为消除不增值作业、优化作业链和价值链、增加需求者价值提供有用信息，促进最大限度节约，提高决策、计划、控制能力，以最终达到提高企业竞争力和获利能力，增加企业价值的目的。

在作业成本法下，成本计算程序分为两大阶段和六个步骤。第一阶段是将制造费用分配到同质的作业成本库（同一成本），并计算每一成本库的分配率；第二阶段是利用作业成本库分配率，将制造费用分配给产品，计算产品成本。其实际操作步骤如下：

（1）定义、识别和选择主要作业。

（2）归集资源费用到同质成本库。这些资源通常可以从企业的总分类账中获得，但总分类账中并无执行各项作业所消耗资源的成本。

（3）选择成本动因。选择一个成本动因作为计算成本分配率的基准，成本计量需要考虑成本动因材料是否易于获得，成本动因和消耗资源之间的相关程度越高，现有的成本被歪曲的可能性就会越小。

（4）计算成本库分配率。

（5）将作业库中的费用分配到产品中，某产品某成本动因成本=某成本库分配率×成本动因数量。

（6）计算产品成本。作业成本计算的目标是最终计算出产品成本。直接成本可以单独作为一个作业成本库处理。将产品分摊的制造费用，加上产品直接成本，作为产品成本。某产品成本=$\sum$成本动因成本+直接成本。

作业成本法产生的基础，以及促进成本分配的精确化、所提供成本信息的决策相关性、提供有意义的非财务信息、拓展成本服务的范围等特点，表明与现代企业相适应的成本控制制度，应是建立在作业管理基础上的。它将形成产品的各项作业作为责任和控制中心，从成本发生的根源上展开分析，区分增值作业和非增值作业，建立最优的、动态的增值标准，从财务和经营两个方面对作业业绩进行评价，不断改变作业方式，从而达到持续降低成本的目标。因此，作业成本法具有较好的应用前景。在一般应用中，分析作业成本法应当考虑的问题，为其顺利实施提供充分的条件，坚持作业成本法与目标成本、改进成本、生命周期成本、限制理论等其他管理会计方法相结合。在具体运用中，除了在制造业中应用外，亦可在服务业中进行尝试。例如，将作业成本法应用于银行业国际金融领域已有不少成功案例，其在银行业中的应用有着重要意义。作业成本法在银行业中的应用，可分为战略成本管理、产品成本核算、顾客水平盈利分析和日常成本管理等几个方面。

（五）平衡计分卡法

1996 年发表在《哈佛商业评论》上的 "Using the Balanced Score Card as a Strategic Management System" 一文，标志着平衡计分卡从一种绩效管理体系跃升为一种战略管理工具。2000 年发表的 "Having Trouble with Your Strategy? Then Map it" 一文，则显示出这种战略管理工具已经走向了成熟。在这篇文章中，平衡计分卡的创始人卡普兰和诺顿开发了 "战略地图" 这一工具。

通过对数百家公司的研究，卡普兰和诺顿认识到，战略管理指南莫过于执行战略，而执行战略指南莫过于使员工懂得战略。在他们倡导的 "战略中心型" 组织中，战略不是企业高管人员的事，而是每个人的事。只有每个人都领会了公司的战略，整个企业才能变为协作有序、不可阻挡的 "战略机器"。

"战略地图" 是一幅画，这幅画能够清晰地勾勒出企业将行动和资源，包括公司文化和员工知识等无形的资产，转化为有形的顾客和财务结果的过程。在 "战略地图" 中，平衡计分卡的财务、客户、内部流程和学习与成长角度形成了一环套一环的因果关系链，这个链条的一端是企业希望获得的结果，另一端是这些结果的驱动因素。

最终，平衡计分卡有了这样的定义：简单来说，平衡计分卡表明了企业员工需要什么样的知识、技能和系统（学习与成长角度），才能创新和建立适当的战略优势和效率（内部流程角度），使公司能够将特定的价值带给市场（客户角度），从而最终实现更高的股东价值（财务角度）。当然，支撑这一定义的是定义中没有提到的绩效管理体系。

平衡计分卡的出现完全改变了财务指标一统天下、绩效测评指标极端失衡的状况。其并没有抛弃财务指标，而是在此基础上引入了客户、内部流程和学习与成长三个方面的指标，这些新指标衡量的正是企业良好业绩的驱动力。这四个指标结合起来，构成了内部与外部、结果与驱动因素、长期与短期、定性与定量等多种平衡，从而为企业的绩效评价管理提供了立体的、前瞻的评价依据。

平衡计分卡作为一种战略绩效管理及评价工具，主要从四个重要方面来衡量企业：

（1）财务角度。

企业经营的直接目的和结果是为股东创造价值。尽管由于企业战略的不同，在长期或短期对于利润的要求会有所差异，但毫无疑问，从长远角度来看，利润是企业追求的最终目标。

（2）客户角度。

如何为客户提供所需要的产品和服务，从而满足客户需求，提高企业竞争力。客户角度正是从质量、性能、服务等方面，考验企业的表现。

（3）内部流程角度。

企业是否建立起合适的组织、流程、管理机制，在这些方面存在哪些优势和不足。内部流程角度从以上方面着手，制定考核指标。

（4）学习与成长角度。

企业的成长与员工能力素质的提高息息相关，企业唯有不断学习与创新，才能实现长远的发展。

行动进行

接下来，王明运用平衡计分卡法在绩效考核中进行指标的设置。

步骤一：财务层面绩效评价指标

财务层面绩效评价指标显示了物流企业的战略及其执行对股东利益的影响。企业的主要财务目标涉及盈利、股东价值实现和增长，相应地，平衡计分卡法将其财务目标简单表示为生存、成功、价值增长，具体见表2-6-1。

表2-6-1　　　　　　　　　　物流企业平衡计分卡法：财务绩效

目标	评估指标	可量化模型
生存	现金净流量	业务进行中的现金流入－现金流出
	速动比率	（流动资产－存货）÷流动负债
成功	权益净利率	净利润÷平均净资产
价值增长	相对市场份额增加额	企业在规定的评估期内销售额的增加量÷在规定的评估期内同行业企业总销售额的增加量

财务层面的绩效评价只是企业整体发展战略中不可忽视的要素之一。有时，现代化物流企业的整体发展战略立足于长期发展和获取利润的能力，而并非只注重近期的利润。所以，绩效评价的结果，虽然在客户、内部流程及学习与成长各层面上均有较大的进展，但是在财务层面上并没有令人满意的结果，这并不是管理者不重视财务层面的相关因素，而是在财务层面上重视的是能否完成基本的要求。

步骤二：客户层面绩效评价指标

物流企业的经营不仅是为了获取财务上的直接收益，还要考虑战略资源的开发与利用，这种战略资源包括外部资源和内部资源。外部资源即客户，为企业带来了物流服务产品的市场，这也是企业战略性成长的需求基础。客户层面的绩效评价，就是对企业赖以生存的外部资源的开发和利用绩效进行衡量，具体来说，其是对企业进行客户开发的绩效和获利能力的测量。这种评估主要考虑以下两个方面：一是客户对物流服务满意度的评价；二是对企业的经营行为所开发的客户数量和质量的评价。为了使平衡计分卡法有效地发挥作用，可以将这些目标转化为具体的评价指标，具体见表2-6-2。

表2-6-2　　　　　　　　　　物流企业平衡计分卡法：客户绩效

目标	评估指标	可量化模型
市场份额	市场占有率	客户数量、产品销售量
保持市场	客户保持率	保留或维持同现有客户关系的比率
拓展市场	客户获得率	新客户的数量或对新客户的销售额
客户满意	客户满意度	客户满意率
客户获利	客户获利能力	份额最大客户的获利水平、客户平均的获利水平

步骤三：内部流程层面绩效评价指标

企业赖以生存的另一个重要资源是内部资源，就是物流企业具有的内部业务能力，包括产品特性、业务流程、软硬资源等。企业的内部业务绩效来自企业的核心竞争力，即如何保持持久的市场领先地位、较高的市场占有率、关键技术与策略、营销方针等。企业应当清楚自身具有哪些优势，如高质量的产品和服务、优越的区位、资金的来源、优秀的物流管理人员等。这一部分是物流企业绩效评价体系中最能够反映其行业和企业特色的内容，需要结合物流企业特点和客户需求共同确定，具体的评价目标和指标见表2-6-3。

表2-6-3　　　　　　　物流企业平衡计分卡法：内部流程绩效

目标		评估指标	可量化模型
价格合理		单位进货价格	每单位进货量价格
服务质量高	可获得性	存货可获得性	缺货率、供应比率、订货完成率
	作业绩效	速度、一致性、灵活性、故障与恢复	完成订单发货周期、按时配送率、异于合同配送需求满足时间及次数、退货更换时间
价格合理		单位进货价格	每单位进货量价格
服务质量高	可靠性	按时交货率、对配送延迟的提前通知、延期订货发生次数	按时交货次数/总业务数、配送延迟通知次数/配送延迟次数、延期订货发生次数
资源配置	硬件配置	网络化（采用JIT、MRP等物流管理系统的客户）	使用网络化物流管理的客户数/所有客户数
	软件配置	优秀的员工（完成常规任务的时间、质量，专业教育程度）	员工完成规定任务的时间、员工完成规定任务的出错率、接受过专业物流教育的员工数/员工总数

步骤四：学习与成长层面绩效评价指标

虽然客户层面和内部流程层面已经着眼于企业发展的战略层次，但其是将评估重点放在物流企业现有的竞争能力方面，而创新与学习层面则强调了企业不断创新，并保持其竞争能力与未来发展势头。因此，无论是管理阶层还是基层员工，都必须不断地学习，不断地推出新的物流产品和服务，并且迅速有效地占领市场。对于业务的不断学习和创新，会为客户不断提供具有高价值含量的产品，减少运营成本，提高企业经营效率，扩大市场份额，找到新增附加值的机会，从而增加股东价值。物流企业创新和学习绩效的具体评价目标和指标见表2-6-4。

表2-6-4　　　　　　　物流企业平衡计分卡法：学习与成长绩效

目标		评估指标	可量化模型
员工学习	信息系统方面	员工获得足够信息	成本信息及时传递给一线员工所用的时间
	员工能力管理方面	员工能力的提高、激发员工的主观能动性和创造力	员工满意率、员工保持率、员工培训次数
	调动员工参与积极性	激励和权利指标	员工建议数量、员工建议被采纳或执行数量
业务学习创新		信息化程度、研发投入	研发费用增长率、信息系统更新投入占销售额比率/同行业平均更新投入占销售额比率

将平衡计分卡法应用于物流企业的绩效衡量，其重点是根据物流企业本身的特点和物流客户需求的特点，设定恰当的评估指标，从而提出一个全面衡量物流企业绩效的方法体系。采用这种全方位的分析方法，就是在物流企业的经营绩效与其竞争优势的识别之间搭建了一座桥梁，必将有利于企业的战略成长。

行动拓展

一家跨国食品公司在我国生产和销售自己的国际品牌产品，在过去的四年里，其业绩获得了飞速增长。该公司的产品定位是高端市场，属于高价格、高质量。经过不懈努力，该公司利润在第三年实现了持平，并在第四年开始盈利。

该公司在平衡计分卡项目刚刚启动的时候，面临着非常大的挑战，有来自其他跨国食品公司日益加剧的竞争，也有来自我国本土企业生产与其类似产品的压力，质量非常不错，而且价格低得多。显然，如果该公司再不制定一个有效的策略应对竞争，其现有产品的增长趋势将会放缓。

一方面，管理层意识到销售自己的核心产品对于公司保持优势非常重要，公司需要降低报价以维护市场竞争力，同时需要降低运作成本以保证利润率。另一方面，管理层也清醒地知道打价格战并不能使公司获得长期成功，其关键还是要有新产品，通过本地队伍的创新或将海外的技术转化为本地所用，生产出竞争对手不能提供的产品。

至此，管理层心中已经有了一个比较清晰的战略：

（1）公司需要实现优异运作以降低运营成本，从而能够使现有产品的价格具备市场竞争力。

（2）公司需要实施产品领先战略，继续开发满足顾客需求的新产品。

然而，新战略出台6个月以后，管理层没有看到任何成本降低或产品开发方面的成果：一件重要的新产品开发周期被延后了，成本和去年同期相比还上升了。到底哪里不对呢？

问题分析如下：

通过同高级管理者一起工作，发现了以下一些比较重要的问题：

（1）新战略没有在组织内清晰地传达给每一个人。

（2）没有具体的实施计划。

（3）一些主管对战略的执行没有全力投入，因为他们要忙于"救火"，即处理销售和日常管理事务。

（4）公司的绩效标准和目标没有与战略紧密相联。

（5）缺少一个有效的绩效考评系统来跟踪考察目标绩效。

（6）员工不知道他们需要在哪些方面进行改进。

（7）没有一个有效的基础架构来考察绩效并根据变革来调整战略和重组组织。

对此，首先需要举办一个战略研讨会，并在研讨会上明确企业的愿景和战略。

（1）公司的优势在哪里？公司长久的竞争优势是什么？

（2）要成功实施商业战略，我们在哪些方面需要改进？

（3）什么是我们可能的机会？

（4）哪些是我们应该聚焦的关键业务区？

（5）运用迈克尔·波特的竞争力量模型，分析五种竞争力量，如何防止这些重要的威胁？

（6）我们未来的战略重点应该是什么？

明确公司的战略以后，同高级管理者一起运用以下框架制定公司的平衡计分卡：

请回答以下问题：

1.财务角度

（1）由于新产品开发是公司的关键战略要素，因此，高级管理者并没有将总营业额作为一个关键的平衡计分指标，而是将什么作为平衡计分指标？

（2）将考评指标和人均创收相关联的具体作用是什么？

（3）高级管理者应该设计一个什么样的利润目标？

2.客户角度

（1）高级管理者意识到要维持现有产品的市场份额，需要提高客户满意度以留住老客户。他们对20/80原则阐述得非常透彻，因此，从客户角度来看应该设定哪两个考评指标？

（2）由于公司的战略是产品领先，因此，应该将什么作为考核指标？

3.内部流程角度

公司为每一项产品都设定了开发周期，因此，应该将什么作为考核指标？

4.学习与成长角度

这个角度的重点是分析哪些要素能够驱动公司的学习和成长，指明公司需要在哪些方面优于竞争对手，实现业绩突破。第一个战略目标就是被考评的新产品创意数量。

果行育德

网购高峰，物流瘫痪，合理规划，快速分拣，这些都是物流系统的重中之重。"大数据"横扫智慧物流，"黑科技"空降物流仓库，这些只是智能物流的一个开端，或许在不久的将来，您的包裹就是通过这样一套物流智能设备送到您的手中。

请扫描相关二维码，观看视频，亲身体验智慧物流新科技，并谈谈你对智慧物流的认识。

果行育德 2-6

行动评价

行动评价考核内容包括理论知识评价、技能操作评价和职业素养评价，根据学习和测评结果，填写表2-6-5。

表2-6-5　　　　　物流成本绩效评价行动评价考核表

姓名			学号		专业	
任务名称		物流成本绩效评价				
考核内容		考核标准	参考分值（100）	学生自评	小组互评	教师评价	考核得分
理论知识评价	1	理解物流成本绩效评价的步骤	10				
	2	理解物流成本绩效评价的基本原则	15				
	3	理解物流成本绩效评价的指标体系	10				
	4	理解物流成本绩效评价的方法	10				
技能操作评价	5	能够建立物流成本绩效评价的指标	15				
	6	能够运用不同的方法进行物流成本绩效评价	20				
职业素养评价	7	具有社会责任感	10				
	8	具备较强的团队合作能力	10				
总得分			100				

行动巩固

行动巩固 2-6

一、选择题

1.（单选）（　　）不是平衡计分卡法的内容。

A.从财务绩效评估指标分析企业生存能力

B.从客户子模块指标分析企业竞争能力

C.从内部经营分析企业综合提升能力

D.从学习创新设计分析企业持续发展后劲

2.（多选）物流成本管理绩效评价的原则有（　　）。

A.整体性原则

B.定性与定量相结合原则

C.可比性原则

D.经济性原则

E.效率优先原则

3.（多选）平衡计分卡法在物流成本绩效评价中的应用，主要是对平衡计分卡从（　　）四个维度指标的设计。

A.财务　　　　　　　　　　　　B.客户

C.内部流程　　　　　　　　　　D.学习与成长

4.（多选）物流成本管理绩效评价的目标是（　　）。

A.监督　　　　　　　　　　　　B.控制

C.引导　　　　　　　　　　　　D.激励

E.计划组织

5.（多选）物流成本管理绩效评价的标准有（　　）。

A.基本标准　　　　　　　　　　B.历史标准

C.行业标准　　　　　　　　　　D.激励标准

E.顾客标准

二、简答题

1.简述物流成本绩效评价的步骤。

2.简述平衡计分卡法的实施步骤。

项目总结

本项目主要以物流成本管理的实施步骤为引导，从物流成本核算、物流成本预测、物流成本决策、物流成本预算、物流成本控制以及物流成本绩效评价六个方面的具体操作，由浅入深地讲解了物流成本管理实施（如图2-6-1所示）。

物流成本核算
- 物流成本核算的含义与原则
- 物流成本核算的特点与范围
- 物流成本核算的程序与方法

物流成本预测
- 物流成本预测的含义及作用
- 物流成本预测的内容与分类
- 物流成本预测的程序
- 物流成本预测的方法

物流成本管理实施

物流成本决策
- 物流成本决策的内容及重要性
- 物流成本决策的基本程序
- 物流成本决策的方法

物流成本预算
- 物流成本预算的含义与作用
- 物流成本预算的分类
- 物流成本预算的编制方法

物流成本控制
- 物流成本控制的含义及必须遵循的原则
- 物流成本控制的内容与分类
- 物流成本控制的基本程序及方法

物流成本绩效评价
- 物流成本绩效评价指标及评价标准
- 物流成本绩效评价方法

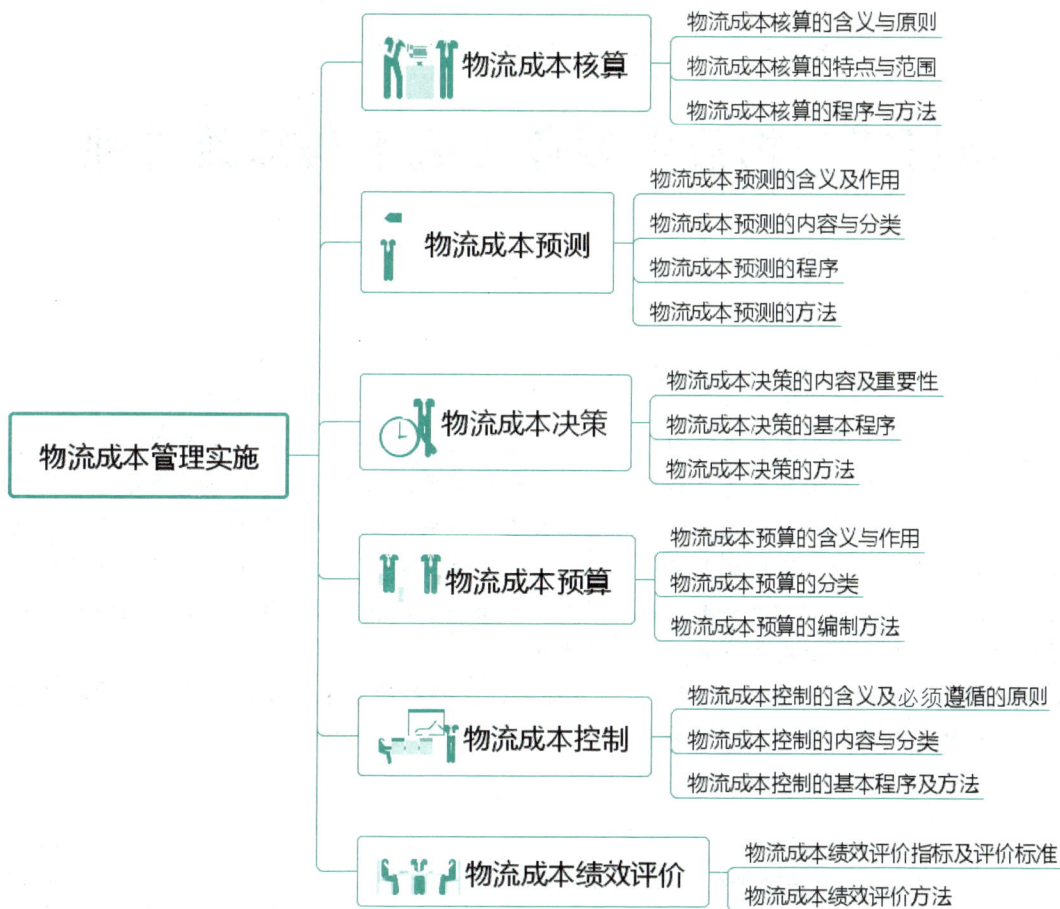

图2-6-1　物流成本管理实施构成图

项目三　物流主要业务成本与绩效管理

项目引入

　　远光公司在全国设有分支机构，通过加速企业调整，增强企业核心竞争力，逐步实现了现代物流运输行业的转变。自转型以来，远光公司已经从提供简单的送达服务阶段逐步进入高质量服务阶段，运输成本也成为远光公司物流成本中比重最大的部分，约占整个物流成本的60%。此外，运输成本不仅关系到企业的收益和利润，而且是影响物流配送效率的重要因素，进而影响整个公司效益乃至企业的信誉和发展前景，因而，合理的运输成本管理对于远光公司来说有着重要的影响及意义。

　　王明是远光公司成本管理部门的一名员工，在领导的带领下学习运输成本管理的内容。下面我们就跟随王明的学习脚步，一起来学习运输成本管理的内容。

学习目标

知识目标	基于运输成本的含义、构成及影响因素，阐述运输成本核算的方法和流程；阐述运输合理化的实施途径及有效的运输成本控制策略；在此基础之上，进一步理解运输绩效指标的体系；基于仓储成本的概念，阐述仓储成本的构成及核算范围，在此基础上，阐述仓储成本控制的方法及降低仓储成本的有效措施；进一步理解仓储绩效指标体系；基于配送成本的特征、类别，理解配送成本核算的方法及核算的具体流程，在此基础上，阐述配送服务与合理化决策的内容，理解配送成本控制的措施，并理解配送绩效指标体系
技能目标	能够基于实际情况正确识别运输成本的构成，并准确判定运输成本的影响因素；能够基于具体的仓储作业实际情况准确识别仓储成本的构成，运用不同的方法核算仓储成本，运用不同的手段对仓储成本进行控制，最终能够对仓储绩效进行考核；能够基于配送业务的实际情况正确选择配送成本核算的方法，准确核算配送成本，运用节约里程法来优化配送成本，最终能够对配送绩效进行考核
素养目标	通过运输成本与绩效管理、仓储成本与绩效管理以及配送成本与绩效管理等知识的学习，培养学生具有成本节约意识，具备较强的问题发现及分析能力，具备成本优化思维及能力

项目实施

任务一　运输成本与绩效管理

行动任务

4月9日，A公司委托远光公司负责运输一批货物，运输路线为从邢台市到广州市，货物按照体积计算并进行车辆装载，总货物运量为1 995立方米。因已在华南地区广州市建立了新的运输网点，远光公司决定承运这批货物。考虑到运输成本的控制，运营部门总监要求王明负责此次项目，对运输货物进行成本分析及计算，并最终选择运输成本最低的运输方式为A公司运输该批货物。

远光公司的不同运输方式的成本数据资料如下：

1. 公路运输成本的相关数据资料（见表3-1-1和表3-1-2）

表3-1-1　　　　　　　　　公路运输成本相关数据资料表

汽车型号	四轴125型
汽车载重总体积（立方米）	87.5
汽车车货总重（吨）	35
月固定费用（元/月）	10 348.773
固定费用（元/公里）	1.442
单位油费（元/吨公里）	1.55
路桥费（元/车/公里）	1.35

表3-1-2　　　　　　　　　运输车辆成本数据资料表

车型	二轴12型	三轴122型	四轴125型
载重量（吨）	W=17	W=27	W=35
单位油费（元/吨公里）	1.18	1.45	1.55
路桥费（元/车/公里）	0.75	1	1.35
体积（立方米）	55	75	87.5
可变成本（元/立方米）	1.93	2.45	2.9

2. 铁路运输成本的相关数据资料（见表3-1-3）

表3-1-3　　　　　　　　　铁路运输成本相关数据资料表

集装箱类型	20英尺
运行基价（元/箱公里）	0.6603
发到基价（元/箱）	149.5
集装箱容积（立方米）	32
集装箱数量（个）	55
集装箱和货物总重（吨）	17.5
过秤费（元/箱）	1.442

表格材料费（元/个）	2.6
货车中转技术作业费（元/吨/250公里）	0.05
货车篷布使用费（元/张）	20
集装箱使用费（元/箱）	30
货物作业装卸费（元/立方米）	6

3.海上运输成本的相关数据资料（见表3-1-4）

表3-1-4　　　　　　　　海上运输成本相关数据资料表

尺柜型号	20英尺
单位尺柜运费（元/柜）	1 400
尺柜载货体积（立方米）	32
尺柜数量（个）	55
拖车短拨费（元）	1 200
装卸费（元/立方米）	6

为了顺利完成对该批货物运输成本的分析及计算，如果你是王明，你该怎么做？

请根据上述任务背景，以小组为单位完成以下任务：

（1）分析不同运输方式的运输成本。

（2）结合相关资料，建立模型对不同运输方式的运输成本进行核算。

远光公司货运中心目前有5条干线班车线路，终点站分别为广州、上海、成都、哈尔滨和乌鲁木齐，干线班车线路的具体信息见表3-1-5。

表3-1-5　　　　　　　　干线班车线路信息表

班车线路	途经站	里程（公里）	往返时间（天）	发车时间
北京—广州	北京—石家庄—郑州—广州	2 155	4~5	18：30
北京—上海	北京—上海	1 213	3~4	20：00
北京—成都	北京—太原—西安—成都	1 798	4~5	21：00
北京—哈尔滨	北京—哈尔滨	1 244	3~4	22：00
北京—乌鲁木齐	北京—乌鲁木齐	3 165	6~7	23：00

作为远光公司的运输主管，要有成本控制意识，对每条班车线路（尤其是干线运输业务）的运输成本进行有效控制，提升运输业务的盈利水平。从远光公司的5条干线班车线路来看，相比之下，北京—广州干线运输路线较长，途经石家庄、郑州两个集散中心，情况最为复杂。

远光公司货运中心现有3辆货车可以用于北京—广州干线运输，具体见表3-1-6。

表3-1-6　　　　　　　　干线运输车辆（北京—广州）

车牌号	品牌	车型	长（米）	宽（米）	高（米）	体积（立方米）	核载（吨）	班车线路
京B53923	江铃	17.5米双桥，全封闭	17.5	2.4	2.7	110	35	北京—广州
京P67329	江铃	17.5米双桥，全封闭	17.5	2.4	2.7	110	35	北京—广州
京N78663	江铃	17.5米双桥，全封闭	17.5	2.4	2.7	110	35	北京—广州

每辆车安排一名专职司机，具体见表3-1-7。

表3-1-7　　　　　　　　　　　干线运输司机（北京—广州）

司机姓名	身份证号	驾龄	电话	住址	运营车辆
王平	110217197911096905	10年	15627834892	北京市通州区新华大街4号	京B53923
李世强	130135197609284501	8年	13939028579	北京市朝阳区北路13号	京P67329
耿力	370403197603224858	7年	15245489023	北京市朝阳区学院路90号	京N78663

根据每周的发货统计情况来看，发货大多集中在工作日，发货量相对比较稳定，周六、周日的发货量相对较少，大约为工作日的一半。

北京—广州干线运输计划为：货车在北京装载发往石家庄、郑州、广州的货物，到石家庄后卸下北京—石家庄的货物，装载石家庄—郑州、石家庄—广州的货物，到郑州后卸下石家庄—郑州的货物，装载郑州—广州的货物，最终到达终点站广州。远光公司现有的北京—广州干线运输计划，具体见表3-1-8。

表3-1-8　　　　　　　　　　　车辆运行计划（北京—广州）

班车线路 ＼ 时间	周一	周二	周三	周四	周五	周六	周日
北京—广州	18：30 京B53923 王平		18：30 京P67329 李世强		18：30 京N78663 耿力		

4月份，北京—广州干线运输在现有运输计划的运作下出现以下问题：劳动节前夕货量较平时有增多，4月28日18：30从北京始发的货车，4月29日22：00才到达郑州，在郑州集散中心卸完货物后，在装载郑州—广州的货物时发现不能将其全部装车，其中部分货物属于公司大客户。

为了保障大客户的货物在劳动节之前送达，经过远光公司管理层的决定，临时借调郑州其他物流公司10吨核载的车辆，进行专车运输。最终，部分货物比客户要求到达的时间晚了半天，尽管通过客户关系公关安抚了客户情绪，但透支的客户关系和额外支付的高额运输成本值得深思。运输主管急切需要对北京—广州干线现有的运输计划进行深入分析、研究，找到问题所在，使此干线运输成本得到有效的控制。

4月份，远光公司北京—广州干线运输货运量数据，具体见表3-1-9。

表3-1-9　　　　　　　　　　　4月份货运量（北京—广州）

目的地	货运量（吨）	日均货运量（吨）
北京—石家庄	103	3.4
北京—郑州	98	3.3
北京—广州	280	9.3
石家庄—郑州	50	1.7
石家庄—广州	90	3
郑州—广州	120	4

行动锦囊

一、运输成本的含义、构成及影响因素

（一）运输成本的含义

运输成本是指运输生产过程中发生的各项耗费的总和，即企业在获得营运收入的过程中，所支付的各项费用。

运输成本由两类成本构成：一种是直接运输费用，即为完成运输过程直接发生的费用；另一种是管理费用，即为各项管理费用和营销费用等。

（二）运输成本的构成

1.固定成本和变动成本

（1）固定成本。固定成本是指在短期内虽然未发生变化，但必须得到补偿的费用，即为维持运输营运状态所支付的费用。在这类固定成本中，包括承运人那些不受装运量直接影响的费用。

在短时间内，与固定资产有关的费用必须按照每批票货计算的变动成本来弥补；从长期来看，可以通过固定资产的买卖来降低固定成本的负担。

（2）变动成本。变动成本是指物流成本随着商品流转额变动而变动的那一部分成本。

变动成本包装材料的耗用、工人的工资、能源的耗用等。因此，变动成本只有在运输工具未投入营运时才有可能避免，运输费用必须至少能够弥补变动成本。

2.直接成本和间接成本

（1）直接成本。直接成本是指直接计入运输生产过程的费用。支付给营运车辆司机和助手的工资，包括司机和助手随车参与本车保养和修理作业期间的工资、工资性津贴、生产性奖金和职工福利费。

直接材料包括燃料、轮胎、养路费、折旧费、保养修理费以及与营运车辆运行直接有关的费用（行车事故损失、车辆检验费、保险费、洗车费、过桥费等）。

（2）间接成本。间接成本是指企业管理费及事故损失费等，并不是运输过程中的直接耗费。

间接成本包括各类成本负担的管理费用和销售费用，包括工资、职工福利费、劳动保护费、水电费、办公费、差旅费等。

3.公共成本

公共成本是指承运人代表所有的托运人或某个分市场的托运人支付的费用。一般情况下，按照活动水平的数目等分摊给托运人来承担。

4.联合成本

联合成本是指决定提供某种特定的运输服务而产生的不可避免的费用。联合成本对运输收费有着较大的影响，因为承运人索要的运价中必须包括隐含的联合成本，或者这种回程运输由原先的托运人来弥补。

5.端点成本与线路成本

（1）端点成本。端点成本是指在运输过程的起点与终点产生的费用，包括固定成本和与运量有关的装卸、收货、存货和发货成本。

（2）线路成本。线路成本是指在运输线路上产生的费用，通常包括工资、燃油、润滑油和运输工具的维护成本。线路成本的两个重要的决定性因素是运距和运量。

（三）运输成本的影响因素

运输成本主要受以下因素的影响：

1. 载货量

载货量之所以会影响运输成本，是因为与其他许多物流活动一样，大多数的运输活动中存在着规模经济。

2. 输送距离

输送距离是影响运输成本的主要因素，因为其直接对劳动、燃料和维修保养等变动成本产生作用。

3. 装载能力

装载能力这一因素是指产品的具体尺寸及其对运输工具（铁路车、拖车或集装箱）的空间利用程度的影响。

由于有些产品具有异常的尺寸形状，以及超重或超长等特征，通常不能很好地进行装载，并因此浪费了运输工具的空间。

装载能力还受装运规模的影响，大批量的产品往往能够相互嵌套、便利装载，而小批量的产品则有可能难以装载。

4. 货物的疏密度

货物的疏密度包括重量和空间方面的因素。既然运输车辆实际消耗的劳动成本和燃料成本主要不受重量的影响，那么，货物的疏密度越高，相对应地就可以将固定运输成本分摊到增加的重量上，使这些产品所承担的每单位重量的运输成本相对较低。

一般来说，物流管理人员会设法增加货物的疏密度，以便能够更好地利用拖车的容积，使拖车能够装载更多数量的货物。

5. 责任

责任主要关系到货物损坏风险和导致索赔事故。

承运人必须通过向保险公司投保来预防可能发生的索赔，否则有可能需要承担任何可能损坏的赔偿责任。

托运人可以通过改善保护性包装，或通过减少货物灭失损坏的可能性，以降低风险，最终降低运输成本。

6. 装卸搬运

卡车、火车或船舶等的运输，可能需要特别的装卸搬运设备。

此外，产品在运输和储存时实际所采用的成组方式（如用麻绳捆起来、装箱或装在托盘上等）也会影响到搬运成本。

7. 运输供需因素

运输通道流量和通道流量均衡等运输供求方面的市场因素，也会影响到运输成本。理想的情况就是"平衡"运输，即运输通道两端流量相等。

但由于制造地点与消费地点的需求不平衡，通道两端流量相等的情况非常少见。

二、运输成本核算的特点和方法

微课 3-2

[QR code]

运输成本
核算（1）

（一）运输成本核算的特点

为了与运输企业的上述生产经营特点相适应，运输在成本核算方面也存在着如下几个特点：

1.成本计算对象的多样性

运输企业营运过程的直接结果是转移客货的空间位置以及与此相关的业务，不存在对生产对象的直接加工、生产出各种具体产品。

因而，运输企业的成本计算对象是其经营的各类业务，以及构成各类业务的具体业务项目。

另外，运输企业的运输工具及设备，由于厂牌、型号、吨位不同，以及运行线路等不同，对成本水平会产生较大的影响。

为了加强成本管理，寻求降低成本的途径，除了将上述各类业务作为成本计算对象外，还以运输工具及其运行情况等作为成本计算对象，这是运输企业成本计算对象的特点。

2.成本计算方法单一

运输企业由于不涉及半成品结转，也就不存在分步骤、分批别计算成本的问题。尽管各类运输业务的成本计算存在不同的特点，但其共同点都是直接汇集计算各类业务的成本。

3.营运成本构成中不存在劳动对象方面的消耗

4.营运成本与应计入本期营业成本的费用一致，不存在在产品成本

运输企业由于营运过程和销售过程同时进行，不存在期初、期末产品，也不存在独立的销售过程，应计入本期营运成本的费用即为本期的营运成本，汇集分配后直接转入本期收益。

微课 3-3

[QR code]

运输成本
核算（2）

（二）运输成本核算的方法

运输生产过程是物流企业经营活动的中心环节。运输活动并不创造实物产品，而是提供运输劳务，使物资发生位移。对物流运输成本进行管理与核算，必须确定物流成本核算项目，做好成本核算的各项基础工作，这样才能进行物流成本核算管理与控制。

1.运输费用的核算与成本计算

（1）直接人工的归集与分配。

物流企业直接人工中的工资，每月根据工资结算表进行汇总与分配。对于有固定车辆的司机和助手的工资，直接计入各成本计算对象的成本；对于没有固定车辆的司机和助手的工资以及后备司机和助手的工资，则需要按照一定标准（一般为车辆的车日）分配计入各成本计算对象的成本。具体计算方法如下：

每一车日的工资分配额=应分配的司机及助手工资总额÷各车辆总车日
营运车辆应分配的工资额=每一车日的工资分配额×营运车辆总车日

（2）直接材料的归集与分配。

①燃料。对于燃料消耗，企业应根据燃料领用凭证进行汇总与分配。但必须注意的是，在燃料采用满油箱制的情况下，车辆当月加油数就是当月耗用数；在燃料采用盘存制的情况下，车辆当月燃料耗用数应按以下公式确定：

当月耗用数=月初车存数+本月领用数−月末车存数

②轮胎。营运车辆领用轮胎内胎、垫带以及轮胎零星修补费等，一般根据轮胎领用汇总表及有关凭证，按实际数直接计入各成本计算对象的成本。

（3）其他直接费用的归集与分配。

①保养修理费。物流运输企业车辆的各级保养和修理作业，分别由车队保修班和企业所属保养厂（保修厂）进行。

必须注意的是，由于营运车辆大修理一般数额较大，修理的间隔期也较长，为了均衡损益，一般采用预提的办法。根据大修理费计提额，预提时借记"主营业务成本——运输支出"账户，贷记"预提费用"账户，发生差异时同样需要进行调整，前者大于后者为超支，应调增大修理费计提额和运输成本；反之，则为节约而应予以调减。

②折旧费。物流运输企业计提固定资产折旧，可以采用平均年限法、工作量法、双倍余额递减法、年数总和法，但属于车辆的固定资产折旧一般采用工作量法计提。当采用工作量法时，由于外胎费用的核算有两种不同的方法，所以车辆折旧的计算也有两种方法。如果采用外胎价值一次摊销计入成本的方法，计提折旧时，外胎价值不必从车辆原值中扣减；如果采用按行驶胎公里预提外胎费用摊入成本的方法，计算折旧时，外胎价值就应从车辆原值中扣减，否则会出现重复摊提的现象。

③养路费。物流运输企业向公路管理部门缴纳的车辆养路费，一般按货车吨位数计算缴纳。因此，企业缴纳的车辆养路费，可以根据缴款凭证直接计入各成本计算对象的成本及有关费用。

④其他费用。营运车辆的公路运输管理费，一般按运输收入的规定比例计算缴纳。因此，企业缴纳的车管费，可以根据交款凭证直接计入各类运输成本。

车辆牌照和检验费、车船税、洗车费、过桥费、轮渡费、司机途中宿费、行车杂费等费用发生时，都可以根据付款凭证直接计入各类运输成本。此外，领用随车工具及其他低值易耗品，可以根据领用凭证一次或分次摊入各类运输成本。

（4）营运间接费用的归集与分配。

运输企业所属基层营运单位（车队、车站、车场）为组织与管理营运过程中所发生的不能直接计入成本计算对象的各种间接费用，应通过"制造费用——营运间接费用"账户进行核算。企业如果实行公司和站、队两级核算体制，"营运间接费用"账户应按基层营运单位设置明细账，并按费用项目进行明细核算；如果实行公司集中核算体制，也可不分单位设置明细账，而直接按费用项目进行明细核算。

2.运输成本明细账的设置与登记

运输成本是在分类（成本项目）归集运输费用的基础上计算出来的，其明细账就是按成本计算对象开设、按成本项目划分专栏的运输支出明细账。

运输支出明细账根据前述直接人工、直接材料、其他直接费用和营运间接费用等各种费用凭证或其汇总分配计算表进行登记。

3.运输总成本和单位成本的计算

运输企业完成一定运输业务所发生的直接人工、直接材料、其他直接费用和营运间接费用等运输费用总额，组成了运输总成本。运输总成本除以运输周转量，便可以得出单位成本，其计算公式如下：

运输单位成本（元/千吨公里）=运输总成本÷运输周转量（千吨公里）

三、运输成本核算的流程

运输成本核算程序是指运输（交通）企业成本核算过程，一般包括以下主要步骤：

（1）日常，根据原始凭证或汇总表在"运输支出""装卸支出"等科目中分别登记和归集各项营运生产支出。各项营运生产支出应先编制分配表、计算表或汇总表，记入"运输支出"等科目和营运业务成本明细账、成本计算对象明细账、辅助营运费用明细账。

（2）月终，根据成本核算办法，分配各项费用，编制费用分配表，并进行转账，以便计算各种营运业务成本。

其分配方法为：首先，根据辅助营运费用分配计算表，将发生的辅助营运费用分配计入营运业务和管理部门提供的产品、劳务。其次，将与该营运业务无关的营运生产支出和费用扣除，转入其他业务成本。

（3）月终，除了远洋运输企业未完航次成本外，各营运业务成本均结转到"本年利润"科目，以计算企业财务成果。

（4）计算各个成本计算对象的总成本和单位成本，编制成本报表。

四、降低运输成本的途径

降低运输成本的途径如下：

（1）简化运输系统，减少中间环节。

（2）选择最佳的运输手段。

（3）选择合理的运输方式。

（4）开展配载运输，配载运输充分考虑了重量和容积因素，是实现运输工具装载的货物重量最大、空间利用最大、提高运输工具实载率的一种运输方式。

（5）开展集中运输。

（6）优化运输路线，减少运输事故损失。

（7）选择合适的运输工具。

微课 3-4

运输合理化的
实施途径

五、运输合理化的实施途径

（一）合理装载，提高实载率

合理装载是充分利用运输工具的载重量和容积，合理安排装载的货物及载运方法，以提高运输工具实载率的一种有效措施。通过合理装载和提高实载率，可以充分利用车船的额定能力，减少运力浪费。

实载率是一定时期内车船实际完成的货物周转量（以吨公里计量）占车船载重吨位与行驶里程的乘积的百分比。在计算车船行驶里程的时候，不仅计算载货行驶里程，而且计算空驶里程。常用的合理装载的方式有：拼装整车运输、组织轻重装配、实行解体运输和多样堆码方法等。

（二）实现运输工具的合理分工

实现运输工具的合理分工主要表现为根据运距的长短进行铁路和公路的分流。目前，对杂货及煤炭等较为普遍地使用铁路运输。一般认为，公路的经济里程为200～500公里，随着高速公路的发展、高速公路网的形成、新型货车与特殊货车的出现，公路运输的经济里程有时可达 1 000 公里。在公路运输的经济里程范围内，应尽可能地利用公路运输，这样做有以下两个好处：一是对于比较紧张的铁路运输，利用公路分流后，可以在一定程度上得到缓解，从而提高这一地区的运输能力；二是充分利用公路门到门运输的能力，以及速度快且灵活机动的优势，实现铁路运输难以达到的服务水平。当然，实现运输工具的合理分工，不仅表现在铁路运输和公路运输的选择上，还涉及其他的运输工具，在选定运输工具的时候，需要进行认真的权衡分析。

（三）分区产销合理运输

分区产销合理运输是对某种货物组织物流运输时，使其一定的生产区固定于一定的消费区。根据产销情况和交通运输条件，在产销平衡的基础上，按照近产近销的原则，使货物运输最少的里程。这种形式适用于品种单一、规格简单或生产集中和消费集中、调运量大的货物，如煤炭、木材、水泥、粮食等。实行这种运输方式，对于加强产、供、运、销的计划性，消除过远、迂回、对流等不合理运输，充分利用地方资源，促进生产合理布局，降低物流费用等有着十分重要的作用。

实现分区产销合理运输，首先，需要调查物资产销情况、供应区域、运输路线以及合理的运输方式，为制订合理的调运方案提供信息。其次，划定物资调运区域，将某种物资的生产区和销售区固定。例如，工业产品以生产地为中心，以靠近生产地的区域为销售区；粮食以城市为消费中心，同附近的农村产粮区建立固定的产销关系，从而形成一个合理的调运规划。再次，绘制合理的运输流向图，即根据已经制定的调运区域范围，按照运程最短和产销平衡的原则，制定合理的运输流向图。最后，依据上述信息制订合理运输的调运方案。

（四）实行直达运输和直拨运输

直达运输是通过减少中转换载，从而提高运输速度，节省装卸费用，降低中转损耗。直达运输的优势在一次运输批量和用户一次需求量达到整车时，表现最为突出。此外，在生产资料、生活资料的运输中，通过直达运输，建立稳定的产销关系和运输系统，也有利于提高运输计划水平，大大提高运输效率。值得注意的是，同其他合理化措施一样，直达运输的合理性也是在一定条件下才成立的，不能绝对地认为直达运输一定优于中转运输，这需要根据客户的要求，从整个物流体系来考察。例如，从客户需求来看，当批量大到一定程度时，直达才是合理的；在小批量时利用直达运输，其成本将会高于中转运输（如图 3-1-1 所示）。

图 3-1-1　直达运输和中转运输选择示意图

直拨运输是企业在组织货物调运时，对当地生产或由外地送达的商品不运进批发站仓库，而直接将商品发送给基层批发、零售商甚至直接发送给最终用户，以减少运输中转环节。这种运输方式在运输时间和运输成本方面，都能获得经济效益。与直达运输的不同之处是，直拨运输里程较近、批量较小，而直达运输主要指中、长里程运输和大批量运输。

（五）通过流通加工，使运输合理化

有不少产品，由于其自身外形及特性问题，很难实行运输合理化，如果进行适当加工，就能有效解决合理运输的问题。例如，将造纸木材在产地预先加工成干纸浆，然后压缩体积运输，就能解决造纸木材运输不能满载的问题；轻泡产品预先捆绑包装成规定尺寸，再装车就容易提高装载质量等。

（六）发展社会化运输体系

运输社会化是指发展运输的社会化大生产的优势，打破一家一户自成运输体系的状况。在社会化运输体系中，各种联运是社会化较高的形式。联运方式通过充分利用面向社会的各种运输体系，通过协议进行一票到底运输，有效打破了一家一户的小生产，受到了广泛的欢迎。

微课 3-5

运输成本
控制策略

六、运输成本控制策略

运输成本控制策略主要有以下几种：

1.大量化运输

其是以运输规模经济为基础，增加运输量、组织物流合理化的一种做法，是通过延长备货时间来实现控制物流成本的一种手段。大量化运输策略与过去按照体积折扣收费的做法不同，其是一种增大一次物流批量折扣收费的办法，是"大量发货减少收费"和"一贯制托盘化运输协作降低费用"等激励对方的手段。这种做法因实行物流合理化而节约的金额，由双方合理分享，对于物流运输活动的成本控制是特别重要的。

2.计划化运输

其是以产销合同为基础的供货方式，主要适用于季节性较强的商品。其是以商品销量预测绝对可靠、商品在买主手中占优势地位为前提，才能实现物流运输计划。

3.商物分离化运输

商物分离化的具体做法之一就是订货活动与配送活动相互分离。利用委托运输可以压缩固定费用开支，由于共同运输提高了运输效率，从而大幅度节省了运输费用。

4.差别化运输

根据商品周转的快慢和销售对象规模的大小，将保管场所和配送方式区别开来，这就是利用差别化方法实现物流合理化的策略。实行周转较快的商品群分散保管，周转较慢的商品群尽量集中保管的原则，以做到压缩流通阶段的库存，有效利用保管面积，实现库存管理简单化等。另外，根据销售对象，决定物流方式。对于供货量大的销售对象，每天送货；对于供货量小的销售对象，集中一周配送一次，灵活调整配送的次数。

5.标准化运输

这里的标准化不是一般意义上产品生产、包装等的标准化，而是销售、运输数量的批量化。在企业的实际销售中，由于对销售批量规定了订货的最低数量，因此，明显提高了配送效率和库存管理效率。

6.共同化运输

运输成本控制最有效的措施就是共同化，这种说法并不过分。超出单一企业物流合理化界线的物流共同化，目前逐渐成为最有发展前途的一种方式，并进行种种尝试。这种共同化如果从各主体之间的关系来看，分为由本行业企业组合而形成的垂直方向的共同化和与其他行业公司之间联合而形成的水平方向的共同化两类。

微课 3-6

运输绩效管理与评价

七、运输绩效指标及绩效考核

运输绩效指标可以按照运输量、及时率、运输任务完成率、运输货损率等方面分别设立。常用的运输绩效指标及绩效考核见表3-1-10。

表3-1-10　　　　　常用的运输绩效指标及绩效考核

序号	KPI指标	考核周期	指标定义/公式
1	运输任务完成率	月/季/年度	$\dfrac{实际完成运量吨数}{计划完成运量吨数} \times 100\%$
2	运输路线计划更改的次数	月/季/年度	运输过程中或重复运输路线时对运输路线计划更改的次数
3	完成运量及时率	月/季/年度	$\dfrac{按运输要求时间完成的运量吨数}{完成总运量吨数} \times 100\%$
4	运输货损率	月/季/年度	$\dfrac{当月货损金额}{当月送货总额} \times 100\%$
5	单位运输成本降低率	月/季/年度	$\dfrac{单位运输成本降低额}{单位运输成本预算额} \times 100\%$
6	装卸标准合格率	月/季/年度	$\dfrac{抽样调查车次数}{抽样调查总车次数} \times 100\%$
7	车辆完好率	月/季/年度	$\dfrac{完好运输车辆数}{运输车辆总数} \times 100\%$

行动进行

步骤一：运输成本核算

1.采用公路运输的成本计算

公路运输成本包括运输费用和车辆费用。运输费用为运输所消耗的汽油费与路桥费之和，车辆费用包括固定费用和月固定费用、保险费等。

为了建立计算公路运输成本的模型，公司主管引入了以下变量：

P_i：第 i 种车辆的月固定费用（元/月）

月固定费用包括企业委托车主支付的养路费，企业支付给车主租车的租金以及支付给车主的工资等。

R_{ib}：第 i 种车辆的保险费（元/年）

R_{ig}：第 i 种车辆的固定费用（元/年）

固定费用包括企业为补偿汽车的折旧而支付给车主的费用。

P_g：汽油价格（元/吨公里）

P_{il}：第 i 种车辆的路桥费（元/车/公里）

V：运输货物的总体积（立方米）

v_i：第i种车辆的载货体积（立方米）

w_i：第i种车辆的车辆总重量（吨）

SM_2：从邢台市到广州市的公路距离（公里）

k_i：每月第i种车辆的出车次数

q_i：每次运送派出第i种车辆的数量

x_i：需要拥有第i种车辆的数量

公司最低需要拥有的车辆数量应该能够满足每次货运所需的车辆数量，同时保证在运送车辆没有回来时，有足够的车辆可以满足下一次的送货。

n：共有n种车辆

C_{12}：运输成本

采用公路运输总成本的模型公式为（公式1）：

$$C_{12} = \sum_{i=1}^{n} x_i \left(P_i + \frac{1}{12} R_{ib} \right) + \sum_{i=1}^{n} q_i \left(k_i \times R_{ib} \times SM_2 + k_i \times P_g \times w_i \times SM_2 + k_i \times P_{il} \times SM_2 \right)$$

且满足如下条件：

$$\sum_{i=1}^{n} v_i \times q_i \times k_i \geq V$$

此模型中，用到了以下假设：

①月固定费用中包括了支付给司机的工资。路桥费采用计车收费，而非计重收费。

②年保险费为常数，按年计算，平均分摊到每个月。

③在汽车整辆未装满的情况下，按满车处理。

④每辆汽车的出车概率相同。一次出车送货后立刻返回，回程如果遇到送货点，直接开始下次送货，无间歇时间。

⑤忽略其他附加费。

具体的公路运输成本计算，为了简化，在模型假设的条件下做出以下规定：

①运输车辆统一采用四轴125型货车，因为这种车型是运距较长时所选用的车型。

②忽略保险费等固定费用。

根据以上公式，可以计算得出从邢台市到广州市的公路运输成本。

在计算需要的汽车总数量时，根据总货物运量/每辆汽车载重体积，可以得出汽车总数量为：1 995÷87.5=22.8≈23（辆）。

将相关数据代入公式1，可得公路运输成本C_{12}等于387 809.427元。

具体资料分析及计算结果见表3-1-11。

表3-1-11　　　　　　　　　公路运输成本分析计算结果

公路运输成本	
公路运输	邢台市—广州市
运输货物总体积（立方米）	1 995
公路距离（公里）	1 758
汽车型号	四轴125型
汽车载重总体积（立方米）	87.5

续表

汽车车货总重（吨）	35
月固定费用（元/月）	10 348.773
固定费用（元/公里）	1.442
单位油费（元/吨公里）	1.55
路桥费（元/车/公里）	1.35
汽车总数量（辆）	23
总成本（元）	387 809.427

2.采用铁路运输的成本计算

铁路运输主要包括两个方面的费用，即运输费用和货运营运杂费。

铁路运输主要采用集装箱运输。因为集装箱便于装卸，不易损坏货物，同时，集装箱有助于标准化，便于管理。铁路运输主要采用的是 20 英尺的集装箱，因为这种规格的集装箱适合装运重货。

在铁路运输成本中，运输费用为主要部分，货运营运杂费为辅助部分，但也是不可缺少的部分。它主要包括过秤费、表格材料费、取送车费、机车作业费、货车中转技术作业费、押运人乘车费、火车篷布使用费、集装箱使用费、货物作业装卸费、货物保价费等。

在设计经济模型时，为了方便计算，公司主管引入了以下变量：

SM_3：从邢台市到广州市的铁路距离（公里）

P：运行基价（元/箱公里）

Q：发到基价（元/箱）

V：货物总体积（立方米）

n：集装箱数量（个）

M_i：集装箱和货物的总重，即集装箱的型号表示重量

g_i：过秤费（元/箱）

b：表格材料费（元/个）

q：取送车费（元/车/公里）

利用铁路机车往专用线、货物支线（包括站外出岔口）或专用铁路的站外交接地点调送车辆时，核收取送车费。计算取送车费的里程，应自车站中心线起算，到交接地点或专用线最长路终端止，里程往返合计，取车不另收费。

S：火车到中转点的距离（公里）

e：取送车辆的承载量（立方米）

V/e：取送车辆数（辆）

j：机车作业费（元/半小时）

托运人或收货人使用铁路机车进行其他作业时，另外核收机车作业费。

t：机车作业时间（小时）

h：货车中转技术作业费（元/吨，每满 250 公里）

整车获取每满 250 运价公里，核收一个货车中转技术作业费。

y：押运人乘车费（元/人百公里）

m：押运人数量（人）

c：货车篷布使用费（元/张）

z：货物作业装卸费（元/立方米）

f：货物保价费率

d：货物总价值

a=f·d：货物保价费

w：0~1变量，表示是否选择保价（w=0，不选择保价；w=1，选择保价）

采用铁路运输总成本的模型公式为（公式2）：

$$C_{13} = (SM_3 \cdot P + Q) \cdot n_i + g_i \cdot n_i + b \cdot n_i + q \cdot \frac{V}{e} \cdot 2 \cdot s + 2 \cdot j \cdot t + h \cdot n \cdot M_t \cdot \frac{SM_3}{250} + y \cdot m \cdot \frac{SM_3}{100} + c \cdot n_i + u_i \cdot n_i + z \cdot V + f \cdot d \cdot w$$

此模型中，用到了以下假设：

①货物运输只在正常情况下行驶，不出现限速、加速情况。

②所选用的集装箱一律租用标准化的集装箱，企业不自备集装箱。

③不考虑和其他商家的货物拼箱，未装满整箱的按照一箱的费用考虑收取。

④整车分卸的货物，按照始发站至最终站的运价里程计算全车运费和押运人乘车费；途中每分卸一次，另行核收分卸作业费80元（不包括卸车费）。

⑤假设不会出现延期使用集装箱、篷布等设备的情况，忽略延期使用或违约使用而产生的费用。

⑥假设集装箱被运到目的地后，会有其他公司继续装货返回，忽略集装箱回空运费。

⑦忽略其他附加费。

由于数据不足，为了进行成本计算，做出如下假设：

①认为货物运输不选择保价，忽略保价费。

②不考虑押运人费用。

③忽略取送车费、机车作业费。

④装卸费按网上平均计价标准为6元/立方米。

根据以上公式，可以计算得出邢台市—广州市的铁路运输成本。

该批货物的运量为1 995立方米，并且已知每个集装箱的载货体积为36立方米，那么，可以得出需要的集装箱数量为：1 995÷36≈55（个）。

将相关数据代入公式2，可得铁路运输成本C_{13}等于92 642.24元。

具体资料分析及计算结果见表3-1-12。

表3-1-12　　　　　　　　　铁路运输成本分析计算结果

铁路运输成本	
铁路距离（公里）	1 860
集装箱类型	20英尺
运行基价（元/箱公里）	0.6603
发到基价（元/箱）	149.5
集装箱容积（立方米）	32
集装箱数量（个）	55

集装箱和货物总重（吨）	17.5
过秤费（元/箱）	1.442
表格材料费（元/个）	2.6
货车中转技术作业费（元/吨/250公里）	0.05
货车篷布使用费（元/张）	20
集装箱使用费（元/箱）	30
货物作业装卸费（元/立方米）	6
总成本（元）	92 642.24

3.采用多式联运的成本计算

从邢台市到广州市采用多式联运方式，先从邢台市出发采用铁路运输将货物运至连云港，这是因为邢台市—连云港的距离为695公里，距离超过200公里采用铁路运输比较经济；再从连云港出发采用水路运输将货物运至广州市（黄埔港）。所以，这部分的运输成本包括两个部分：总成本=铁路运输成本+海路运输成本。

（1）邢台市—连云港采用铁路运输的成本计算。

根据计算铁路运输成本的方法，该批货物的运量为1 995立方米，并且已知每个集装箱的载货体积为36立方米，则需要的集装箱数量为：1 995÷36≈55（个）。

将相关数据代入铁路运输成本计算公式2，可得铁路运输成本C_{13}等于50 333.5175元。

具体资料分析及计算结果见表3-1-13。

表3-1-13　　　　　　**多式联运铁路运输成本分析计算结果**

铁路运输成本	
铁路距离（公里）	695
集装箱类型	20英尺
运行基价（元/箱公里）	0.6603
发到基价（元/箱）	149.5
集装箱容积（立方米）	32
集装箱数量（个）	55
集装箱和货物总重（吨）	17.5
过秤费（元/箱）	1.442
表格材料费（元/个）	2.6
货车中转技术作业费（元/吨/250公里）	0.05
货车篷布使用费（元/张）	20
集装箱使用费（元/箱）	30
货物作业装卸费（元/立方米）	6
总成本（元）	50 333.5175

由上表可得，邢台市—连云港的铁路运输成本为 50 333.5175 元。

（2）连云港—广州市（黄埔港）采用海路运输的成本计算。

海路运输成本包括尺柜运费、装卸费、拖车短拨费、保险费。

采用的经济模型如下：

为了方便计算，公司主管引入了以下变量：

R_{ib}：第 i 种船只的保险费（元/次）

P_d：拖车短拨费

V：运输货物的总体积（立方米）

V_i：第 i 种船只的载货体积（立方米）

P_j：第 j 种尺柜的单位运费（元/柜）

v_j：第 j 种尺柜的载货体积（立方米）

d：装卸费（元/立方米）

SM_1：从连云港到黄埔港的海运距离（公里）

n：共有 n 种船只

m：共有 m 种尺柜

n_j：第 j 种尺柜的数量

C_{11}：运输成本

采用海路运输总成本的模型公式为（公式3）：

$$C_{11} = \sum_{j=1}^{m} p_j \cdot n_j + d \cdot V + P_d + \sum_{i=1}^{n} R_{ib}$$

且满足如下条件：

$$\sum_{j=1}^{n} v_j \cdot n_j \geq V, \quad \sum_{i=1}^{n} V_i \geq V$$

此模型中，用到了以下假设：

①装满整个集装箱的，按照一个集装箱收费。

②忽略其他附加费。

③船只到港卸货，不考虑等待时间，无港口拥挤附加费。

④以集装箱作为计价标准，而非以重量为计价标准。

⑤不会因为突发事件而改变运输路线，不存在绕航附加费。

具体的成本计算，由于数据不足，在计算时进行以下规定：

①尺柜统一选择 20 英尺，并且为可装 36 立方米的普通柜。

②拖车短拨费不论批量，均按照 1 200 元收取（网上平均收费标准）。

③忽略船只的保险费。

④装卸费计价标准为 5 元/立方米（网上平均收费标准）。

⑤尺柜运费按照连云港—广州市的尺柜价格计算，即 3 500 元/柜。

根据以上公式，可以计算得出连云港—广州市（黄埔港）的海路运输成本。

该批货物的运量为 1 995 立方米，并且已知每个集装箱的载货体积为 36 立方米，则需要的集装箱数量为：1 995÷36≈55（个）。

将相关数据代入公式3，可得海路运输成本 C_{11} 等于 78 380 元。

具体资料分析及计算结果见表3-1-14。

表3-1-14　　　　　　　　多式联运海路运输成本分析计算结果

海路运输成本	
尺柜型号	20英尺
单位尺柜运费（元/柜）	1 400
尺柜载货体积（立方米）	32
尺柜数量（个）	55
拖车短拨费（元）	1 200
装卸费（元/立方米）	6
总成本（元）	78 380

由上表可得，连云港—广州市（黄埔港）的海路运输成本为78 380元。

由于采用班轮运输，只存在变动成本，因此，不论分多少次运输，所产生的总成本是相同的。所以，邢台市—广州市采用多式联运的运输总费用为：50 333.5175+78 380＝128 713.5175（元）。

综上所述，通过三种运输方式总成本的比较，得出邢台市—广州市采用铁路运输成本最低。从运输成本控制角度出发，运营部门主管决定采用铁路运输方式为A公司运输该批货物。

步骤二：分析现有运输计划存在的问题

远光公司北京—广州干线运输现有的运输计划为：每周一、周三、周五的18：30发车，始发车辆配载北京—石家庄、北京—郑州、北京—广州的货物，途经石家庄、郑州集散中心时分别卸下发往本地的货物，并载上发往后面集散中心的货物。4月份，北京—广州干线运输具体的货运量数据见表3-1-15。

表3-1-15　　　　　　　　4月份货运量（北京—广州）

目的地	货运量（吨）	日均货运量（吨）
北京—石家庄	103	3.4
北京—郑州	98	3.3
北京—广州	280	9.3
石家庄—郑州	50	1.7
石家庄—广州	90	3
郑州—广州	120	4

根据前文介绍的制订运输计划所需要考虑的因素，结合远光公司北京—广州干线运输的运输车辆、司机情况等资料，可以得出：

（1）此条线路都是专职司机且具有7年以上驾龄，对行驶路线、车辆性能熟悉且经验丰富，具备应对恶劣天气以及综合处理异常情况的能力。

（2）远光公司在此条线路上的货源充足，业务量大，车辆的装载率高。

此条线路均为35吨的货车，根据4月份的日均货运量，以及每周一、周三、周五发车频率，可以计算得出货车在各个站点的载货量和装载率，具体计算过程如下：

货车从北京始发时：

载货量=3.4×2+3.3×2+9.3×2=32（吨）

装载率=32÷35=0.91

货车经过石家庄集散中心卸货、装货后：

载货量=3.3×2+9.3×2+1.7×2+3×2=34.6（吨）

装载率=34.6÷35=0.99

货车经过郑州集散中心卸货、装货后：

载货量=9.3×2+3×2+4×2=32.6（吨）

装载率=32.6÷35=0.93

可以看出，此条干线上的货车经过各个站点的装载率分别为0.91、0.99、0.93，装载率越大，说明车辆的利用率越高。因此，总体来讲，此条线路上的货车的货源充足、装载率高。

（3）此条线路在石家庄、郑州两个集散中心进行卸货、装载，干线运输中间环节较为复杂。

远光公司货运中心到石家庄、郑州的运输距离大约为300公里和750公里，北京到广州的距离大约为2 155公里。通过简单的距离计算可以看出，现有的运输计划是在干线运输距离的前一半经历两个集散中心，并分别进行两次卸货、装货。

干线运输中间环节复杂时，风险的可控性较差，更容易出现异常情况，如到货延迟、货差货损、装卸货成本增加等，而这些最终都会导致直接、间接运输成本的增加。业内对于长途或干线运输，在货量充足的情况下，更加趋向于利用专车运输、直达直送的模式来提高时效性和降低运输成本。

（4）在此条线路上卸货、装货所耗费的时间长，影响发往广州货物的到货时间。

毋庸置疑，在干线或者长途运输中，途中经历的卸货、装货会影响末端货物到达终点的时效性，当途中出现多次的卸货、装货时，情况可能更为严重。

4月28日18：30货车从北京出发后，4个小时左右到达石家庄，经过4个多小时的装卸货，再加上司机简短的用餐休息5个小时，以及到达郑州花费的8个小时，到达郑州集散中心时，已经是4月29日22：00，总运输时间比原先的计划时间晚了4个小时。

在郑州卸完货物并装载郑州—广州的货物时，发现该集散中心收集的发往广州的货物为12吨（4×3）（收集了周六、周日、周一、周二的货物，周六、周日每天的货量约为工作日的一半），超过原先预估的8吨（4×2），无法全部装载，而这里恰好含有公司大客户的货物。最后，经过公司高层的协调，临时借调郑州其他物流公司10吨核载的车辆，进行专车运输。但是，最终的到货时间比原先的计划还是晚了12个小时。

由此可见，4月底北京—广州干线运输出现的问题有其发生的必然性，此条线路的运输计划需要进一步优化，才能从根本上降低运输成本。

步骤三：控制运输成本

从前文对远光公司北京—广州干线运输线路的分析可以得知，此条线路目前最主要的问题是：途中经过的集散中心过多，导致发往北京—广州的货物存在延误将近1天的风险，并且郑州—广州的货物在郑州集散中心存在无法全部装载的风险，最终导致公司需要协调和沟通到货延误给客户造成的影响、借调其他运输车辆来完成郑州集散中心未装载货物的运输，造成运输成本的增加。

　　根据运输企业常用的降低运输成本的方法——简化运输系统、减少中间环节、提高车辆的装载效率等方法，远光公司的运输主管决定以此对现有的运输线路"北京—石家庄—郑州—广州"进行优化。

　　首先，去掉石家庄集散中心，将运输线路简化为"北京—郑州—广州"。简化后的干线运输周期比原先的缩短了1天，有效保证了干线运输时效。

　　其次，简化后的各站载货量及装载率的计算。

　　从表3-1-15中的日均货运量来看，去掉干线运输的石家庄集散中心，货车周一18：30从北京出发，经历约12个小时，在周二早晨就可到达郑州。初步估算各个站点的载货量和装载率的计算过程如下：

　　货车从北京始发时：

载货量=3.3×2+9.3×2=25.2（吨）

装载率=25.2÷35=0.72

　　货车经过郑州集散中心卸货、装货后：

载货量=9.3×2+4×2=26.6（吨）

装载率=26.6÷35=0.76

　　从上面计算的装载率大小来看，基本达到了物流行业运输装载率0.75的基线，可见，去掉石家庄集散中心的运输计划可行。

　　最后，剥离出来的石家庄集散中心的货物运输安排以及相同干线运输的有效结合。

　　对于北京发往石家庄的货物，根据最短路径和提高车辆装载率的原则，可以通过北京货运中心的周边运输线路来覆盖；石家庄发往郑州和广州的货物，可以通过物流外包或者增加"石家庄—郑州"线路统一将其发往郑州集散中心（石家庄—郑州需要8个小时的路程，可以满足在北京货车之前到达郑州），再与郑州的货物一同发运广州。

　　从表3-1-15中的日均货运量来看，石家庄—郑州的货量为9.4吨（1.7×2+3×2）（集货、发货时间跟北京同步），因此，10吨的货车就可以满足。

　　北京始发的货车经过郑州集散中心卸货、装货后：

载重量=9.3×2+4×2+3×2=32.6（吨）

装载率=32.6÷35=0.93

　　可见，此时干线货车的装载率大幅度提高，有效提高了车辆利用率，降低了运输成本，优化后的运输计划有效可行。

　　从前文对于优化后运输计划的计算分析可以看出，此干线运输新的运输计划"北京—郑州—广州"在保障运输时效的同时，运输成本也得到了有效的控制，方案可行。尽管公司新增加北京—石家庄（300公里）、石家庄—郑州（750公里）的班车运输线路，但相比公司增加北京—广州（2 115公里）或郑州—广州（1 165公里）的运输线路要好得多。

行动拓展

　　1.运输成本核算

　　宁波通达汽车运输公司经营客、货两类运输业务，下设一个修理辅助车间。本月营运车辆250辆，其中客车200辆、货车50辆；本月客车营运总量为35 000千人/公里，货车营运总量为2 000千吨/公里。本月发生如下营运费用：

（1）职工薪酬（见表3-1-16）。

表3-1-16 职工薪酬 单位：元

项目	工资	福利费
运输支出（客车）	300 000	42 000
运输支出（货车）	120 000	16 800
辅助营运费用	35 000	4 900
管理费用	42 000	5 880

（2）原材料、燃料及轮胎费用（见表3-1-17）。

表3-1-17 原材料、燃料及轮胎费用 单位：元

项目	轮胎费用		燃料	原材料
	摊提额	内胎、垫带		
运输支出（客车）	25 000	12 200	160 000	30 000
运输支出（货车）	9 600	7 300	83 000	15 800
辅助营运费用			20 000	21 900
营运间接费用			8 400	14 400

（3）提取折旧费、修理费（见表3-1-18）。

表3-1-18 提取折旧费、修理费 单位：元

项目	折旧费	大修理费用
运输支出（客车）	119 000	98 000
运输支出（货车）	98 000	84 000
辅助营运费用	18 000	12 000
营运间接费用	15 000	7 000

（4）支付养路运输管理费（见表3-1-19）。

表3-1-19 支付养路运输管理费 单位：元

项目	养路费	运输管理费
运输支出（客车）	74 500	23 000
运输支出（货车）	34 000	12 500

（5）辅助生产车间的修理工时费用（见表3-1-20）。

表3-1-20 辅助生产车间的修理工时费用 单位：元

项目	运输支出（客车）	运输支出（货车）
修理工时费用	3 500	1 500

（6）将本月发生的间接营运费用按客车、货车的工资比例进行分配。

要求：根据以上资料，计算客车、货车的运输总成本和单位成本。

2.运输成本控制

北京货运中心目前有5条干线班车线路，终点站分别为广州、上海、成都、哈尔滨和乌鲁木齐，干线班车线路的具体信息见表3-1-21。

表3-1-21 干线班车线路

班车线路	途经站	里程（公里）	往返时间（天）	发车时间
北京—广州	北京—石家庄—郑州—广州	2 155	4~5	18：30
北京—上海	北京—上海	1 213	3~4	20：00
北京—成都	北京—太原—西安—成都	1 798	4~5	21：00
北京—哈尔滨	北京—哈尔滨	1 244	3~4	22：00
北京—乌鲁木齐	北京—乌鲁木齐	3 165	6~7	23：00

北京货运中心现有3辆货车可以用于北京—成都干线运输，具体见表3-1-22。每辆货车安排一名专职司机，具体见表3-1-23。

表3-1-22 干线运输车辆（北京—成都）

车牌号	品牌	车型	长（米）	宽（米）	高（米）	体积（立方米）	核载（吨）	班车线路
京K56479	解放	12.5米双桥，全封闭	12.5	2.4	2.7	80	28	北京—成都
京B59848	解放	12.5米双桥，全封闭	12.5	2.4	2.7	80	28	北京—成都
京P62568	解放	12.5米双桥，全封闭	12.5	2.4	2.7	80	28	北京—成都

表3-1-23 干线运输司机（北京—成都）

司机姓名	身份证号	驾龄	电话	住址	运营车辆
李明	378932197703042390	9年	15945523695	北京市朝阳区北路姚家园路29号	京K56479
马东	289021198008071877	9年	18789451220	北京市朝阳区云霄路路184号	京B59848
葛会鹏	389097198503278932	6年	13939028579	北京市丰台区兴丰北路69号	京P62568

从每周的发货统计情况来看，发货大多集中在工作日，发货量相对比较稳定，周六、周日的发货量相对较少，大约为工作日的一半。

北京—成都的干线运输计划为：货车在北京装载发往太原、西安、成都的货物，到达太原后卸下北京—太原的货物，并装载太原—西安、太原—成都的货物，到达西安后卸下太原—西安的货物，并装载西安—成都的货物，最终到达终点站成都。北京货运中心现有的北京—成都干线运输计划见表3-1-24。

表3-1-24 车辆运行计划（北京—成都）

时间 班车线路	周一	周二	周三	周四	周五	周六	周日
北京—成都	21：00 京K56479 李明		21：00 京B59848 马东		21：00 京P62568 葛会鹏		

5月份，北京—成都干线运输在现有运输计划的运作下出现了以下问题：5至9日、5至14日、5至19日从北京出发的货车最终实际到达成都的时间比计划时间分别晚了14个小时、20个小时、18个小时，公司频繁的到货延误遭到客户的抱怨和投诉，尤其是成都大客户X服装有限公司要求公司增派专车运输自己的货物。

要求：倘若你是北京货运中心的运输主管，请对北京—成都干线运输现有的运输计划进行研究，分析是否可以通过优化运输计划来满足客户的时效要求，避免因新增专车而付出高额的运输成本。

5月份，北京货运中心北京—成都干线运输的货运量数据见表3-1-25。

表3-1-25　　　　　　　　　　5月份货运量（北京—成都）

目的地	货运量（吨）	日均货运量（吨）
北京—太原	97	3.2
北京—西安	102	3.4
北京—成都	275	9.2
太原—西安	60	2
太原—成都	87	2.9
西安—成都	130	4.3

果行育德

果行育德 3-1

改革开放以来，在党中央的正确领导下，经过几代交通人的不懈努力，我国交通运输事业取得了巨大进步。特别是党的十八大以来，在以习近平同志为核心的党中央坚强领导下，我国交通运输事业发展取得了重大成就，许多指标走在了世界前列。我国已经成为名副其实的交通大国，为建设交通强国奠定了坚实的基础。

请扫描相关二维码，认识并认真学习习近平总书记关于交通运输的重要论述精神。

行动评价

行动评价考核内容包括理论知识评价、技能操作评价和职业素养评价，根据学习和测评结果，填写表3-1-26。

表3-1-26　　　　　　　　　运输成本与绩效管理行动评价考核表

姓名			学号		专业		
任务名称		运输成本与绩效管理					
考核内容		考核标准	参考分值（100）	学生自评	小组互评	教师评价	考核得分
理论知识评价	1	理解运输成本的概念、构成及影响因素	5				
	2	理解运输成本核算的特点、方法	10				
	3	理解运输成本核算的方法	5				
	4	理解降低运输成本的途径	10				
	5	阐述运输合理化的实施路径	5				
	6	理解运输绩效指标体系及考核的方法	5				
技能操作评价	7	能够识别运输成本	5				
	8	能够核算运输成本	10				
	9	能够有效控制运输成本	5				
	10	能够寻求降低运输成本的方法措施	10				
	11	能够建立运输成本绩效指标体系	10				
职业素养评价	12	具有社会责任感	10				
	13	具备较强的团队合作能力	10				
总得分			100				

行动巩固

行动巩固 3-1

一、选择题

1.（多选）下列关于运输成本构成的说法，正确的有（　　）。

A.从资源消耗的角度，运输总成本包括：企业在营运生产过程中的实际消耗支出、企业直接从事营运生产活动的人员成本、企业在营运生产过程中发生的各种费用

B.从营运、管理的角度，运输总成本包括：营运成本、管理费用

C.从经济学的角度，运输总成本是运输企业为提供某种运输劳务所消耗的成本总额，包括固定成本和变动成本

D.从营运、管理的角度，运输总成本包括：营运成本、管理费用、财务费用

2.（多选）运输成本的影响因素包括（　　）。

A.产品特征　　　　　B.运输因素　　　　　C.市场竞争　　　　　D.单据

3.（单选）（　　）是指在物流成本随着商品流转额变动而变动的那一部分成本。

A.固定成本　　　　　B.变动成本　　　　　C.直接成本　　　　　D.间接成本

4.（多选）下列属于不合理的运输方式有（　　）。

A.返程或起程空驶　　　　　　　　B.对流运输

C.迂回运输　　　　　　　　　　　D.运力选择不当

E.运输方式选择不当

5.（多选）物流企业常用的降低运输成本的方式有（　　）。

A.简化运输系统，减少中间环节

B.提高车辆的装载效率，降低运输成本

C.可以任意选取运输工具

D.选择最佳运输手段，降低运输成本

6.（多选）下列关于运输成本控制措施的说法，正确的有（　　）。

A.提高企业物流运输管理水平

B.消除运输中的不合理现象

C.加强物流运输管理和操作人员的培养

D.科学设计运输网络，实现优化运输

二、判断题

1.运输成本是承运人为完成特定货物位移而消耗的物化劳动与活劳动的总和，其货币表现就是各种费用的支出。　　　　　　　　　　　　　　　　　　　　　　（　　）

2.运输成本控制是指根据计划和控制过程中发生的各种耗费进行计算、调节和监督的过程，同时也是一个发现薄弱环节、挖掘内部潜力、寻找一切可能途径降低成本的过程。　　　　　　　　　　　　　　　　　　　　　　　　　　　　　　　　（　　）

三、简答题

1.运输成本的影响因素主要有哪些？

2.运输成本核算的特点有哪些？

四、计算题

1. 通达运输公司有两种运输车型：A型车15辆，载重8吨；B型车10辆，载重4吨。每辆车配备1名司机，每人工资1 000元；另有2名后备司机，每人工资960元。假设A、B两种车型每天均满载运输两趟，每月按30个工作日计算。

要求：计算A、B两种车型各自应负担的工资成本。

2. 某运输线路的货车（10吨核载）需要将A、B、C三种货物运送到甲、乙两地，具体货量数据见表3-1-27。

表3-1-27　　　　　　　　　　　某运输线路货量数据表

目的地\产品	甲	乙
A	3.2吨	4吨
B	3.8吨	3.2吨
C	2.8吨	1.5吨

要求：

(1) 当货车将B、C两种货物运往甲地时，货车的载货量为多少？

(2) 当货车将A、B、C三种货物运往乙地时，货车的装载率是多少？

(3) 货车将A、B、C三种货物分别运往甲地、乙地，在哪种情况下车辆的利用率最高？

任务二　仓储成本与绩效管理

行动任务

1. 远光公司仓库现为租赁的仓库，面积为2 160平方米。仓库租金为每平方米每天1.2元，租金不包含物业绿化费。物业管理费为每平方米每月0.5元。

仓储设备包含叉车、货架，总采购费用为56万元，5年折旧到10万元。

4月份，仓库正式员工加班总计308小时，每小时20元。仓库现有正式仓库作业人员共计15人，具体见表3-2-1。

表3-2-1　　　　　　　　　　　员工年人均成本

职务	人数（人）	人均成本（元）
仓库经理	1	148 800
仓储主管	1	120 000
仓库单证	3	74 400
仓库操作	10	60 000

4月份，因业务需要，临时外雇作业人员3人进行贴标签包装作业，以计件制结算工资，每件3元（见表3-2-2）。

表3-2-2 外雇作业人员制作件量

外雇作业人员名单	件量（件）
李德	800
王华	975
李涵	876

4月份，物料耗费见表3-2-3。

表3-2-3 物料耗费

项目	采购价格（元）	个数（个）
1号纸箱	1.5	90
2号纸箱	1.8	200
3号纸箱	2	250
胶带	1	50
塑料泡沫	10	56

请根据4月份发生的仓储所有支出明细，将仓储成本进行归类，并分别填写表3-2-4和表3-2-5。

表3-2-4 月度总成本

总成本（元）	4月份
人力成本	
设备折旧费用	
仓库租赁成本	
部门运营成本	
月总成本总计	

表3-2-5 运营成本使用情况

运营成本使用情况（元）	4月份
人力成本	
外付劳务费	
修理费	0
水电邮费（包括通信费、邮递费）	
物料消耗	
低值易耗品摊销	300
差旅费	3 000
物业维护费（保洁、绿化等）	1 080
软件及网络服务	
月运营成本总计	

2.远光公司进行仓储成本核算，并通过核算结果，明确各部门、各作业的成本高低。但成本核算的目的不是为算而算，而是为了控制成本，因而需要进一步分析成本因素和成

本动因，制订仓储优化方案，通过方案实施来降低仓储成本。仓储成本主要因存货和仓储作业而产生，成本控制的重点在于存货成本控制、仓储作业成本控制。如何制订成本控制方案来降低存货成本、仓储作业成本？

新江储配中心为远光公司下属的物流部门，主要为公司门店储配电水壶等13种货物，某年库存周转量和货物单价见表3-2-6。

表3-2-6　　　　　　　　　　新江储配中心库存周转量和货物单价信息表

序号	货品编号	货品名称	周转量（箱）	单价（元/箱）
1	A001	美的电水壶	750	598
2	D001	松下吹风机	451	496
3	B003	戴尔电脑显示器	6 128	1 588
4	D002	苏泊尔电磁炉	170	130
5	A002	美的电饭煲	922	719
6	W002	西门子微波炉	214	699
7	S001	金龙鱼芝麻油	188	459
8	F003	方便面	1 252	24
9	F004	笋干老鸭煲面	822	36
10	K001	金锣火腿肠	130	38
11	S002	纯净水	4 520	24
12	S003	金龙鱼花生油	217	100
13	K009	长城干红葡萄酒	462	200
总计			16 266	—

请将货物按ABC分类法进行分类，根据不同类别的货物选择各自的管理方法，以降低存货成本，进一步降低总成本。

行动锦囊

微课 3-7

仓储成本概述

一、仓储成本概述

（一）仓储成本的概念

仓储成本是指物流仓储活动中所消耗的物化劳动和活劳动的货币表现。它是伴随着仓储活动而发生的各种费用，主要包括建造、购买和租赁仓库等设备设施所带来的成本以及各类仓储作业所带来的成本，如流通加工成本、装卸搬运成本等。

（二）仓储对企业物流成本的影响

仓储对企业物流成本的影响具有两重性：

1.仓储对企业物流成本具有正面影响

虽然仓储活动会给企业带来这样或那样的问题，但是适当的仓储是必需的和必要的。合理规划与实施仓储活动，可以降低企业成本，具体体现在以下几个方面：

首先，适当的仓储活动，使企业能够在有利时机进行销售，或在有利时机实施购进，从而增加销售利润或减少购进成本。

其次，适当的仓储活动，可以避免由于缺货的紧急采购而引起的成本升高。

最后，适当的仓储活动，可以节省销售旺季的生产加班费用，有利于降低成本。

2.仓储对企业物流成本具有负面影响

在物流系统中，仓储活动是十分重要的，但不当的仓储活动会带来物流成本的增加，也常常会冲减物流系统效益、恶化物流系统运行，从而冲减企业利润。这主要是因为实施仓储活动要有成本的支出；同时，产品的使用价值可能会在"存"的过程中不断降低。

（1）机会损失。仓储活动中库存占用资金必须支付的利息，以及将购买（生产）库存的资金用于其他项目可能带来的效益，都是企业因仓储活动而必须承担的机会成本。一般情况下，库存占用资金所带来的利息损失和机会损失都是非常大的。

（2）陈旧损失与跌价损失。产品在库存期间可能发生各种化学、生物、物理、机械等方面的损失，从而使产品贬值甚至失去全部使用价值。库存时间与发生陈旧损失的可能性成正比关系，库存时间越长，存货会不断发生陈旧变质，产生的损失也就越大。此外，对技术含量较高且技术发展迅速的产品而言（如个人电脑），产品技术过时也会引起跌价损失，这是企业扩大仓储不得不面临的另一个重要问题。如果这些产品的存储时间过长，错过了有利的销售期，企业就只能以较低的价格出售产品，从而造成损失。

（3）增加固定资产投资与其他成本的支出。实施仓储活动会引起仓库建设等固定资产投资的增加，从而增加企业成本；而进货、验收、存储、发货、搬运等仓储作业的支出，会导致企业收益的降低。此外，随着社会保障体系和安全体系的日益完善，我国近年来已经开始对库存产品通过投保方式分担风险，投保缴纳保险费带来的支出在有些企业已经达到了相当大的比例，而且这一成本支出的比例还会不断上升。另外，仓库管理成本的出现也使企业成本进一步提高。

（4）仓储活动有可能占用企业过多的流动资金，从而影响企业正常运转。企业中的存货往往是最主要的流动资产。在企业全部运营活动中，仓储对流动资金的占用一般为40%～70%，有时甚至占用其全部流动资金。当企业的存货积压时，势必会影响企业的现金流动，使企业无法正常运转，甚至倒闭。

总之，在现实中，仓储是不可或缺的。但是，仓储有利及有害的两重性给物流管理提出了一个重大课题，即如何在物流系统中充分发挥仓储有利的一面而遏制其有害的一面。

二、仓储成本的构成

（一）货物保管过程中的仓储成本

与库存成本不同，货物的仓储成本主要是指货物保管的各种支出，其中，一部分为仓储设施和设备的投资，另一部分为仓储保管作业中的活劳动或物化劳动的消耗，主要包括工资和能源消耗等。我们可以将仓储成本分成以下几类：

微课 3-8

仓储成本的构成

（1）固定资产折旧和租赁费。独立经营的仓库以自身拥有所有权的仓库和设备对外承接仓储业务，企业的附属仓库一般都进行相对独立的核算。两类仓库都需要按年提取折旧，计入当期仓储成本。固定资产主要是指建筑物、堆场、道路、运输工具、仓储机械设备等高值投资，这些投资在仓库建设时一次性投入，通过逐年折旧的方式收回。固定资产的折旧年限一般为5～20年。

企业仓储与设施不足时，可以向社会租赁仓库及设备设施。对外承租的固定资产，每年需要缴纳租赁费。例如，仓储企业所使用的铁路线和码头不属于仓储企业，则应按协议规定来支付这些设施的租赁费用。固定资产折旧和租赁费是仓储企业的固定成本，与仓储业务量之间呈反函数关系，即仓储业务量增加时，单位固定成本减少；仓储业务量减少时，单位固定成本增加。二者之间的关系，可用图3-2-1来表示。

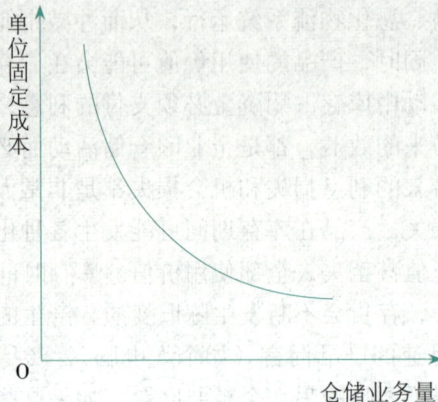

图3-2-1　仓储业务量与单位固定成本关系图

（2）保管费。保管费是存储货物所开支的货物养护、保管等费用，其包括用于货物保管的货架、货柜的费用开支，仓库场地的房地产税等。

（3）仓库管理人员的工资和福利费。仓库管理人员的工资一般包括固定工资、奖金和各种生活补贴；福利费可按标准提取，一般包括住房公积金、基本医疗保险以及基本养老保险等。

（4）折旧费或租赁费。仓储企业有的是以自身拥有所有权的仓库以及设备对外承接仓储业务，有的是以向社会承包租赁的仓库以及设备对外承接业务。自营仓库的固定资产，每年需要提取折旧费；对外承包租赁的固定资产，每年需要支付租赁费。仓储费或租赁费是仓储企业的一项重要的固定成本，是构成仓储企业成本的要素之一。针对仓库固定资产按折旧期分年提取折旧费，主要包括库房、堆场等基础设施的折旧和机械设备的折旧等。

（5）修理费。修理费主要用于设备、设施和运输工具的定期大修理，每年可以按设备、设施和运输工具投资额的一定比率提取。

（6）装卸搬运费。装卸搬运费是货物入库、堆码和出库等环节发生的装卸搬运费用，包括搬运设备的运行费用和搬运工人的工资、福利费。

（7）管理费用。管理费用是仓储企业或部门为管理仓储活动或开展仓储业务而发生的各种间接费用，主要包括仓库设备的保险费、办公费、人员培训费、差旅费、业务招待费、营销费、水电费等。

（8）仓储损失。仓储损失是保管过程中货物损坏而需要仓储企业赔付的费用。造成货物损失的原因，一般包括仓库本身的保管条件，管理人员的人为因素，货物本身的物理、化学性能，搬运过程中的机械损坏等。在实际操作中，应当根据具体情况，按照企业的制度标准分清责任，合理计入成本。

（9）保险费。保险费是仓储企业对于意外事故或者自然灾害造成仓储物资损坏所需要承担赔偿责任而购买保险所支付的费用。一般来说，如果没有专门约定，仓储物资的财产险由存货人承担，仓储保管人仅承担责任险投保。

（10）税费。由仓储企业承担的税费，也可看作费用支出。其包括仓储增值税或企业所得税在仓储中的分摊以及仓库场地的房地产税。

（二）各类仓储作业成本的构成

（1）人工成本，包括从事该项作业的员工工资、加班费、奖金、福利费、劳保等。

（2）如果该项作业中使用了机器设备或工具，应当以计提折旧的形式，将机器设备、工具的成本计入相关作业。此外，该机器设备、工具的维修费也应计入作业成本。

（3）如果该项作业中有能源、低值易耗品的耗费，则应当将这些费用计入相关的作业成本。

（4）若机器设备、工具不是自有而是通过租赁获得的，应当用租金代替折旧；当由租赁方负责机器设备与工具的维修时，租金中包含了维修费。

（5）该项作业应当分摊的管理费用等间接成本。

三、仓储成本的计算范围

在计算仓储成本之前，需要明确仓储成本的计算范围。其计算范围取决于成本计算的目的，如果要对所有的仓储物流活动进行管理，就需要计算出所有的仓储成本。同样是仓储成本，由于所包括的计算范围不同，计算结果也不同。如果只考虑库房本身的费用，不考虑仓储物流等其他领域的费用，也不能全面反映仓储成本的全貌。由于每个企业在统计仓储费用时的口径并不一致，往往缺乏可比性，因此，在讨论仓储成本的时候，首先应该明确该成本计算的范围。

在计算仓储成本时，由于原始数据主要是来自财务部门提供的数据，因此，首先应该把握按支付形态分类的成本。在这种情况下，对外支付的保管费可以直接作为仓储物流成本全额统计，但对于企业内部发生的仓储费用，是与其他部门发生的费用混合在一起的，需要从中剥离出来，如材料费、人工费、物业管理费、管理费用、营业外费用等。

（1）材料费。这是与包装材料、消耗工具、器具备品、燃料等关联的费用，可以根据材料的出入库记录，将此期间与物流有关的消耗量计算出来，再分别乘以单价，便可得出物流材料费。

（2）人工费。人工费可以从向物流人员支付的工资、资金、补贴等报酬的实际金额，以及由企业统一负担部分按人数分配后得到的金额计算出来。

（3）物业管理费。物业管理费包括水、电、气、维护修理费等费用。水、电、气等费用可以根据安装在设施上的用量记录装置获取相关数据，也可以根据建筑设施的比例、物流人员的比例简单推算。维护修理费直接计入使用部门或物流环节。

其计算基准的计算公式为：

人数比率=各环节仓储工作人员数量÷全公司人数

面积比率=各部门设施面积÷全公司面积

（4）设施设备折旧费。设施设备折旧费包括库场设施、货架、车辆、设备、大型工具等固定资产计提的折旧费。

（5）设备维修保养费。设备维修保养费可以按照设备使用部门一次性计入作业成本和分期分摊。

四、仓储成本的计算方法

（一）按照仓储功能环节（作业）核算仓储成本

按上述的费用形态进行仓储成本分析，虽然可以得出总额，但是无法充分地说明仓储的重要性。若要降低仓储成本，就应将这一仓储总额按照项目详细区分开来，计算出各个作业环节的仓储成本，甚至单位个数、重量、容器的成本，以便理解仓储的实际状态，认识在哪些功能环节上有所浪费，达到控制成本的目的，这就是按照仓储功能计算仓储成本的方法。

（二）按照适用对象核算仓储成本

按照不同的仓储功能来计算成本，虽然可以采取成本控制措施，实现成本的降低，但是无法分别理解每一种产品、每一个地区、每一位客户的仓储成本。这就需要进一步按照适用对象（产品、地区、客户）计算仓储成本，由此可以分析服务不同对象产生的仓储成本，并以此为基础确定仓储服务收费标准。按照商品或客户计算仓储成本，是指将按照仓储功能项目计算出来的仓储成本费用，以各自不同的基准，分配给各类商品或客户，以此计算出仓储成本。这种方法可以用来分析各类商品或客户的盈亏。

这里核算仓储成本，首先按照仓储功能归集，然后将功能性仓储成本分摊到产品、地区或客户。

微课 3-9

仓储成本控制的方法

五、仓储成本控制的方法

（一）订货点法的种类及其适用范围

订货点法主要包括定量订货法与定期订货法两种方法。

1.定量订货法及其适用范围

定量订货法又称订购点控制法、定量控制法，是以固定订购点和订购批量为基础的一种存货控制方法。它以永续盘存制为基础，经常查库，当库存达到订购点库存水平时，就发出订货，并且每次订购的数量是固定的。

订购点控制法是将订购点数量的物资从库存中分离出来，单独存放或加以明显标志。当库存量的其余部分用完，只剩下订购点数量时，即提出订货，每次订购固定数量的物资。

适用定量控制法控制仓储成本的货物包括：单位价值较低且不便于少量订购的货物，如小配件、办公用品、螺栓、螺母等C类货物；需求量比较稳定、缺货损失较大、储存成本较高的货物；品种数量多、库存管理事务繁杂的货物；需求难以预测的货物；通用性强、需求总量比较稳定的货物；消费数量计算复杂的货物。

2.定期订货法及其适用范围

定期订货法是以固定的订购周期为基础的一种库存控制方法。它采用定期盘点，按固定的时间间隔检查库存量，并随即提出订购批量计划，订购批量根据盘点时的实际库存量和下一个进货周期的预计需求量而定。

适用定期订货法控制仓储成本的货物包括：需求量较大、有较严格的保管期限、必须严格管理的货物；需要根据市场变化经常调整生产或采购数量的货物；需求量变化大、可以事先确定用量、变动具有周期性的物资；发货次数较多、难以进行连续动态管理的物资；需要定期生产制造的货物；许多不同物资能够从统一供应商或中心集中采购订货的物资；分散保管、多家供应商、分期入库的货物。

（二）订货点法决策成本的构成

订货点法主要是通过选择不同的订货时间和订货数量，寻找订货成本与仓储成本之间的平衡，使总成本最低。那么，成本包含哪些内容？从决策的角度出发，仓储成本主要包括以下几个方面：仓储持有成本、订货成本、缺货成本和在途库存持有成本。

1.仓储持有成本

（1）仓储持有成本的构成。仓储持有成本是指为保持适当的库存而发生的成本，可以分为固定成本和变动成本。固定成本与一定限度内的仓储数量无关，如仓储设备折旧、仓储设备维护费、仓库职工工资等；变动成本与仓储数量的多少相关，如库存占用资金的利息费用、仓储物品的毁损和变质损失、保险费用、搬运装卸费用、挑选整理费用等。变动成本主要包括以下四项内容：资金占用成本、仓储维护成本、仓储运作成本、仓储风险成本。

①资金占用成本。资金占用成本也称利息费用或机会成本，是仓储成本的隐含费用。资金占用成本反映失去的盈利能力。如果将资金投入其他方面，就会要求取得投资回报，因此，资金占用成本就是这种尚未获得的回报的费用。为了核算方便，一般情况下，资金占用成本是指占用资金支付的银行利息。

资金占用成本是仓储持有成本的一个重要组成部分，通常用持有库存的货币价值的百分比来表示，也有用确定企业新投资最低回报率来计算资金占用成本的。因为，从投资的角度来说，库存决策与做广告、建新厂、增加机器设备等投资决策是一样的。

②仓储维护成本。仓储维护成本主要包括与仓库有关的租赁、取暖、照明、设备折旧、保险费和税金等费用。仓储维护成本随着企业采取的仓储方式的不同而有不同的变化。如果企业利用自用的仓库，则大部分仓储维护成本是固定的；如果企业利用公共的仓库，则有关存储的所有成本将直接随着库存数量的变化而变化。制定仓储决策时，这些成本都是需要考虑的。

另外，根据产品的价值和类型，产品丢失或损坏的风险越高，就需要越高额的保险费。同时，许多国家将库存列入应税财产，高水平库存导致高税费。保险费和税金将随着产品的不同而有很大的变化，在计算仓储维护成本时，必须加以考虑。

③仓储运作成本。仓储运作成本主要是与商品的出入仓库有关，即通常所说的搬运装卸成本。

④仓储风险成本。作为仓储持有成本的最后一个主要组成部分，仓储风险成本反映了一个非常的可能性，即由于企业无法控制的原因，造成的库存商品贬值、损坏、丢失、变质等损失。

（2）仓储持有成本的计算方法。

①固定成本的计算。由于仓储持有成本中的固定成本是相对固定的，与库存数量无直接关系，因此，固定成本的成本项目主要包括租赁费、取暖费、照明费、设备折旧费、保险费和税金等。

②变动成本的计算。计算一种单一库存商品的仓储持有变动成本，分为三个步骤：第一步骤，确定库存商品的成本。企业可以采用先进先出法、移动加权平均法、加权平均

法、个别计价法等存货计价方法计算存货的成本。第二步骤，估算每一项仓储成本占库存商品价值的比例。第三步骤，用全部储存成本占库存商品价值的比例乘以商品价值，这样就可以估算出保管一定数量商品的年库存成本。

（3）仓储持有成本与仓储水平的关系。随着库存水平的提高，年储存成本将随之增加。也就是说，储存成本是可变动成本，与平均存货数量或存货平均值成正比。

2.订货成本

订货成本或生产准备成本是指企业向外部的供应商发出采购订单的成本，或企业内部的生产准备成本。

（1）订货成本的内涵。订货成本是指企业为了实现一次订货而进行的各种活动的费用，包括处理订货的差旅费、办公费等支出。订货成本中的一部分与订货的次数无关，如常设机构的基本开支等，称为订货的固定成本；另一部分与订货的次数有关，如差旅费、通信费等，称为订货的变动成本。具体来讲，订货成本包括与下列活动相关的费用：检查存货费用；编制并提出订货申请；对多个供应商进行调查比较，选择最合适的供应商；填写并发出订单；填写并核对收货单；验收发来的货物；筹集资金并进行付款。这些成本很容易被忽视，但在考虑涉及订货、收货的全部活动时，这些成本非常重要。

（2）仓储持有成本与订货成本的关系。订货成本与仓储持有成本随着订货次数或订货规模的变化呈反方向变化。起初，随着订货批量的增加，订货成本的下降比持有成本的增加要快，即订货成本的边际节约额比持有成本的边际增加额要多，使得总成本下降。当订货批量增加到某一临界点时，订货成本的边际节约额与持有成本的边际增加额相等，这时总成本最小。此后，随着订货批量的不断增加，订货成本的边际节约额比持有成本的边际增加额要小，导致总成本不断增加。由此可见，总成本呈V形变化。

3.缺货成本

库存决策中的另一项主要成本是缺货成本，是指由于库存供应中断而造成的损失。其包括原材料供应中断造成的停工损失、库存缺货造成的延迟发货损失和丧失销售机会的损失（还应包括商誉损失）。如果生产企业以紧急采购代用材料来解决库存材料的中断之急，那么，缺货成本表现为紧急额外购入成本（紧急采购成本大于正常采购成本部分）。当一种产品缺货时，客户就会购买竞争对手的产品，这就会对企业产生直接利润损失。如果失去客户，还可能为企业带来间接或长期成本。在供应物流方面，原材料或半成品或零配件的缺货，意味着机器空闲甚至停产。

（1）安全库存持有成本。许多企业会考虑保持一定数量的安全库存及缓冲库存，以防需求方面的不确定性。但是，其困难之处在于确定需要保持多少安全库存，安全库存过多，意味着多余的库存，而安全库存不足，则意味着缺货或失销。

安全库存的每一追加增量都会造成效益的递减。超过期望需求量的第一个单位的安全库存所提供的防止缺货的预防效能的增值最大，第二个单位所提供的预防效能比第一个单位稍小，依此类推。如果安全库存量增加，那么，缺货概率就会减少。在某一保险存货水平下，储存额外数量的存货成本加期望缺货成本会有一个最小值，这个水平就是最优水平。高于或低于这个水平，都将产生净损失。

零售业保持安全库存可以在用户的需求不规律或不可预测的情况下起到保障作用；生产企业保持产成品安全库存可以在零售和中转仓库的需求量超过平均值时有能力补充其库

存；半成品的额外库存可以在工作负荷不平衡的情况下使各制造部门之间的生产正常化。准备这些追加库存是要不失时机地为客户及内部需求服务，以保证企业的长期效益。

（2）缺货成本及机会损失。缺货成本是由于外部和内部中断货物供应所产生的成本。当企业的客户得不到全部订货时，称为外部缺货；当企业内部某个部门得不到全部所需的货物时，称为内部缺货。如果发生外部缺货，将导致以下情况的发生：

①延期交货。延期交货可以有两种形式，或缺货商品可以在下次规则订货时得到补充，或利用快递延期交货。如果客户愿意等到下一个规则订货，那么，企业实际上没有什么损失。但是，如果经常发生缺货，客户可能就会转向其他供应商。

如果缺货商品延期交货，那么就会发生特殊订单处理和运输费用，延期交货的特殊订单处理费用要比普通处理费用高。由于延期交货经常是小规模装运的，运输费率相对较高，而且延期交货的商品可能需要从某一地区的一个工厂仓库供货，并进行长距离运输。另外，可能需要利用速度快、收费高的运输方式运送延期交货商品。因此，延期交货成本可以根据额外订单处理费用的额外运费来计算。

②失销。尽管一些用户可以允许延期交货，但是仍有一些用户会转向其他供应商，也就是说，许多公司都有生产替代产品的竞争者。当一个供应商没有客户所需的商品时，客户就会从其他供应商那里订货，在这种情况下，缺货将导致失销，对于企业来说，直接损失就是这种商品的利润损失。这样，可以通过计算这批商品的利润来确定直接损失。

关于失销，需要指出以下三点：首先，除了利润的损失，还包括当初负责该批销售业务的销售人员的精力损失，这就是机会损失。其次，很难确定在一些情况下的失销总量。比如，许多客户习惯电话订货，在这种情况下，客户只是询问是否有货，而未指明要订货多少，如果这种产品没货，那么，客户就不会说明需要多少，企业也不会知道损失的总量。最后，很难估计一次缺货对未来销售的影响。

③失去客户。第三种可能发生的情况是由于缺货而失去客户，也就是说，客户永久转向另一个供应商。如果失去了客户，企业也就失去了未来的一系列收入，这种缺货造成的损失很难估计，需要利用管理科学的技术以及市场营销的研究方法来分析和计算。除了利润损失，还有由于缺货造成的商誉损失。商誉很难度量，在仓储决策中经常被忽略，但其对未来销售及企业经营活动非常重要。

为了确定必要的库存量，有必要明确如果发生缺货而造成的损失，具体步骤如下：

第一步，分析发生缺货可能产生的后果，包括延期交货、失销和失去客户。

第二步，计算与可能结果相关的成本，即利润损失。

第三步，计算一次缺货的损失。

第四步，比较缺货成本和扩大库存增加的成本。

如果增加库存的成本少于一次缺货的损失，那么就应增加库存以避免缺货。

如果发生内部短缺，则可能导致生产损失（机器设备和人员闲置）和交货期的延误。如果由于某项物品短缺而引起整个生产线停工，这时的缺货成本可能非常高，尤其对于准时化生产的企业来说，更是如此。为了对保险库存量进行有效的决策，制造企业应对由于原材料缺货造成停产的成本进行全面的阐述。首先确定每小时或每天的生产率，然后计算停产造成的产量减少，最后得出利润的损失量。

4.在途库存持有成本

在途库存持有成本不像前面讨论的三项成本那么明显，然而在某些情况下，企业必须考虑这项成本。如果企业以目的地交货价销售商品，就意味着企业要负责将商品运达客户，当客户收到订货商品时，商品的所有权才能转移。从理财的角度来看，商品仍是销售方的库存。因为这种在途商品在交给客户之前仍然属于企业，运货方式及所需的时间是储存成本的一部分，企业应该对运输成本与在途货持有成本进行分析。

一个重要的问题是如何计算在途库存持有成本。前面讨论了库存持有成本的四个方面，即资金占用成本、仓储维护成本、仓储运作成本、仓储风险成本，这些成本对于在途存货来说有所变化。在途库存的资金占用成本一般等于仓库中库存的资金占用成本。仓储运作成本、仓储维护成本一般与在途库存不相关，但对保险费用要加以考虑。由于运输服务具有短暂性，货物过时或变质的风险要小一些，因此仓储风险成本较小。

一般来说，在途库存持有成本要比仓库持有成本小。在实际中，需要对每一项成本进行仔细分析，才能准确计算出实际成本。

（三）订货点法控制的关键因素

1.定量订货点法控制的关键点

实施定量订购点控制的关键是正确确定订购批量和订购点。订购批量一般采用经济订购批量。订购点又称再订购点或再订货库存水平，订购点的确定则取决于对交货时间的准确计算和对安全储备量的合理确定。再订购点受以下几个因素的影响：

（1）交货期。交货期是指从办理采购开始到货物验收入库为止的时间间隔，包括办理订购、发运、在途、验收入库等所需的时间。

（2）物资平均耗用量。物资平均耗用量是指单位时间（每日或每周）的物资消耗量的平均数。

（3）安全库存量。安全库存量是为了应对采购期间需要量的变动而建立的，包括不能按时到货、实际交货时间延时而增加的需要，也包括交货期内实际每日需要量超过平均日需要量而增加的需要。

2.定期订货点法控制的关键点

在定期库存控制中，关键问题在于正确确定检查周期，即订购周期。检查周期的长短对订购批量和库存水平有着决定性的影响。订购周期是由预先规定的进货周期和备运时间长短所决定的。

合理确定保险储备量同样是实施定期控制的重要问题。在定期库存控制中，保险储备量不仅要用以应对交货期内需要量的变动，而且要用以应对整个进货周期内需要量的变动。因此，与定量控制相比，定期控制要求拥有更大的保险储备量。

定期采购量标准是指每次订购的最高限额，其是由订购周期平均耗用量、交货期平均耗用量与安全库存量构成的。

定期控制的特点是：订购时间固定，能够调整订购批量，但其不能及时了解库存情况，保险储备量较大，每次订购量也不固定。

3.安全库存量

安全库存量（Safety Stock，SS）也称安全存储量，又称安全库存或保险库存，是指企业为了预防不确定性因素（如大量突发性订货、交货期突然延期、临时用量增加、交货误期等特殊原因）而预计的保险储备量（缓冲库存）。安全库存是一种额外持有的库存，其作为一种缓冲器，用来预防由于自然界或环境的随机干扰而造成的缺货，用来补偿订货提前期实际需求量超过期望需求量或实际提前期所产生的需求。

如何设定安全库存量，应该视每个企业的不同情况而定，如企业规模、所在地域、所采购的物料种类等。如果企业规模较小或所购物资的供应商在本地域处于垄断地位，那么，供应商不会主动担负储备库存的责任；所在地域偏僻，供应商储备的库存不会及时交付，存在付货周期的问题。因此，真正的零库存概念只适用于部分企业，安全库存在国内大部分企业中是适用的。决定安全库存量设定的主要因素有：货物的使用频率、供应商的货期、企业的生产周期、货物成本、订单处理时间。

安全库存量设定的原则有：在保证生产经营的基础上设定最少量的库存；不会因缺料而导致生产经营的停滞；不会产生多余库存。

降低安全库存量的途径有：订货时间尽量接近需求时间、订货量尽量接近需求量、库存适量。

因此，企业需要注意以下几个方面：

（1）改善需求预测。预测越准，意外需求发生的可能性就越小，还可以采取一些方法鼓励用户提前订货。

（2）缩短订货周期与生产周期。这一周期越短，在该期间内发生意外的可能性也越小。

（3）减少供应的不稳定性。一是让供应商知道你的生产计划，以便他们能够及早做出安排。二是改善现场管理，减少废品或返修品的数量，从而减少由于这种原因造成的不能按时按量供应的损失。三是加强设备的预防维修，以防由于设备故障而引发的供应中断或延迟。

（4）运用统计方法。分析前6个月甚至前1年产品的需求量，求出标准差，得出上下浮动点后，做出适量的库存决策。在后面的章节中将重点介绍该内容。

六、仓储成本控制的措施

（一）尽量减少存货

存货是指公司在经营过程中为销售和生产耗用而储备的货物，存货是一项重要的流动资产。存货势必会占用大量的流动资金，产生大量的财务成本（利息支出）或机会成本。存货管理、利用情况如何，直接关系到公司的资金占用水平及资产运作效率，在不同的仓储管理水平下，公司平均资金占用水平差别很大，而实施正确的仓储管理方法，通过降低公司平均资产占用水平，提高存货的周转速度和总资产周转率，将最终提高公司的经济效益。此外，从市场营销的角度看，存货作为公司物流的重要组成部分，其成本降低的潜力要比任何其他市场营销环节大得多，降低存货成本已经成为"第三利润源泉"，在企业管理其他环节成本降低潜力不大的情况下，在降低存货成本方面付出努力，已经成为成本管理和企业管理的关键。既要满足需求，又要减少库存，比较先进的办法是采取MRP、ERP等管理方法，ABC、CVA等分类控制技术和订货点法也是控制库存的一些有效办法。

（二）优化仓库布局，做到适度库存集中

库存集中是指利用储存规模优势，以适度集中储存来代替分散的小规模储存，以实现仓储成本的优化。现在许多大型企业通过建立大规模的物流中心，将过去零星的库存集中起来进行管理，并对一定范围内的用户进行直接配送，从而降低仓储成本。所以，进行适度集中，可以提高对单个用户的保证能力，有利于采取机械化、自动化方式，也有利于形成一定批量的干线运输，并有利于形成支线运输的始发点。

然而，在进行仓库布局时，需要注意仓库的减少和库存的集中有可能会增加运输成本。因此，企业要在运输成本、仓储成本和配送成本综合平衡的基础上，考虑仓库布局与集中储存，在总储存费和运输费之间取得最优。

（三）ABC分类法库存管理和控制

所谓ABC分类法，就是以某类库存货物品种数占货物品种总数的百分数和该类货物金额占库存货物总金额的百分数为标准，将库存货物分为A、B、C三类，进行分级管理。20/80原则是ABC分类法的指导思想，所谓20/80原则，简单地说，就是20%的因素带来了80%的结果。

一般而言，人们将库存货物价值比率为65%～80%、数量比率为15%～20%的货物划为A类；将库存货物价值比率为15%～20%、数量比率为30%～40%的货物划为B类；将库存货物价值比率为5%～15%、数量比率为40%～55%的货物划为C类。

建立在ABC分类法基础上的库存管理策略，包括以下内容：花费在购买A类库存的资金应多于花费在购买C类库存的资金；对A类库存的现场管理应更为严格，其应存放在更安全的地方，而且为了保证记录的准确性，应对其进行频繁的检验；预测A类库存应比预测其他类库存更为仔细。

（四）选择适当的订货方式控制仓储成本

企业可以根据自身的特点，通过采用订货点控制法和定期控制法来安排货物的采购，以降低仓储成本。企业要降低库存成本，就要制定适当的订货策略，协调订货费用与保管费用的关系，订货批量的大小关系到订货费用与保管费用的高低。在一定时期内，当物资的总需求量一定时，订货批量大，订货次数就会减少，订货费用就会降低，然而保管费用就会提高；若订货批量小，保管费用就会降低，而订货次数就会增加，订货费用也会增加。在订货点控制法中，对每一个具体的品种而言，每次订货批量都是相同的，通常是以经济批量作为订货批量，所以，企业通常采用经济订货批量。

使用订货点控制法，管理更为方便，其是将订货点数量的物资从库存中分离出来，单独存放或加以明显标识。当库存量的其余部分用完，只剩下订货点数量时，即提出订货。订货时间和订货批量不受人为因素的影响，可以保证库存管理的准确性，并便于按经济订货批量订货，节约库存成本。订货批量确定后，便于按计划安排库内的作业活动，节约管理费用。但也需要注意，使用该方法不便于对库存进行严格的管理。所以，这种方法适用于单价比较便宜、不便于少量订货的货物；或通用性强，需求总量比较稳定的货物；或消费量计算复杂，品种数量多，库存管理量大的货物。

（五）加速周转，提高单位产出

加快周转速度，可以使资金周转加快，资本效益提高，减少货损货差，增加仓库吞吐能力，降低仓储成本等，使储存由静态储存转为动态储存。采用有效的"先进先出"方式，可以保证每项存储物资的储存期不会过长。

（六）降低搬运成本的方法

装卸搬运是仓储作业中的主要作业，为了降低装卸搬运成本，应当遵循以下原则：

（1）经济合理地选择装卸搬运设备。装卸搬运设备占企业投资的比重较大，同时，装卸搬运设备的装卸搬运能力、配件损坏的修理、动力系统与燃料的使用等，都会影响装卸搬运成本。由于装卸搬运设备的选择对日后日常操作成本的固定支出和变动支出影响很大，因此，选择合适的装卸搬运设备可以降低装卸搬运成本。

（2）在高峰期间或试用期间可以暂时租用补充装卸搬运设备，以减少设备投资。

（3）合理布局仓库，优化搬运路线，尽量减少装卸搬运次数与搬运距离。减少搬运次数，缩短搬运距离，也就意味着减少装卸搬运的作业量，这样不但可以减少装卸搬运成本，而且可以加快物流速度。

（4）尽量提高一次装卸搬运作业的处理量，充分利用装卸搬运设备的处理能力。为了进一步降低单位装卸工作量的成本，对于装卸机械来说，也要讲究规模效益，装卸机械的能力达到一定规模，才会达成最优效果。追求规模效益的方法，主要是通过各种集装处理，实现间断装卸时一次操作的最合理装卸量，从而使单位装卸搬运成本降低，也可以通过散装实现连续装卸的规模效益。

（5）推广组合化装卸搬运。在装卸搬运过程中，根据不同物品的种类、性质、形状、重量来确定不同的装卸作业方式。处理物品装卸搬运的方法有：普通包装的物品逐个进行装卸，也称分块处理；颗粒状的物品不加小包装而原样装卸，也称散装处理；物品以托盘、集装箱、集装袋为单位进行组合后装卸，也称集装处理。对于包装的物品，尽可能进行集装处理，实现单元化装卸搬运，可以充分利用机械操作。

（6）减少装卸搬运损失。装卸搬运是比较容易发生货损和事故的环节。对装卸搬运作业进行安全管理，既可以防止和消除货物损坏、人员伤亡事故，又可以减少装卸搬运的事故损失成本。

（7）提高存储密度，提高仓容利用率。其主要目的是减少存储设施的投资，提高单位存储面积的利用率，以减少土地占用、降低成本。其主要方法有：第一，采取高垛的方法，以增加储存的高度；第二，缩小库内通道宽度，以增加存储有效面积；第三，减少库内通道数量，以增加储存有效面积。

（七）加强仓库内部管理，降低日常开支

在保证货物质量安全的情况下，更好地堆放和储藏物品，以节约保管费用，提高仓库与仓储设备的利用率，充分理解储存额的增减变化情况，充分发挥仓库使用效能，提高保管人员对通风、倒垛和晾晒等工作的效率，减少临时工工资的支出，做好仓库盘点工作，尽可能减少货物损失。

七、降低仓储成本的措施

仓储成本管理是仓储企业管理的基础，对提高整体管理水平、提高经济效益有着重大影响。但是，由于仓储成本与物流成本的其他构成要素，如运输成本、配送成本以及服务质量和水平之间存在二律背反现象，因此，降低仓储成本要在保证物流总成本最低和不降低企业的总体服务质量和目标水平的前提下进行，常见的措施有：

（一）采用"先进先出"方式，减少仓储物资的保管风险

"先进先出"是储存管理的准则之一，其能够保证每种仓储物资的储存期不会过长，

减少仓储物资的保管风险。有效的"先进先出"方式主要有：

1.贯通式（重力式）货架系统

利用货架的每层形成贯通的通道，从一端存入物品，从另一端取出物品，物品在通道中自行按先后顺序排队，不会出现越位等现象。贯通式（重力式）货架系统能够非常有效地保证"先进先出"。

2."双仓法"储存

为每种仓储物资都准备两个仓位或货位，轮换进行存取，再配以必须在一个货位中出清后才可以补充的规定，则可以保证实现"先进先出"。

3.计算机存取系统

采用计算机管理，在存货时向计算机输入时间记录，编入一个简单的按时间顺序输出的程序，取货时，计算机就能按时间给予指示，以保证"先进先出"。这种计算机存取系统还能将"先进先出"保证不进行超长时间的储存和快进快出结合起来，即在保证一定"先进先出"的前提下，将周转快的物资随机存放在便于存储之处，以加快周转，减少劳动消耗。

（二）提高储存密度，提高仓容利用率

其主要目的是减少储存设施的投资，提高单位存储面积的利用率，以降低成本、减少土地占用。具体方法有以下三种：

1.采取高垛的方法，以增加储存高度

其具体做法有采用高层货架仓库、集装箱等，可比一般堆存方法增加储存高度。

2.缩小库内通道宽度，以增加有效储存面积

其具体做法有采用窄巷道式通道，配以轨道式装卸车辆，以减少车辆运行宽度要求；采用侧叉车、推拉式叉车，以减少叉车转弯所需的宽度。

3.减少库内通道数量，以增加有效储存面积

其具体做法有采用密集型货架，采用不依靠通道可进车的可卸式货架，采用各种贯通式货架，采用不依靠通道的桥式起重机装卸技术等。

（三）采用有效的储存定位系统，提高仓储作业效率

储存定位的含义是被储存物位置的确定。如果定位系统有效，能够大大节约寻找、存放、取出的时间，节约不少物化劳动及活劳动，而且能够防止差错，便于清点及实行订货点等管理方式。储存定位系统可以采取先进的计算机管理，也可以采取一般人工管理。行之有效的方式主要有：

1."四号定位"方式

"四号定位"是用一组四位数字来确定存取位置的固定货位方法，是我国手工管理中采用的科学方法。这四个号码是：库号、架号、层号、位号。这就使每一个货位都有一个组号，在物资入库时，按规划要求，对物资进行编号，记录在账卡上，提货时，按四位数字的指示，很容易地将货物拣选出来。这种定位方式可以对仓库存货区事先做出规划，并能够很快地存取货物，有利于提高速度、减少差错。

2.电子计算机定位系统

电子计算机定位系统是利用电子计算机储存容量大、检索迅速的优势，入库时，将存放货位输入计算机，出库时，向计算机发出指令，并按计算机的指示人工或自动寻址，找到存放货位，拣选取货的方式。一般采取自由货位方式，计算机指示入库货物存放在就近易于存取之处，或根据入库货物的存放时间和特点，指示合适的货位，取货时也可就近就便。这种方式可以充分利用每一个货位，而不需要专位待货，有利于提高仓库的储存能力，当吞吐量相同时，可比一般仓库减少建筑面积。

（四）采用有效的监测清点方式，提高仓储作业的准确程度

对储存物资数量和质量的监测，有利于理解仓储的基本情况，也有利于科学控制库存。在实际工作中，稍有差错，就会使账物不符，所以，必须及时且准确地理解实际储存情况，经常与账卡核对，确保仓储物资的完好无损，这是人工管理或计算机管理必不可少的。此外，经常的监测也是理解储存物资数量状况的重要工作。监测清点的有效方式主要有：

1．"五五化"堆码

"五五化"堆码是我国手工管理中采用的一种科学方法。储存物资堆垛时，以"五"为基本计数单位，堆成总量为"五"的倍数的垛形，如梅花五、重叠五等。堆码后，有经验者可以过目成数，大大加快人工点数的速度，而且很少差错的出现。

2．光电识别系统

在货位上设置光电识别装置，通过该装置对储存物资的条形码或其他识别装置（如芯片等）扫描，并将准确数目自动显示出来。这种方式不需要人工清点，就能够准确地理解库存的实有数量。

3．电子计算机监控系统

利用电子计算机指示存取，可以避免人工存取容易出现差错的弊端，如果在储存物资上采用条形码技术，使识别计数和计算机联结，当每次存、取一件物品时，识别装置会自动识别条形码并将其输入计算机，计算机会自动做出存取记录。这样，只需要通过计算机查询，就可以认识所存物品的准确情况，因而不需要再建立一套对仓储物实有数监测的系统，以减少查货、清点工作。

（五）加速周转，提高单位仓容产出

储存现代化的重要课题是将静态储存变为动态储存，周转速度加快，会带来一系列的好处：资金周转快，资本效益高，货损货差小，仓库吞吐能力增加，成本下降等。其具体做法是采用单元集装存储，或建立快速分拣系统，都有利于实现快进快出、大进大出。

（六）采取多种经营，盘活资产

仓储设施和设备的巨大投入，只有在充分利用的情况下，才能获得收益。如果不能投入使用或者只是低效率使用，就会导致成本的增加。仓储企业应当及时决策，采取出租、借用、出售等多种经营方式盘活这些资产，提高资产设备的利用率。

（七）加强劳动管理

工资是仓储成本的重要组成部分，劳动力的合理使用，是控制人员工资的基本原则。我国拥有劳动力优势，人员工资支出较为合理，较多地使用劳动力是合理的选择。但是，对劳动力进行有效管理，避免人浮于事、出工不出力或者效率低下，也是成本管理的重要方面。

（八）降低经营管理成本

经营管理成本是企业经营活动和管理活动的费用和成本支出，包括管理费、业务费、交易成本等。加强该类成本管理，减少不必要支出，也能实现成本降低。当然，经营管理成本费用的支出时常不能产生直接的收益和回报，但也不能完全取消，对其加强管理是很有必要的。

八、仓储绩效指标体系

（一）反映仓储作业效率的指标

物品吞吐量=一定时期内进库总量+同期出库总量+物品直拨量

平均发货时间=收发时间总和÷收发货总笔数

物品及时验收率=一定时期内及时验收笔数÷同期收货总笔数

全员劳动生产率=仓库全年吞吐量÷年平均员工人数

库存物品周转率=全年物品平均储存量÷物品平均日消耗量

仓库作业效率=全年物品出入库总量÷仓库全体员工年工作日数

（二）反映仓储作业效益的指标

工资利润率=利润总额÷同期工资总额

成本利润率=利润总额÷同期仓储成本总额

资金利润率=利润总额÷（固定资产平均占用额+流动资金平均占用额）

利润总额=报告期仓库总收入额−同期仓库总支出额

收入利润率=利润总额÷仓库营业收入总额

每吨物品保管利润=报告期利润总额÷报告期物品储存总量

（三）反映设施设备利用程度的指标

库容周转率=出库量÷库容量

单位面积储存量=日平均储存量÷仓库或货场使用面积

仓容利用率=存储物品实际占用空间÷整个仓库实际可用空间

设备利用率=设备实际使用台时数÷制度台时数

（四）反映仓储作业消耗的指标

材料、燃料和动力消耗指标，根据所采用的设备，消耗的物料、燃料情况，制定相关指标。

平均储存费用=储存费用总额÷同期平均储存量

企业在不同的发展阶段，绩效考核指标有所不同。

（五）反映仓储作业质量的指标

货损货差率=收发货累计差错次数÷收发货累计总次数

设备完好率=完好设备台时数÷设备总台时数

保管损耗率=物品损耗量÷同期物品库存总量

财务差异率=账物相符件数÷账面储存总件数

收发货差错率=账货差错件数÷期内储存总件数

（六）反映仓储作业安全性的指标

物品储存的安全性指标，主要用发生的各种事故的大小和次数来表示，主要有人身伤亡、仓库失火、爆炸、被盗、机械损坏事故。这类指标一般不需要计算，只是根据实际出现事故的损失大小来划分等级。

行动进行

步骤一：填写月度总成本

根据上述行动任务中的内容，按照不同的成本分别进行汇总，具体见表3-2-7。

表3-2-7　　　　　　　　　　　　　　月度总成本

总成本（元）	4月份
人力成本	91 000
设备折旧费用	7 653
仓库租赁成本	80 352
部门可控成本	23 548
月总成本总计	202 553

步骤二：填写可控（运营）成本使用情况

根据上述行动任务中的内容，按照类别进行汇总，具体见表3-2-8。

表3-2-8　　　　　　　　　　　　　可控成本使用情况

可控成本使用情况（元）	4月份
人力成本	6 160
外付劳务费	7 953
修理费	0
水电邮费（包括通信费、邮递费）	3 000
物料消耗	1 605
低值易耗品摊销	300
差旅费	3 000
物业维护费（保洁、绿化等）	1 080
软件及网络服务	450
月可控成本总计	23 548

步骤三：堆存业务成本核算

1.科目设置

堆存业务属于仓储企业主营业务范围，为了正确地记录和核算物流企业堆存业务活动中所发生的经营收入和成本支出，根据现行会计制度，企业必须通过"主营业务收入""主营业务成本"等总分类账户进行核算。为了充分体现仓储企业堆存业务活动，可以在"主营业务收入"下设置"堆存收入"明细账户，在"主营业务成本"下设置"堆存成本"明细账户，在明细账户下进一步按照每一作业部门，如仓库、堆场等设置专栏进行核算。

2.编制记账凭证

此处的原始凭证实物不再列出，只将原始凭证主要内容以文字的形式摘出。

根据全月营业收入汇总表，远光公司4月份实现集装箱堆场取得堆存收入800 000元，库房取得仓储费200 000元，营业款项均已汇入银行。编制相关凭证，如图3-2-2所示。

记 账 凭 证

20××年4月30日　　　　　　　　　　　　　　　　　凭证编号　01

摘要	会计科目		借方金额										记账符号	贷方金额										记账符号
	总账科目	明细科目	千	百	十	万	千	百	十	元	角	分		千	百	十	万	千	百	十	元	角	分	
收取营业款	银行存款			1	0	0	0	0	0	0	0	0												
	主营业务收入	堆存收入（堆场）														8	0	0	0	0	0	0	0	
		堆存收入（仓库）														2	0	0	0	0	0	0	0	
附单据1张	合　计			1	0	0	0	0	0	0	0	0			1	0	0	0	0	0	0	0	0	

会计主管人员　　　记账　　　稽核　　　制单　　　出纳　　　交领款人

图3-2-2　编制凭证（1）

4月4日，该公司发生堆场场地维护费8 000元。编制相关凭证，如图3-2-3所示。

记 账 凭 证

20××年4月4日　　　　　　　　　　　　　　　　　凭证编号　02

摘要	会计科目		借方金额										记账符号	贷方金额										记账符号
	总账科目	明细科目	千	百	十	万	千	百	十	元	角	分		千	百	十	万	千	百	十	元	角	分	
堆场场地维护	主营业务成本	堆存成本（堆场）					8	0	0	0	0	0												
	银行存款																	8	0	0	0	0	0	
附单据1张	合　计						8	0	0	0	0	0						8	0	0	0	0	0	

会计主管人员　　　记账　　　稽核　　　制单　　　出纳　　　交领款人

图3-2-3　编制凭证（2）

4月5日，购买木托盘50只，单价为40元/只，以银行存款支付。编制相关凭证，如图3-2-4所示。

记　账　凭　证

20××年4月5日　　　　　　　　　　　　　　　　　凭证编号　03

摘　要	会计科目		借方金额	记账符号	贷方金额	记账符号
	总账科目	明细科目	千百十万千百十元角分		千百十万千百十元角分	
购买木托盘50只	主营业务成本	堆存成本（仓库）	2 0 0 0 0 0			
	银行存款				2 0 0 0 0 0	
附单据1张	合　　计		2 0 0 0 0 0		2 0 0 0 0 0	

会计主管人员　　　　记账　　　　稽核　　　　制单　　　　出纳　　　　交领款人

图3-2-4　编制凭证（3）

4月20日，因临近五一，仓储业务繁忙，临时向附近工厂租用仓库，租期为10天，支付租金36 000元。编制相关凭证，如图3-2-5所示。

记　账　凭　证

20××年4月20日　　　　　　　　　　　　　　　　凭证编号　04

摘　要	会计科目		借方金额	记账符号	贷方金额	记账符号
	总账科目	明细科目	千百十万千百十元角分		千百十万千百十元角分	
租用仓库租金	主营业务成本	堆存成本（仓库）	3 6 0 0 0 0 0			
	银行存款				3 6 0 0 0 0 0	
附单据1张	合　　计		3 6 0 0 0 0 0		3 6 0 0 0 0 0	

会计主管人员　　　　记账　　　　稽核　　　　制单　　　　出纳　　　　交领款人

图3-2-5　编制凭证（4）

本月电费通知单中，公司共耗电2 000度，其中，仓库用电900度，加工机械用电1 000度，生活和管理部门用电100度，电价每度为1元。编制相关凭证，如图3-2-6所示。

记 账 凭 证

20××年4月30日　　　　　　　　　　　　　　　　　凭证编号　05

摘　要	会计科目		借方金额										记账符号	贷方金额										记账符号
	总账科目	明细科目	千	百	十	万	千	百	十	元	角	分		千	百	十	万	千	百	十	元	角	分	
电费通知	主营业务成本	堆存成本（仓库）						9	0	0	0	0												
		流通加工成本					1	0	0	0	0	0												
		管理费用						1	0	0	0	0												
	应付账款	应付电费																2	0	0	0	0	0	
附单据1张	合　计						2	0	0	0	0	0						2	0	0	0	0	0	

会计主管人员　　　记账　　　稽核　　　制单　　　出纳　　　交领款人

图3-2-6　编制凭证（5）

本月发生电话费6 000元，其中，仓库300元，管理部门5 700元。编制相关凭证，如图3-2-7所示。

记 账 凭 证

20××年4月30日　　　　　　　　　　　　　　　　　凭证编号　06

摘　要	会计科目		借方金额										记账符号	贷方金额										记账符号
	总账科目	明细科目	千	百	十	万	千	百	十	元	角	分		千	百	十	万	千	百	十	元	角	分	
电话费	主营业务成本	堆存成本（仓库）						3	0	0	0	0												
		管理费用					5	7	0	0	0	0												
	应付账款	应付电话费																6	0	0	0	0	0	
附单据1张	合　计						6	0	0	0	0	0						6	0	0	0	0	0	

会计主管人员　　　记账　　　稽核　　　制单　　　出纳　　　交领款人

图3-2-7　编制凭证（6）

月底结算本月工资，在工资结算表中，保管人员（包含配单输单打单员、安全员、管护员、库长）工资24 000元（其中堆场与仓库分别分摊保管人员工资3 000元、21 000元），叉车司机工资20 000元，堆场正面吊司机工资6 000元，仓库理货人员工资6 000元，仓库拣货人员工资2 000元，分装人员工资3 000元，加工工人工资5 000元。行政管理人员和营销业务人员工资计入企业管理费用，这里暂时不计。职工福利费是按工资一定比例计提的，核算方法与工资相同，这里也忽略不计。编制相关凭证，如图3-2-8所示。

记　账　凭　证

20××年4月30日　　　　　　　　　　　　　　凭证编号　07

摘　要	会计科目		借方金额										记账符号	贷方金额										记账符号
	总账科目	明细科目	千	百	十	万	千	百	十	元	角	分		千	百	十	万	千	百	十	元	角	分	
结算工资	主营业务成本	堆存成本（堆场）				3	0	0	0	0	0	0												
		堆存成本（仓库）			2	1	0	0	0	0	0	0												
		装卸成本（堆场）			2	6	0	0	0	0	0	0												
		装卸成本（仓库）				8	0	0	0	0	0	0												
		包装成本				3	0	0	0	0	0	0												
		流通加工成本				5	0	0	0	0	0	0												
		应付职工薪酬														6	6	0	0	0	0	0	0	
附单据1张	合　计				6	6	0	0	0	0	0	0				6	6	0	0	0	0	0	0	

会计主管人员　　　记账　　　稽核　　　制单　　　出纳　　　交领款人

图3-2-8　编制凭证（7）

月底计提仓库和堆场建筑物、货架等固定资产折旧费，其中：仓库建筑物原值180万元，按30年折旧；堆场建筑物原值120万元，按8年折旧；货架原值300万元，按10年折旧。以上均不计残值。

通过计算得出，仓库建筑物月提折旧为：$1\,800\,000÷（30×12）=5\,000$（元）；堆场建筑物月提折旧为：$1\,200\,000÷（8×12）=12\,500$（元）；货架月提折旧为：$3\,000\,000÷（10×12）=25\,000$（元）。编制相关凭证，如图3-2-9所示。

记　账　凭　证

20××年4月30日　　　　　　　　　　　　　　凭证编号　08

摘　要	会计科目		借方金额										记账符号	贷方金额										记账符号
	总账科目	明细科目	千	百	十	万	千	百	十	元	角	分		千	百	十	万	千	百	十	元	角	分	
计提折旧	主营业务成本	堆存成本（堆场）				1	2	5	0	0	0	0												
		堆存成本（仓库）				3	0	0	0	0	0	0												
		累计折旧															4	2	5	0	0	0	0	
附单据1张	合　计					4	2	5	0	0	0	0					4	2	5	0	0	0	0	

会计主管人员　　　记账　　　稽核　　　制单　　　出纳　　　交领款人

图3-2-9　编制凭证（8）

相关业务发生时，根据记账凭证所载内容登记总账和明细账，具体方法可以参考一般会计书籍。

3.汇总核算作业成本

根据总账和明细账，分别加总累计各部门的作业成本，具体见表3-2-9。

表3-2-9 各部门作业成本合计 单位：元

成本项目	堆场	仓库
场地维护费	8 000	
托盘购置费		2 000
外借场地租金		36 000
电费		900
电话费		300
工资	3 000	21 000
折旧费	12 500	30 000
合计	23 500	90 200

根据作业成本和作业动因，将堆存作业成本分摊到具体的客户或产品中。

步骤四：装卸搬运成本核算

1.科目设置

装卸搬运费用在"主营业务成本"科目下进行核算，并设置"装卸成本"明细账。通过"主营业务成本——装卸成本"账户进行归集与分配，本账户按照部门，如堆场、库房、装卸队、车队等设置专栏，根据管理需要，还可以进一步按照具体装卸搬运设备设立专栏。

独立的装卸搬运企业和单独考核装卸队经营绩效的仓储企业，同时核算装卸搬运收入与装卸搬运成本。

2.编制记账凭证

（1）直接人工费用。企业的直接人工费用可以根据工资结算表等有关资料，编制工资及职工福利费汇总表，相关数据直接计入各类装卸成本。在堆存业务成本核算中，记账凭证已经编制完成，这里不再赘述。

（2）直接材料中的燃料和动力。对于燃料和动力，企业可以于每月终了根据油库转来装卸机械领用燃料凭证计算实际消耗数量，并计入成本。企业耗用的电力，可以根据供电部门的收费凭证或企业的分配凭证，直接计入成本。这里采用实际成本核算法进行有关计算。

远光公司4月份装卸队领用装卸过程使用的柴油56 000元，其中，仓库装卸车辆48 000元，堆场车辆8 000元。编制相关凭证，如图3-2-10所示。

（3）直接材料中的轮胎、修理费。仓储企业装卸搬运机械的轮胎磨耗是在装卸场地操作过程中发生的，更换轮胎频率较快，因此，其轮胎费用一般不采用胎公里摊提方法处理，而是在领用新胎时将其价值一次直接计入装卸成本。如果一次集中领换轮胎数量较多，为均衡各期成本负担，可将其作为待摊费用按月份分摊计入装卸成本。装卸搬运机械轮胎的翻新和零星修补费用，一般在费用发生和支付时，直接计入装卸成本。这里采用实际成本核算法进行计算。装卸队配属各种车辆所领用新胎及翻新和零星修补费用，也可按上述方法计入成本。

记　账　凭　证

20××年4月30日　　　　　　　　　凭证编号　01

摘　要	会计科目		借方金额	记账符号	贷方金额	记账符号
	总账科目	明细科目	千百十万千百十元角分		千百十万千百十元角分	
装卸车辆领用柴油	主营业务成本	装卸成本（仓库）	4800000			
		装卸成本（堆场）	800000			
		原材料			5600000	
附单据1张	合　　计		5600000		5600000	

会计主管人员　　　记账　　　稽核　　　制单　　　出纳　　　交领款人

图3-2-10　编制凭证（9）

仓储公司由专职装卸机械保修工或保修班组进行装卸机械保修作业的工料费，直接计入装卸成本；装卸机械大修理费用，计入管理费用；装卸机械在运行和装卸操作过程中耗用的机油、润滑油以及装卸机械保修领用周转总成的价值，月终根据油料库、材料库提供的领料凭证，直接计入装卸成本。

远光公司4月份仓库装卸队领用外胎3 000元，堆场装卸队领用外胎、内胎、垫带750元。编制相关凭证，如图3-2-11所示。

记　账　凭　证

20××年4月30日　　　　　　　　　凭证编号　02

摘　要	会计科目		借方金额	记账符号	贷方金额	记账符号
	总账科目	明细科目	千百十万千百十元角分		千百十万千百十元角分	
仓库装卸车辆领用外胎	主营业务成本	装卸成本（仓库）	300000			
堆场装卸车辆领用外胎、内胎、垫带		装卸成本（堆场）	75000			
		原材料			375000	
附单据1张	合　　计		375000		375000	

会计主管人员　　　记账　　　稽核　　　制单　　　出纳　　　交领款人

图3-2-11　编制凭证（10）

本月公司仓库装卸机械送保养厂零星修补轮胎，修补费用300元。编制相关凭证，如图3-2-12所示。

记 账 凭 证

20××年4月30日   凭证编号 __03__

摘 要	会计科目		借方金额									记账符号	贷方金额										记账符号
	总账科目	明细科目	千	百	十	万	千	百	十	元	角	分		千	百	十	万	千	百	十	元	角	分	
修补轮胎	主营业务成本	装卸成本（仓库）						3	0	0	0	0												
	库存现金																		3	0	0	0	0	
附单据1张	合 计							3	0	0	0	0							3	0	0	0	0	

会计主管人员   记账   稽核   制单   出纳   交领款人

图3-2-12 编制凭证（11）

（4）其他直接费用中的折旧费。物流企业装卸机械的折旧费应按规定的折旧率计提，装卸机械计提折旧适宜采用工作量法，一般按其工作时间（以台班表示）计提。其计算公式为：

装卸机械台班折旧额=（装卸机械原值−预计残值+预计清理费用）÷装卸机械由新至废运转台班定额
装卸机械月折旧额=当月运转台班×台班折旧额

远光公司4月份应计提固定资产折旧为：仓库用装卸机械38 000元，堆场用装卸机械6 000元。编制相关凭证，如图3-2-13所示。

记 账 凭 证

20××年4月30日   凭证编号 __04__

摘 要	会计科目		借方金额									记账符号	贷方金额										记账符号
	总账科目	明细科目	千	百	十	万	千	百	十	元	角	分		千	百	十	万	千	百	十	元	角	分	
计提折旧	主营业务成本	装卸成本（仓库）				3	8	0	0	0	0	0												
		装卸成本（堆场）					6	0	0	0	0	0												
		累计折旧															4	4	0	0	0	0	0	
附单据1张	合 计					4	4	0	0	0	0	0					4	4	0	0	0	0	0	

会计主管人员   记账   稽核   制单   出纳   交领款人

图3-2-13 编制凭证（12）

（5）其他直接费用中的其他费用。装卸机械领用的随机工具、劳保用品和装卸过程中耗用的工具，在领用时根据领用凭证，可将其价值一次直接计入各类装卸成本。一次领用数额过大的，可作为待摊费用处理。

工具的修理费用以及防暑、防寒、保健饮料、劳动保护安全措施等费用，在费用发生和支付时，可根据费用支付凭证或其他有关凭证，一次直接计入各类装卸成本。

仓储企业对外发生和支付装卸费时，可根据支付凭证直接计入各类装卸成本。事故损失一般于实际发生时，直接计入有关装卸成本，或首先通过"其他应收款——暂付赔款"账户归集，然后于月终将应由本期装卸成本负担的事故净损失，结转计入有关装卸成本。

（6）营运间接费用。装卸队直接开支的管理费和业务费，可在发生和支付时，直接列入装卸成本。按部门分别核算，当计算成本时，可首先通过"营运间接费用"账户汇集，然后于月终按直接费用比例分配计入各类装卸成本。

在每一笔业务发生时，根据记账凭证所载内容登记总账和明细账。

3.汇总核算作业成本

根据总账和明细账，分别加总累计各部门的作业成本，具体见表3-2-10。

表3-2-10　　　　　　　　　　　　各部门作业成本合计　　　　　　　　　　　　单位：元

成本项目	堆场	仓库
燃料和动力	8 000	48 000
轮胎	750	3 000
修理费		300
工资	26 000	8 000
折旧费	6 000	38 000
合计	40 750	97 300

根据作业成本和作业动因，将装卸搬运作业成本分摊到具体的客户或产品中。装卸搬运业务的单位成本，以"元/千操作吨"为计量单位。其计算公式为：

装卸单位成本（元/千操作吨）=装卸总成本÷装卸操作量（操作吨）×1 000

步骤五：存货成本控制决策

1.ABC分类控制

（1）收集数据。收集每一商品的上一年使用量或周转量、单价、金额等有关数据，将其填入ABC分类表进行统计。在背景资料中，新江储配中心库存货物种类、周转量、单价等资料已经收集完毕，根据这些信息计算每一商品的总价值及全部库存商品价值的合计数，填入ABC分类基础数据表（见表3-2-11）。总价值计算公式为：

总价值=周转量×单价

表3-2-11　　　　　　　　　　　　ABC分类基础数据表

货物名称	数量（箱）	单价（元/箱）	总价值（元）
美的电水壶	750	598	448 500
松下吹风机	451	496	223 696
戴尔电脑显示器	6 128	1 588	9 731 264

续表

货物名称	数量（箱）	单价（元/箱）	总价值（元）
苏泊尔电磁炉	170	130	22 100
美的电饭煲	922	719	662 918
西门子微波炉	214	699	149 586
金龙鱼芝麻油	188	459	86 292
方便面	1 252	24	30 048
笋干老鸭煲面	822	36	29 592
金锣火腿肠	130	38	4 940
纯净水	4 520	24	108 480
金龙鱼花生油	217	100	21 700
长城干红葡萄酒	462	200	92 400
合计	16 266	—	11 611 516

（2）处理数据。对收集的数据资料进行整理，按总价值大小从高到低顺序进行排列，并计算出每一商品价值占全部商品总价值的百分比，并按排序计算百分比累计数。

（3）计算每一商品占全部商品品种数的百分比，按金额大小顺序累计百分比，并填入ABC分类计算表。库存商品共13种，每一种货物的百分比为7.69%（1÷13×100%），计算结果见表3-2-12。

表3-2-12 　　　　　　　　　　　ABC分类计算表

货物名称	总价值（元）	价值比率	价值比率累计	品种数量比率	品种数量比率累计	分类结果
戴尔电脑显示器	9 731 264	83.81%	83.81%	7.69%	7.69%	A
美的电饭煲	662 918	5.71%	89.52%	7.69%	15.38%	B
美的电水壶	448 500	3.86%	93.38%	7.69%	23.08%	B
松下吹风机	223 696	1.93%	95.31%	7.69%	30.77%	B
西门子微波炉	149 586	1.29%	96.60%	7.69%	38.46%	B
纯净水	108 480	0.93%	97.53%	7.69%	46.15%	C
长城干红葡萄酒	92 400	0.80%	98.33%	7.69%	53.85%	C
金龙鱼芝麻油	86 292	0.74%	99.07%	7.69%	61.54%	C
方便面	30 048	0.26%	99.33%	7.69%	69.23%	C
笋干老鸭煲面	29 592	0.25%	99.58%	7.69%	76.92%	C
苏泊尔电磁炉	22 100	0.19%	99.77%	7.69%	84.62%	C
金龙鱼花生油	21 700	0.19%	99.96%	7.69%	92.31%	C
金锣火腿肠	4 940	0.04%	100.00%	7.69%	100.00%	C
合计	11 611 516	100.00%	100.00%		100.00%	

（4）根据前述计算结果和 ABC 分类标准（价值比、品种数比），将库存物资进行分类，并分析确定分类。其中，戴尔电脑显示器为 A 类，美的电饭煲、美的电水壶、松下吹风机、西门子微波炉等 4 种商品为 B 类，纯净水、长城干红葡萄酒、金龙鱼芝麻油、方便面、笋干老鸭煲面、苏泊尔电磁炉、金龙鱼花生油、金锣火腿肠等 8 种商品为 C 类。

（5）确定重点管理要求。戴尔电脑显示器周转量大、占用资金多，库存需求满足期最短，是非常重要的产品，需要严格控制、重点管理，经常对其库存进行检查，确保不发生缺货现象。对于 A 类商品，要以更多的关注和更好的系统保持高服务水平，而不是高库存水平，从而控制成本。纯净水等 8 种 C 类商品与 A 类商品正好相反，品种虽多，但占用资金不多，属于不重要的产品，库存需求满足期较长，作为一般管理即可，可以减少管理库存所需花费的时间和成本，盘点间隔时间可以长一些，半年甚至一年进行一次盘点，可以大批量订货。美的电饭煲等 4 种 B 类商品的管理，介于 A 类和 C 类之间。

2.信息共享

大型企业的库存货物品种和规格繁多、数量巨大，在手工处理方式下，信息处理速度慢并且容易出错，导致库存管理严重不善，影响公司销售和正常生产的连续性。

通过计算机及其网络系统，实现企业内部各部门之间的信息共享。各部门可以及时认识库存数量的精确信息以及每种存货的最高库存量、最低库存量、安全库存量等基本信息，做出相应决策，从而加快仓储货物的周转速度，减少库存量，加快资金周转，提高资金效益，降低货物损失，降低库存成本，提高仓储设施利用率，降低管理成本。

采购计划部门可以根据存货的现存量和安全库存量，结合采购经济批量，合理制订采购计划，而当采购计划完成后，已入库的该存货现存量的变化同时能够被各个相关部门看到，并可建立采购计划和采购入库的对应关系，跟踪采购计划的执行情况，有效降低仓库中的存货存量，减少资金的占用率，降低库存物品的管理费用和维护费用。

销售部门在开具销售发票或发货单时，可以随时查询每种存货的现存量，判断销售业务是否能够完成，这样不仅能够提高销售订单的完成比率，而且对保证企业信誉也是非常重要的。

大多数的产成品都需要多种原材料，而各种原材料之间的比例关系是固定的，因此，生产部门领用原材料时，应当严格按照一定的比例关系领取各种原材料，这样既可以提高工作效率，又不会因为领取各种原材料的比例不当，而造成生产的延误，或某些原材料的不必要占用，导致库存存货数量不合理。

3.信息流程再造

信息流程再造有以下两种解决方案：

（1）集中库存

企业总部将商品调拨给各分销处时，由总部开具调拨单，生成其他入库单传递给分销中心；分销中心将总部传递过来的其他入库单接收到本地计算机中，待总部调拨的商品到达后，对其他入库单进行审核，并将审核后的其他入库单反传给总部，以便总部了解商品在途情况；分销中心对总部调拨的商品进行销售，对销售后的商品开具出库单等单据，并将出库单传给总部；总部将分销中心传递过来的出库单等库存单据接收到本地计算机中。

（2）远程仓库

公司和仓库之间的距离较远时，利用系统提供的数据导入、导出功能；总部采购商品后，填制采购入库单并将商品发送给远程仓库办理入库；远程仓库收到总部采购的商品后办理入库业务，并对入库后的采购入库单进行审核，然后将已审核的采购入库单传递给总部，以便总部了解商品的在途情况；公司销售后开具销售出库单，用户或业务员持有销售出库单，到远程仓库中提货，或远程仓库根据销售出库单发货后，对销售出库单进行审核，然后将审核后的销售出库单反传给总部。

利用这两种方案，公司可以有效地实现总部仓库与分销处仓库之间、不同分销处仓库之间库存信息共享，在考虑仓库之间运输成本的情况下，进行合理的调拨，而不必要在各个仓库之间对某种存货保持大量的库存。

4.使用ERP软件，保持物流和资金流动态一致

在手工管理时，财务账和库存账往往是独立的两本账，其结果是财务人员账簿上的存货数量和金额与库存账无法保持一致，浪费了大量的时间和精力，同时使得物流信息和资金流信息远远滞后于生产管理的需要。

利用ERP软件中的购销存系统，使物流和资金流保持一致，并进行动态控制，所有入库信息通过采购订单一次录入，后面所有相关的采购入库单、采购发票信息都依据采购订单得到，而不必重复录入。在处理流程中，各种入库单代表物流信息，实物入库后，对入库单进行审核，系统会自动将入库单传送到存货核算子系统中，通过记账制单系统可以自动将该笔业务所产生的资金流信息传输到总账子系统中，从而与财务系统实现数据的无缝链接和共享，与此同时，管理者可以根据其关心的重点内容来选择需要统计、分析和显示的字段。这些账表将管理者关注的热点内容披露出来，为物流和资金流的动态控制提供有力保障。管理者利用存货明细账、出入库汇总表、入库成本分析表等动态、详细的库存信息进行决策，保证了决策的及时性、正确性。

5.采用"先进先出"法

采用计算机存取系统，根据物品入库的时间，依靠按时间排序的软件，可以自动排列出库的顺序，从而实现"先进先出"。这种计算机存取系统还能够将先进先出和快进快出结合起来，加快周转速度，减少劳动消耗。要保证"先进先出"，最有效的方法就是仓库技术采用贯通式货架系统，既可提高仓库的利用率，又能使仓库管理实现机械化、自动化。

6.虚拟仓库和虚拟仓储

采用虚拟仓储方式，可以防止实际仓储带来的一切费用和弊端，同时可以有效实现仓储的功能。在网络经济时代，这是信息技术、网络技术与买方市场环境结合起来的一个创新，对于优化整个物流系统有着重要意义。

另外，可以运用订货点控制技术来降低存货成本。订货点控制技术在任务二中已经阐述，这里不再赘述。

步骤六：仓储作业成本控制决策

1.仓库结构和空间布局决策

仓库的规模确定以后，企业还要进一步对仓库的结构与空间布局进行决策。制定这些决策的基本思路就是要在仓库的建筑成本与仓储作业成本之间进行权衡，以期将仓储总成本控制在最低水平。

（1）仓库结构决策。

①仓库的长度与宽度。仓库长度与宽度的决策主要取决于仓库的搬运成本和仓库的建筑成本之间的权衡。根据弗朗西斯（Francis）的研究，可以通过搬运成本与仓库周长成本之间的比较权衡来确定仓库最优的长度与宽度。所谓仓库周长成本，是指单位仓库周长的年建筑和维护成本。弗朗西斯的结论认为，假定采用往返备货的方式，站台位于某点的仓库最优宽度和长度分别为W^*和L^*，计算公式为：

$$W^* = \sqrt{\frac{C + 8k}{2C + 8k}}\sqrt{S}$$

$$L^* = \frac{S}{W^*}$$

式中，k为单位距离的年周长成本，S为仓库的面积，W和L分别为仓库的宽度和长度，C为单位货物单位距离的搬运成本与该种货物全年吞吐数量的乘积。

此时，该形状仓库的总相关成本TC为：

$$TC = 2\sqrt{[(1/2)C + 2k][(1/4)C + 2k]}\sqrt{S}$$

弗朗西斯的公式，不适用于传送带搬运系统。

决定仓库长度与宽度的其他因素包括：使用传送带搬运系统会弱化站台位置和仓库结构与可变搬运成本之间的关系；仓库的长度可能由火车或卡车的站台要求决定，零担运输卡车的场站要求狭长型结构；交叉理货、中转仓库等高吞吐量设施的空间布局最好是长而窄的矩形；库房的形状还取决于所需的出入口的数量。

②仓库的高度。仓库的高度与建筑成本、仓储作业成本及货品的堆码要求等方面有关。如果仓库的高度增加，则仓库的容积也会增加，但由于仓库的屋顶和地面都没有发生改变，因此，仓库的建筑成本不会随着容积的增大而同比例变动，仓库建筑成本的上升速度要小于容积的上升速度，换句话说，就是增加仓库的高度可以带来仓库建筑成本的节约。但是，仓库高度的增加，会提升仓储作业成本；同时，为了能够进行高空作业，还有可能需要购买新的设备，当货物不适合进行多层次堆码时，还必须购买货架等设施设备，从而导致相关成本的增加。仓储作业成本与其他相关成本的增加会抵销建筑成本的下降，因此，在进行仓库高度决策时，应当对各方面的成本进行权衡。

利用货架存放和空中悬挂，是充分利用仓库高度的重要措施。

（2）仓库空间布局决策。

仓库的基本结构确定以后，便要研究货位、货架和巷道的布局。仓库的空间布局包括确定所用货架的数量、货架的放置方向以及各货架上货位的数量。

常见的矩形仓库的货架布局形式有两种：货架垂直排放和货架水平排放。在两种布局形式中，货物均由仓库的一侧的门入库，从仓库的另一侧的门出库，站台门位于仓库的中间位置，所有仓库空间被利用的概率相同。除了靠墙摆设的货架外，其余货架均为双面货架。

仓库布局的目标是使搬运成本、年仓库面积成本和与仓库规模（周长）相关的年成本三者之和最小。

2.备货作业成本决策

备货作业是仓储作业中最为复杂的作业，为了降低备货成本，可以采取以下方式：

（1）合理选择备货作业方式。

备货作业方式主要有四种：全面分拣、批处理分拣、分区分拣、分拨分拣。如果产品种类比较多，则采用全面分拣方式；如果产品种类比较少，则采取批处理分拣方式；如果仓库面积较大，存放不同产品的区域相隔较远时，则采用分拨分拣方式，可以节约成本。

（2）合理分区，降低备货成本。

为了提高备货的作业效率，首先应该整理好备货作业的工作环境。在备货作业中，妨碍作业效率提高的主要因素是仓储空间。仓储空间越大，备货时移动的距离就越长。为了减少仓储空间，有效的办法就是将仓库分成储藏区和备货区。货物从备货区出库，其减少的部分再从储藏区补充进来。这样，虽然增加了一道补充程序，但是作业效率大大提高了。

（3）加强场地管理，提高备货作业效率。

有了明确的场地管理规则后，备货人员可以十分轻松地找到需要分拣的货物，节省寻找的时间，提高效率，从而降低成本。

①备货人员必须熟悉货物存放的位置，该位置通常是用6位数来表示，即区号、道路号、货架号、列号、址号、段号。

②恰当地选择场地管理方法。通常，在储藏区采用流动场地管理方法，在备货区采用固定场地管理方法，这样可以降低成本。

③对于同一条过道左右两边的货物，加上左右编号，将出库频率比较高的产品集中堆放在同一条过道或仓库门附近，这样安排货物的存储位置，有利于降低备货成本。

3.货位管理决策

货物入库、出库的作业时间一般较短，而货物在库时间较长，因此，在库管理是仓库的重要工作。货位管理就是指货品进入仓库后，对货品如何处理、如何放置、放置在何处等进行合理有效的规划和管理。货品如何处理、如何放置，主要是由所采取的储存策略决定的，而货品具体的存放位置，则要结合相关的货位分配原则来决定。

（1）定位储存。

定位储存是指每一种储存货品都有固定货位，货品不能互用货位，因此，在规划时每一种货品的货位容量不得小于其可能的最大在库量。每种货品都有固定储存位置，拣货人员容易熟悉货品货位，从而方便存取；货物的具体货位可按周转率大小或出货频率来安排，以缩短出入库搬运距离；可以针对各种货品的特性来安排货位，尽可能避免不同货品特性之间的相互影响，将货损减至最低。但是，定位储存储区空间平时的使用效率较低。定位储存通常适用以下一些情况：不同物理、化学性质的货物需要控制不同的保管储存条件，或防止不同性质的货物相互影响，如食品与洗涤用品、化妆品需要分开存放；重要物品需要重点保管，如精密仪器、贵金属；多品种小批量货物的存储。

（2）随机储存。

随机储存是指每一种货品被指派储存的位置都是随机产生的，而且可以经常改变，也就是说，任何货品都可以被存放在任何可利用的位置上。随机原则一般是根据储存人员的习惯来确定储存位置的，而且通常按货品入库的时间顺序储存于靠近出入口的货位。由于货位可以共用，因此只需要按所有库存货品最大的库量设计即可，储区空间的使用效率较高，减少需要的货位数目。根据模拟研究的结果，随机储存策略与定位储存相比，可以节省35%的移动储存时间及增加30%的储存空间，但较不利于货品的拣取作业。随机储存适用于仓库储存空间有限以及商品品种少而体积大的情况。

（3）分类储存。

分类储存是指将所有货品按照一定特性加以分类，每一类货品都有固定存放的位置，而同属一类的不同货品又按一定原则来指派货位。分类储存主要应用于大卖场。分类储存通常按照产品相关性、流动性、尺寸、重量、特性等分类。分类储存便于畅销品的存取，具有定位储存的各项优点；各分类的储存区域可以根据货品特性进行再设计，有助于货品的储存管理。

（4）共同储存。

共同储存是指当确切知道各种货品进出仓库的时间时，不同的货品可以共用相同的货位。当然，这从管理上会带来一定的困难，但是有助于减少货位空间，缩短搬运时间，具有一定的经济性。

4.自动化仓储（AS/RS）

自动化仓储是现代物流系统中迅速发展起来的一个重要组成部分，其具有节约用地、减轻劳动强度、消除差错、提高仓储自动化水平及管理水平、提高管理和操作人员素质、降低储运损耗、有效减少流动资金积压、提高物流效率等诸多优点。利用立体自动化仓储设备实现仓库高层合理化、存取自动化、操作简便化，从而降低仓储成本。

自动化仓储的主体是由自动化仓库组成的，其基本组成部分包括：建筑物、货架、理货区、管理区、堆垛机械、配套机械、相关的管理系统和信息系统。自动化仓储系统的软件、硬件的资金额度投入量相当大，项目投资之前需要统计近几年的仓库吞吐量、仓储容量、订单货物的类别等要素进行分析，对设备进行性能评估和选择。

行动拓展

1.仓库租金的计算。

根据仓储合同的相关条款，计算20××年8月份的仓库租金。

仓库租赁合同书

一、订立合同双方

出租方：（以下称甲方）

承租方：（以下称乙方）

甲乙双方经友好协商，达成一致订立本合同，双方共同遵守。

二、出租库房坐落地址（略）

三、储存商品名称（略）

四、租赁面积及租赁期限

1.租赁面积：3 160平方米的库房（与相邻区域有通道隔离）。

2.租赁期限：此合同生效之日至20××年12月31日。

五、租金及交付方式

1.租金以3 160平方米为准，每平方米每天0.8元，每月租金按月实际天数计算。

2.租金按月收取，每月的25日前一次付清当月租金。

六、甲方权利和义务

甲方负责提供安全生产、消防安全、治安防范的大环境（防火、防盗、防鼠、防雨、防洪、社会治安等）。如遇火灾、偷盗、损坏等造成的损失，由甲方负责依据损失情况进行赔偿。甲方派出看守人员，保留库房院落大门钥匙。

2.某公司为某服装超市供货，并提供仓储服务。该公司对季节性服装的销售量进行分析，发现用户需求服从正态分布的规律。20××年上半年的销售量见表3-2-13。

表3-2-13　　　　　　　　　　　某公司季节性服装实际销售量

月份	1	2	3	4	5	6
销售量（箱）	16	12	13	18	20	17

订货提前期为1个月，一次订货费用为72元。若要求库存满足率达到90%（对应安全系数为1.29），每箱货物1个月的保管费为1元。该公司实施定期订货法的策略，请确定此商品的订货周期和最高库存量。实施定期订货法后，第一次订货检查时，发现已订未到货物10箱，现有库存量12箱，已售出但尚未提货5箱，请问第一次订货时应订多少货物？

果行育德

果行育德3-2

仓储是物流行业的主要组成部分，是第一、二产业的配套服务产业，作为基础性、战略性产业的定位不断被认识和强化。国内仓储行业广泛应用在烟草、医药、汽车、电商、冷链和零售等多个涉及国计民生的重要领域，下游应用领域不断发展，并出现新业态、新产业、新模式，这对仓储物流服务提出了更高的要求，是我国传统仓储行业不断转型升级的主要发展动力。

请扫描相关二维码，阅读全文，认识我国仓储行业的市场现状、竞争格局及发展趋势。

行动评价

行动评价考核内容包括理论知识评价、技能操作评价和职业素养评价，根据学习和测评结果，填写表3-2-14。

表3-2-14　　　　　　　　　　仓储成本与绩效管理行动评价考核表

姓名			学号		专业		
任务名称		仓储成本与绩效管理					
考核内容		考核标准	参考分值（100）	学生自评	小组互评	教师评价	考核得分
理论知识评价	1	理解仓储成本的概念	5				
	2	理解仓储成本核算的范围	5				
	3	阐述按照仓储功能环节核算成本的内容	5				
	4	理解按照适用对象核算仓储成本的方法	5				
	5	理解仓储成本控制的方法	5				
	6	阐述仓储成本控制的措施	5				
	7	理解降低仓储成本的措施	5				
	8	理解仓储绩效指标体系的构成	5				

续表

考核内容		考核标准	参考分值（100）	学生自评	小组互评	教师评价	考核得分
技能操作评价	9	能够识别仓储成本	5				
	10	能够按照仓储功能环节核算仓储成本	10				
	11	能够按照适用对象核算仓储成本	10				
	12	能够运用订货点法进行仓储成本控制	10				
	13	能够运用有关方法进行仓储成本控制	5				
职业素养评价	14	具有社会责任感	10				
	15	具备较强的团队合作能力	10				
总得分			100				

行动巩固

行动巩固 3-2

一、选择题

1.（单选）物流过程需要经过众多的环节，其中（　　）是最为重要的环节。

A.运输过程 　　　　　　　　　　B.仓储过程

C.配送过程 　　　　　　　　　　D.搬运过程

2.（单选）（　　）是物流企业制定仓储价格的主要依据。

A.仓储成本 　　　B.配送成本 　　　C.运输成本 　　　D.搬运成本

3.（多选）仓储成本核算的意义包括（　　）。

A.提高对仓储重要性的认识

B.为合理制定仓储价格提供依据

C.有利于物流管理水平的提高

D.有利于人们寻求降低仓储成本的新途径

4.（多选）仓储成本的计算可以采用的方法包括（　　）。

A.按支付形态计算 　　　　　　　　B.按仓储项目计算

C.按适用对象计算 　　　　　　　　D.按货物种类计算

5.（多选）一般物流企业仓储成本主要包括（　　）。

A.仓库人员（包括管理人员和操作人员）的工资

B.场地的折旧费

C.设备的折旧费

D.相关管理人员的管理费

6.（多选）物流企业在选择物流作业动因时，应当考虑的因素包括（　　）。

A.实际成本的相关度 　　　　　　　B.对组织行为的影响

C.成本动因的计量成本 　　　　　　D.成本动因的统计成本

7.（多选）从国外企业仓储成本管理的发展来看，大致可以分为（　　）。

A.仓储成本认识阶段 　　　　　　　B.仓储成本发展阶段

C.物流项目成本管理阶段 　　　　　D.仓储成本控制阶段

8.（多选）根据货物在保管过程中的支出，可以将仓储成本分为（　　）。

A.保管费　　　　　　　　　　　B.仓库管理人员的工资和福利费

C.装卸搬运费　　　　　　　　　D.管理费

9.（单选）（　　）包括水、电、气、维护修理费等费用。

A.材料费　　　　B.人工费　　　　C.物业管理费　　　　D.设备折旧费

10.（单选）（　　）可以从向物流人员支付的工资、资金、补贴等报酬的实际金额，以及由企业统一负担部分按人数分配后得到的金额计算出来。

A.材料费　　　　B.人工费　　　　C.物业管理费　　　　D.设备折旧费

11.（单选）（　　）可以根据材料的出入库记录，将此期间与物流有关的消耗量计算出来，再分别乘以单价，便可得出。

A.材料费　　　　B.人工费　　　　C.物业管理费　　　　D.设备折旧费

12.（单选）（　　）是以固定订购点和订购批量为基础的一种存货控制方法。

A.定量订货控制法　　　　　　　B.定期订货控制法

C.ABC分类法　　　　　　　　　D.AS/RS

13.（单选）（　　）是以固定订购周期为基础的一种库存控制方法。

A.定量订货控制法　　　　　　　B.定期订货控制法

C.ABC分类法　　　　　　　　　D.AS/RS

14.（多选）变动成本主要包括（　　）。

A.资金占用成本　　B.仓储维护成本　　C.仓储运作成本　　D.仓储风险成本

二、简答题

1.仓储成本核算有什么意义？

2.降低仓储成本的措施有哪些？

三、计算题

1.假设80%的缺货导致延期交货，延期交货成本为30元；10%导致失销，失销成本为50元；10%导致失去客户，其成本为100元。请计算总的缺货损失。

2.某种物资订货前置期内的销售量服从正态分布，过去6个前置期内的销售量分别为80台、70台、90台、100台、110台、120台。如果要保证用户满足率不小于95%，请问订货点和安全库存量为多少合适？

3.某种物资各月的日平均库存量见表3-2-15。试求该年的月平均库存量和年平均库存量。

表3-2-15　　　　　　　　　　某种物资各月的日平均库存量　　　　　　　　　　单位：台

月份	1	2	3	4	5	6	7	8	9	10	11	12
日平均库存量	100	110	80	90	100	120	110	110	90	100	110	120

四、案例分析题

美国企业的物流成本主要由三部分组成：一是库存费用；二是运输费用；三是管理费用。通过比较20多年来的变化可以看出，运输成本在GDP中的比例大体保持不变，而库存费用比重降低是导致美国物流总成本比例下降的最主要原因，这一比例由过去接近5%下降到不足4%。由此可见，降低库存成本、加快周转速度是美国现代物流发展的突出成绩。也就是说，利润的源泉更加集中在降低库存成本、加速资金周转方面。

　　美国物流成本包括的三部分内容，各自有其测算的办法。库存费用是指花费在保存货物方面的费用，除了包括仓储、残损、人力费用及保险和税收费用外，还包括库存占压资金的利息。利息是利用美国商业利率及全国商业库存总金额得到的，将库存占压资金的利息加入物流成本，这是现代物流与传统物流费用计算的最大区别。只有这样，降低物流成本和加速资金周转才能从根本利益上统一起来。美国库存占压资金的利息在美国物流企业平均流动资金周转次数达到10次的条件下，不可小视。

　　根据以上内容回答下列问题：

　　（1）根据案例可以看出，美国仓储成本的高低直接影响到物流成本，请你分析仓储成本的核算给美国带来了哪些意义。

　　（2）为降低仓储成本，你会从哪些方面进行核算？

　　（3）如果让你计算美国某公司的仓储成本，你会采用哪几种方法？

任务三　配送成本与绩效管理

行动任务

　　远光公司为了提升在零售行业的区域竞争实力，决定对各区域的商品配送路径进行优化设计，以提升区域配送能力，降低配送成本，并由各区域配送中心主管人员负责该项工作。

　　随着公司配送运作模式的确定，公司要求各区域主管人员根据自营配送的要求以及历史的配送成本结构（如图3-3-1所示），对整个区域的配送运作情况进行分析，主要分析配送成本的支出情况。

配送成本分析报表

业务条件	路线	车型	每周运输（双程）	工作周数（每月）	每月运输（双程）	往返里程（公里）	单程运行（小时）	配置司机（人数）
	北京市内	东风小霸王3T	5	4	20	45	3	2

油费	耗油量（L/KM）	耗油量（L）	每升油价（元/L）	油费小计（元/往返）
	0.30	270	7.52	2 030.40

路桥费	过桥费	过路费（普路）	过路费（高速路）	路桥费小计（元/往返）
	0	0	0	0

轮胎耗损	换轮胎公里数（公里）	轮胎单价（元）	轮胎个数	轮胎费用（元/公里）	轮胎费用（元/往返）
	150 000	1 800	6	0.07	105

司机费用	司机工资（元）	司机提成（元/双程）	司机社保（元/双程）	伙食费（元/双程）	高温补贴（元/双程）	通信费（元/双程）	司机费用小计（元/往返）
	1 800	220	400	200	100		2 720

车辆运营费用	车辆购入价（元/辆）	折旧年数	折旧月数	每月折旧费（30%残值计）	每期折旧费（元/期）	年度保险费（元/年）	每期保险费（元/期）	年检费（元/年）	每期年检费（元/期）	维修费（元/月）	每期维修费（元/期）	年票费用（元/期）	运营管理费（元/期）	运营费用小计（元/往返）
	48 000	5	60	560	28	8 660	60.14	3 000	20.83	1 100	7.64	20	5	141.61

图3-3-1　远光公司配送成本分析报表

　　因此，王明需要通过成本分析报表，分析配送费用的支出情况。

　　假如你是王明，你该如何完成这项任务？

甲商店和乙商店均是远光公司的客户，远光公司每月对甲、乙两家商店进行A货物的配送。A货物的包装规格为40包/箱。甲、乙两家商店对A货物的需求信息见表3-3-1。

表3-3-1 甲、乙两家商店每月配送信息表

项目	甲商店	乙商店
订货数量	2 000 包/月	2 000 包/月
进货频率	5 次/月	8 次/月
进货数量	400 包/次	250 包/次

远光公司在配送成本管理中需要对A货物的单位配送成本进行计算，其配送各作业环节的成本明细见表3-3-2。

表3-3-2 配送中心各作业成本单位明细表

作业内容	各作业环节单位成本		说明
分拣	散件	0.05元/包（件）	
	箱	0.12元/箱	
制作拣货单证	次	1元/次	
检查与检验	散件	0.02元/包（件）	
	箱	0.1元/箱	
捆包	散件	0.03元/包（件）	在配送过程中为方便运输，散件货物要进行捆包
打制店内码与价标	散件	0.01元/包（件）	配送过程中的所有整箱货物要打制店内码和标签

王明在配送成本管理过程中需要计算出各货品的配送成本，假如你是王明，请运用物流ABC作业成本法分别对甲商店和乙商店的配送成本进行计算，并填写表3-3-3。

表3-3-3 A货物单位配送成本

作业内容	各作业环节单位成本		成本计算（每月）	
			甲商店	乙商店
分拣	散件	0.05元/包（件）		
	箱	0.12元/箱		
制作拣货单证	次	1元/次		
检查与检验	散件	0.02元/包（件）		
	箱	0.1元/箱		
捆包	散件	0.03元/包（件）		
打制店内码与价标	散件	0.01元/包（件）		
成本合计				

已知配送中心 P_0 向5个用户 P_j（j=1，2，3…）配送货物，其配送路线网络、配送中心与用户的距离以及用户之间的距离，如图3-3-2所示。图3-3-2中，括号内的数字表示客户的需求量（单位为吨），线路上的数字表示两个节点之间的距离，配送中心有3台2吨卡车和2台4吨卡车两种车型可供使用。

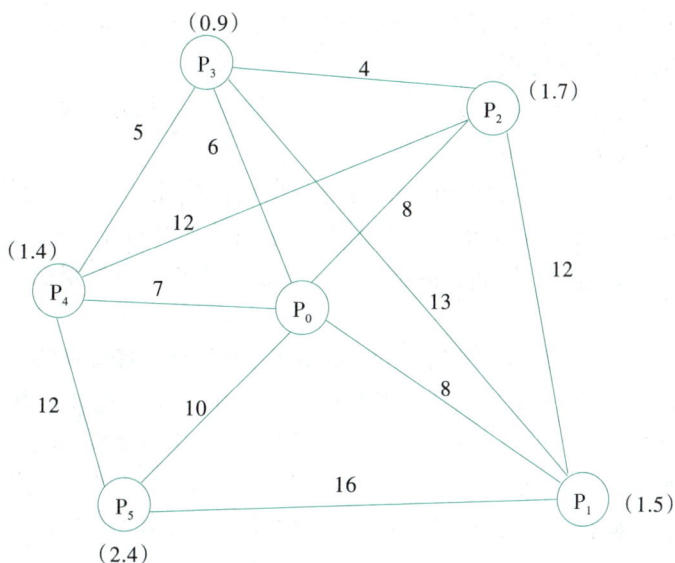

图3-3-2 配送网络综合图

要求：

（1）试利用节约里程法制订最优的配送方案。

（2）假设卡车行驶的速度平均为40千米/小时，试分析优化后的方案相比单独向各用户分送可节约多少时间。

行动锦囊

一、配送成本的特征及类别

（一）配送成本的一般特征

（1）配送成本与服务水平密切相关。提高配送服务水平会使配送成本大幅度增加，两者成正比变动。

（2）配送成本的隐蔽性。配送成本中有不少成本是配送部门无法控制的，受商品交易市场、交通运输条件的直接影响。

（3）配送成本中不同功能成本之间存在二律背反现象。即一种功能成本消减会使另一种功能成本增加，因此，配送管理的目标是追求总成本的最小化，而不是个别成本的最优化。

（4）配送成本削减的乘法效应。如果配送成本占销售额的1%，那么，当配送成本降低1元时，相当于销售额增加100元。可见，配送成本的下降对企业经营的影响非常大。

（5）专业设备无通用性。一些专业的配送需要特殊的专业设备，投入巨大，并且没有通用性。

（6）配送往往单向进行。

（二）配送成本的类别

1.按配送成本的特性进行分类

（1）固定成本。固定成本是指短期内必须支付的成本，不随着经营量发生变化的成本，即只要开展配送经营就必须支出的成本。例如，资本成本分摊、支付利息、固定员工

微课 3-12

配送成本概述

工资、行政办公费用等。虽然固定成本与配送量之间没有关系，但当配送量增大时，分配到每个单位的固定成本也会降低。

固定成本由企业的规模、生产方式、资金成本所决定。规模越大、生产技术手段越先进、资本越密集，固定成本就越高。

（2）变动成本。变动成本是指随着配送量的变化而变化的成本。例如，商务交易费用、租赁费、装卸搬运费、保险费等。在没有配送经营的情况下，就没有变动成本的支出。每增加一个单位配送量所增加的成本，称之为边际成本，也就是说，边际成本就是变动成本。

变动成本主要由劳动力成本、固定资产的运行成本和社会资源使用成本决定。

变动成本和固定成本会因为经营方式的不同而发生变化。例如，利用自购车辆配送时，购车成本为固定成本；而利用租车运输时，使用车辆的租金成为变动成本。

根据经济学原理，经济成本是配送经营使用生产要素时应支付的代价，包括明显成本、隐含成本和正常利润。在会计核算时，只考虑投入的成本和支出的费用。在价格分析时，因价格包含企业所获得的利润，采取经济成本分析比较简单。但通常人们更习惯采用会计核算的方法来确定价格。

2.按配送费用的支付形态进行分类

（1）配送运输费用。配送运输费用主要包括以下两个方面：

①车辆费用。车辆费用是指从事配送运输生产而发生的各项费用。其具体包括驾驶员及助手等的工资及福利费、燃料、轮胎、修理费、折旧费、养路费、车船税等项目。

②营运间接费用。营运间接费用是指营运过程中发生的不能直接计入各成本计算对象的站、队经费。其具体包括站、队人员的工资及福利费以及办公费、水电费、折旧费等内容，但不包括管理费用。

（2）分拣费用。

①分拣人工费用。这是指从事分拣工作的作业人员及有关人员的工资、奖金、补贴等费用的总和。

②分拣设备费用。这是指分拣机械设备的折旧费用及修理费用。

（3）配装费用。

①配装材料费用。常见的配装材料有木材、纸、自然纤维和合成纤维、塑料等。这些包装材料功能不同，因而成本相差很大。

②配装辅助费用。除上述费用外，还有一些辅助性费用，如包装标记、标志的印刷费用以及拴挂物费用等支出。

③配装人工费用。这是指从事包装工作的工人及有关人员的工资、奖金、补贴等费用的总和。

（4）流通加工费用。

①流通加工设备费用。流通加工设备因流通加工形式的不同而有所不同，购置这些设备所支出的费用会以流通加工费用的形式转移到被加工产品中。

②流通加工材料费用。这是指在流通加工过程中，投入加工过程中的一些材料消耗所需要的费用。

③流通加工人工费用。这是指在流通加工过程中从事加工活动的管理人员、工人及有

关人员的工资、奖金等费用的总和。

在实际应用中，应该根据配送的具体流程归集成本。不同的配送模式，其成本构成差异较大。即使在相同的配送模式下，由于配送物品的性质不同，其成本构成差异也较大。

二、核算配送成本的意义

核算配送成本的意义如下：

（1）有利于配送合理化，使配送专业化、社会化。

（2）能够更加有效地筹措资源。配送是通过筹措资源的规模效益来降低资源筹措成本的，使配送资源筹措成本低于顾客自己筹措资源成本，从而取得优势。配送成本的核算与控制，能够促使并保证以较低的成本筹措资源。

（3）促进库存决策的合理化。

（4）计算配送成本是制定合理配送价格的前提。

（5）能够减少配送过程中的不合理运输。

三、配送成本核算的方法

配送成本费用的计算由于涉及多个环节的成本计算，针对每个环节应当计算各成本计算对象的总成本。总成本是指成本计算期内成本计算对象的成本总额，即各个成本项目金额之和。配送成本费用总额是由各个环节的成本组成的，其计算公式如下：

微课 3-13

配送成本核算的方法

配送成本=配送运输成本+分拣成本+配装成本+流通加工成本

需要指出的是，在进行配送成本费用核算时，需要避免配送成本费用的重复与交叉。

（一）配送运输成本的核算

配送运输成本的核算是指将配送车辆在配送生产过程中所发生的费用，按照规定的配送对象和成本项目计入配送对象的运输成本项目的方法。

1.工资及职工福利费

根据工资分配汇总表和职工福利费计算表中各车型分配的金额计入成本。

2.燃料

根据燃料发出凭证汇总表中各车型耗用的燃料金额计入成本。配送车辆在本企业以外的油库加油，其领发数量不作为企业购入和发出处理的，应在发生时按照配送车辆领用数量和金额计入成本。

3.轮胎

轮胎外胎采用一次摊销法的，根据轮胎发出凭证汇总表中各车型领用的金额计入成本；采用按行驶胎公里提取法的，根据轮胎摊提费计算表中各车型应负担的摊提额计入成本。发生轮胎翻新费时，根据付款凭证直接计入各车型成本，或通过待摊费用分期摊销。内胎、垫带根据材料发出凭证汇总表中各车型成本领用的金额计入成本。

4.修理费

辅助生产部门对配送车辆进行保养和修理的费用，根据辅助营运费用分配表中分配给各车型的金额计入成本。

5. 折旧费

根据固定资产折旧计算表中按照车辆种类提取的折旧金额计入各分类成本。

6. 养路费及运输管理费

配送车辆应缴纳的养路费和运输管理费，应在月终计算成本时，编制配送营运车辆应缴纳养路费及管理费计算表，并据此计入配送成本。

7. 车船税、行车事故损失和其他费用

如果是通过银行转账、应付票据、现金支付的，根据付款凭证等直接计入有关的车辆成本；如果是在企业仓库内领用的材料物资，根据材料发出凭证汇总表和低值易耗品发出凭证汇总表中各车型领用的金额计入成本。

8. 营运间接费用

根据营运间接费用分配表，计入有关配送车辆成本。

按各成本计算对象计算的成本降低率，是指该配送运输成本的降低额与上年度实际单位成本乘以本期实际周转量计算的总成本比较的百分比。它是反映该配送运输成本降低幅度的一项指标。

各成本计算对象的降低额和降低率的计算公式如下：

成本降低额=上年度实际单位成本×本期实际周转量−本期实际总成本

成本降低率=成本降低额÷（上年度实际单位成本×本期实际周转量）×100%

配送运输成本计算表的格式见表3-3-4。

表3-3-4　　　　配送运输成本计算表

编制单位：　　　　　　　年　月　日　　　　　　金额单位：元

项目	计算依据	配送车辆合计	配送营运车辆				
			解放	东风			
一、车辆费用							
1. 工资							
2. 职工福利费							
3. 燃料							
4. 轮胎							
5. 修理费							
6. 折旧费							
7. 养路费							
8. 车船税							
9. 运输管理费							
10. 行车事故损失							
11. 其他							
二、营运间接费用							
三、配送运输总成本							
四、周转量（千吨公里）							
五、单位成本（元/吨公里）							
六、成本降低率							

（二）分拣成本的核算

1.分拣成本计算方法

配送环节分拣成本计算方法，是指将分拣过程中所发生的费用，按照规定的成本计算对象和成本项目，计入分拣成本的方法。

（1）工资及职工福利费。根据工资分配汇总表和职工福利费计算表中分配的金额计入分拣成本。

（2）修理费。辅助生产部门对分拣机械进行保养和修理的费用，根据辅助生产费用分配表中分配的金额计入分拣成本。

（3）折旧费。根据固定资产折旧计算表中按照分拣机械提取折旧的金额计入成本。

（4）其他费用。根据低值易耗品发出凭证汇总表中分拣成本领用的金额计入成本。

（5）分拣间接费用。根据配送管理费用分配表，计入分拣成本。

2.分拣成本计算表

物流配送企业月末应编制配送分拣成本计算表（见表3-3-5），以反映配送分拣总成本。

表3-3-5　　　　　　　　　　　　　**分拣成本计算表**

编制单位：　　　　　　　　　　年　月　日　　　　　　　　　　单位：元

项目	计算依据	合计	分拣品种			
			甲货物	乙货物		
一、分拣直接费用						
1.工资						
2.职工福利费						
3.修理费						
4.折旧费						
5.其他						
二、分拣间接费用						
三、分拣总成本						

（三）配装成本的核算

配装成本是指完成配装货物过程中所发生的各种费用。配送环节的配装活动是配送的独特要求，其成本的计算方法，是指配装过程中所发生的费用按照规定的成本计算对象和成本项目进行计算的方法。

1.工资及职工福利费

根据工资分配汇总表和职工福利费计算表中分配的配装成本的金额计入成本。

职工福利费计算表是依据工资结算汇总表中确定的各类人员工资总额，按照规定的提取比例计算后编制的。

2.材料费

根据材料发出凭证汇总表、领料单及领料登记表等原始凭证，将配装成本耗用的金额计入成本。

直接材料费用中的材料费用数额是根据领料凭证汇总编制的耗用材料汇总表确定的；在归集直接材料费用时，凡是能够分清某一成本计算对象的费用，应当单独列出，以便直接记入该配装对象的成本计算单；属于几个配装成本对象共同耗用的直接材料费用，应当选择适当的方法，分配记入各配装成本计算对象的成本计算单。

3.辅助材料费

根据材料发出凭证汇总表和领料单中的金额计入成本。

4.其他费用

根据材料发出凭证汇总表和低值易耗品发出凭证中配装成本领用的金额计入成本。

5.配装间接费用

根据配送间接费用分配表，计入配装成本。

物流配送企业月末应编制配送环节配装成本计算表（见表3-3-6），以反映配装过程中发生的成本费用总额。配装作业是配送的独特要求，只有进行有效的配装，才能提高送货水平，降低送货成本。

表3-3-6　　　　　　　　　　　　配装成本计算表

编制单位：　　　　　　　　　年　月　日　　　　　　　　　　单位：元

项目	计算依据	合计	配装品种		
			甲货物	乙货物	
一、配装直接费用					
1.工资					
2.职工福利费					
3.材料费					
4.辅助材料费					
5.其他					
二、配装间接费用					
三、配装总成本					

（四）流通加工成本的核算

1.直接材料费用

流通加工的直接材料费用，是指流通加工过程中直接消耗的材料、辅助材料、包装材料以及燃料和动力等费用。与工业企业相比，流通加工过程中的直接材料费用占流通加工成本的比例不大。

直接材料费用中的材料和燃料费用数额是根据全部领料凭证汇总编制的耗用材料汇总表确定的；外购动力费用是根据有关凭证确定的。在归集直接材料费用时，凡是能够分清某一成本计算对象的费用，应当单独列出，以便直接记入该加工对象的成本计算单；属于几个加工成本对象共同耗用的直接材料费用，应当选择适当的方法，分配记入各加工成本计算对象的成本计算单。

微课3-14 流通加工成本制定

微课3-15 流通加工成本分析方法

2.直接人工费用

流通加工的直接人工费用，是指直接进行加工生产的生产工人的工资总额和按工资总额提取的职工福利费。生产工人的工资总额包括计时工资、计件工资、奖金、津贴和补贴、加班工资、非工作时间的工资等。

计入成本的直接人工费用数额是根据当期工资结算汇总表和职工福利费计算表来确定的。

工资结算汇总表是进行工资结算和分配的原始依据，其是根据工资结算单按人员类别（工资用途）汇总编制的。工资结算单应当依据职工工作卡片、考勤记录、工作量记录等工资计算的原始记录编制。

职工福利费计算表是依据工资结算汇总表确定的各类人员的工资总额，按照规定的提取比例计算后编制的。

3.制造费用

流通加工的制造费用，是指物流中心设置的生产加工单位为组织和管理生产加工所发生的各项间接费用。其主要包括流通加工生产单位管理人员的工资及提取的福利费，生产加工单位房屋、建筑物、机器设备等的折旧费和修理费，生产单位固定资产租赁费、机物料消耗、低值易耗品摊销、取暖费、水电费、办公费、差旅费、保险费、试验检验费、季节性停工和机器设备修理期间的停工损失以及其他制造费用。

制造费用是通过设置制造费用明细账，按照费用发生的地点来归集的。制造费用明细账按照加工生产单位开设，并按费用明细账项目设置专栏组织核算。流通加工制造费用表的格式可以参考工业企业的制造费用表的一般格式。由于流通加工环节的折旧费、固定资产的修理费等所占成本比例较大，其费用归集尤为重要。

物流配送企业月末应编制流通加工成本计算表（见表3-3-7），以反映配送总成本和单位成本。配送环节的流通加工成本是指成本计算期内成本计算对象的成本总额，即各个成本项目金额的总和。

表3-3-7　　　　　　　　　　　流通加工成本计算表

编制单位：　　　　　　　　　　　年　月　日　　　　　　　　　　　单位：元

项目	计算依据	合计	流通加工品种		
			甲产品	乙产品	
1.直接材料					
2.直接人工					
3.制造费用					
4.合计					

四、配送成本核算的流程

配送成本费用的核算是多个环节的核算，是各个配送环节或活动的集成。在实际核算时，涉及哪个配送活动，就应当对哪个配送活动进行核算。配送各个环节的成本费用核算具有各自的特点，例如，流通加工的费用核算与配送运输的费用核算具有明显的区别，其成本计算对象及计算单位也有所不同。

配送成本费用的计算由于涉及多个环节的成本计算，对于每个环节应当计算各成本计算对象的总成本。总成本是指成本计算期内成本计算对象的成本总额，即各个成本项目金额之和。

配送成本费用总额是由各个环节的成本组成的，其计算公式如下：

配送成本=配送运输成本+分拣成本+配装成本+流通加工成本

需要指出的是，在进行配送成本费用核算时，需要避免配送成本费用的重复与交叉，以及夸大或减小费用的支出，从而使配送成本费用不真实，不利于配送成本的管理。

微课 3-16

配送服务与
合理化

五、配送服务与合理化的决策

（一）不合理配送的表现形式

对于配送决策的优劣，不能简单处之，但也很难有一个绝对的标准。例如，企业效益是配送的重要衡量标志，但是在决策时常常需要考虑各个因素，有时要做赔本买卖。所以，配送决策是全面、综合的决策。在决策时需要避免由于不合理配送的出现所造成的损失，但有时某些不合理现象是相伴而生的，要追求大的合理，就可能派生小的不合理。所以，这里仅单独论述不合理配送的表现形式，但也要防止绝对化。

（1）资源筹措的不合理。

（2）库存决策的不合理。

（3）价格的不合理。

（4）配送与直达决策的不合理。

（5）送货中的不合理运输。

（6）经营观念的不合理。

（二）配送合理化

（1）配送合理化的判断标志。

对于配送合理化与否的判断，是配送决策系统的重要内容，目前国内外尚无一定的技术经济指标体系和判断方法，按一般认识，有以下若干标志：

①库存标志。库存是判断配送合理化与否的重要标志，具体指标有以下两个方面：

A.库存总量。库存总量在一个配送系统中，从分散于各用户转移给配送中心，配送中心库存数量加上各用户实行配送后库存量之和应当低于各用户实行配送前库存量之和。此外，从各用户的角度判断，各用户实行配送前后的库存量比较也是判断合理化与否的标准。某用户库存量上升而总量下降，也属于一种不合理现象。库存总量是一个动态的量，上述比较应当是在一定的经营量前提下进行的。在用户生产有所进展后，库存总量的上升则反映了经营的发展，必须扣除这一因素，才能对总量是否下降做出正确的判断。

B.库存周转。由于配送企业的调剂作用，以低库存保持高供应能力，其库存周转一般总是快于原来各企业库存周转的。此外，从各用户的角度进行判断，各用户实行配送前后的库存周转比较也是判断合理化与否的标志。为取得共同比较基准，以上库存标志都是以库存储备资金计算的，而不是以实际物资数量计算的。

②资金标志。总体来讲，实行配送应有利于降低资金占用及提升资金运用的科学化，具体判断标志如下：

A.资金总量。用于资源筹措所占用的流动资金总量，随着储备总量的下降及供应方式的改变必然会有一个较大的降低趋势。

B.资金周转。从资金运用来讲，由于整个节奏的加快，资金充分发挥其作用，同样数量的资金，过去需要较长的时间才能满足一定的供应要求，在配送之后，在较短时间内就能达成此目的。所以，资金周转是否加快，是衡量配送合理化与否的标志。

C.资金投向的改变。资金是分散投入还是集中投入，是资金调控能力的重要反映。实行配送后，资金必然应当从分散投入改为集中投入，以增强调控作用。

③成本和效益标志。总效益、宏观效益、微观效益、资源筹措成本都是判断配送合理

化与否的重要标志。

例如，配送企业、用户企业都是以利润为中心的独立企业，既要关注配送总效益，还要关注对社会的宏观效益以及两个企业的微观效益。忽略任何一方，都必然出现不合理现象。

对于配送企业，企业利润反映配送合理化程度。

对于用户企业，供应成本降低反映配送合理化程度。

④供应保证标志。实行配送后，各用户最为担心的就是供应保证程度的降低，这是一个心态问题，也是承担风险的实际问题。配送的重要举措是必须提高而不是降低对用户的供应保证能力，这才算实现了合理。供应保证能力可以从以下几个方面加以判断：

A.缺货次数。实行配送后，对于各用户来说，该到货而未到货以致影响用户生产及经营的次数，必须下降才算合理。

B.配送企业集中库存量。对于每一个用户来说，数量所形成的保证供应能力高于配送前单个企业保证程度，从供应保证来看才算合理。

C.即时配送的能力及速度。其是用户出现特殊情况的特殊供应保障方式，这一能力必须高于未实行配送前用户紧急进货能力及速度才算合理。

特别需要强调一点，配送企业的供应保障能力是一个科学、合理的概念，而不是无限的概念。具体来讲，如果供应保障能力过高，超过了实际的需要，则属于不合理现象，所以，追求供应保障能力的合理化也是有限度的。

⑤社会运力节约标志。末端运输是目前运能、运力使用不合理，浪费较大的领域，因而人们通常寄希望于配送来解决这一问题。这也成为配送合理化与否的重要标志。

A.社会车辆总数减少而承运量增加为合理。

B.社会车辆空驶减少为合理。

C.一家一户自提自运减少而社会化运输增加为合理。

⑥用户企业仓库、供应、进货人力、物力节约标志。配送的重要观念是以配送代劳用户，因此，实行配送后，各用户库存量、仓库面积、仓库管理人员减少为合理，订货、接货、处理供应的人员减少才为合理。只有真正解决了用户的后顾之忧，配送的合理化程度才可以说实现了高水平。

⑦物流合理化标志。配送必须有利于物流合理化，这可从以下几个方面加以判断：

A.是否降低了物流费用。

B.是否减少了物流损失。

C.是否加快了物流速度。

D.是否发挥了各种物流方式的最优效果。

E.是否有效衔接了干线运输和末端运输。

F.是否不增加实际的物流中转次数。

G.是否采用了先进的技术手段。

物流合理化的问题是配送需要解决的重大问题，也是衡量配送本身的重要标志。

（2）配送合理化可采取的做法。

国内外推行配送合理化，有一些可供借鉴的办法如下：

①推行一定综合程度的专业化配送。通过采用专业设备、设施及操作程序，取得较好的配送效果并降低配送过程综合化的复杂程度及难度，从而追求配送合理化。

②推行加工配送。通过加工和配送相结合，充分利用本来应有的中转，而不增加新的中转，求得配送合理化。同时，加工借助于配送，加工目的更明确，与用户的联系更紧密，避免了盲目性。将两者有机结合，不增加过多投入，就可追求两个优势、两个效益，是配送合理化的重要经验。

③推行共同配送。通过共同配送，可以以最近的路程、最低的配送成本完成配送，从而追求合理化。

④实行送取结合。配送企业若与用户建立起稳定、密切的协作关系，那么，企业不仅成为用户的供应代理人，而且成为用户的储存据点，甚至成为产品代销人，在配送时，将用户所需物资送达，再将该用户生产的产品利用同一车辆运回，这种产品也成为配送中心的配送产品之一，或者作为代存代储，减轻了生产企业的库存压力。这种送取结合方式，使运力充分得以利用，也使配送企业功能发挥更大作用，从而追求合理化。

⑤推行准时配送系统。准时配送是配送合理化的重要内容。只有实现配送准时，用户才有资源把握，并可以放心地实施低库存或零库存，也可以有效地安排接货的人力、物力，以追求最高效率的工作。另外，保证供应能力，也取决于准时供应。从国外的经验来看，准时供应配送系统是许多现代配送企业追求配送合理化的重要手段。

⑥推行即时配送。即时配送是最终解决用户企业担心断供之忧，大幅度提高供应保证能力的重要手段。即时配送是配送企业快速反应能力的具体化，是配送企业能力的体现。即时配送成本较高，但其是整个配送合理化的重要保证手段。此外，用户实行零库存，即时配送也是重要保证手段。

微课 3-17

降低配送成本的策略

六、降低配送成本的策略

（一）混合策略

混合策略是指配送业务一部分由企业自身完成。这种策略的基本思想是，尽管采用纯策略（配送活动要么全部由企业自身完成，要么完全外包给第三方物流完成）容易形成一定的规模经济，并使管理简化，但由于产品品种多变、规格不一、销量不等等情况，采用纯策略的配送方式若超出一定程度，不仅不能取得规模效益，反而还会造成规模不经济。

采用混合策略，合理安排企业自身完成的配送和外包给第三方物流完成的配送，能够使配送成本最低。

（二）差异化策略

差异化策略的指导思想是：产品特征不同，顾客服务水平也不同。当企业拥有多种产品线时，不能对所有产品按同一标准的顾客服务水平进行配送，而应按产品的特点、销售水平，设置不同的库存、不同的运输方式以及不同的储存地点，忽视产品的差异性会增加不必要的配送成本。

例如，一家生产化学品添加剂的公司，为降低成本，按各种产品的销售量比重进行分类：A类产品的销售量占总销售量的70%以上，B类产品占20%左右，C类产品则为10%左右。对于A类产品，公司在各销售网点备有库存，B类产品只在地区分销中心备有库存而在各销售网点不备有库存，C类产品在地区分销中心不设库存，仅在工厂的仓库才备有存货。经过一段时间的运行，事实证明这种方法是成功的，企业总的配送成本下降超过20%。

（三）合并策略

合并策略包含两个层次：一个是配送方法上的合并，另一个则是共同配送。

（四）延迟策略

传统的配送计划安排中，大多数的库存是按照对未来市场需求的预测量设置的，这样就存在预测风险，当预测量与实际需求量不符时，就会出现库存过多或过少的情况，从而增加配送成本。延迟策略的基本思想就是对产品的外观、形状及其生产、组装、配送，应尽可能推迟至接收顾客订单后再确定。

一旦接到订单就要快速做出反应，因此，采用延迟策略的一个基本前提是信息传递非常迅速。一般来说，实施延迟策略的企业应具备以下几个基本条件：

1.产品特征

模块化程度高，产品价值密度大，拥有特定的外形，产品特征易于表述，定制后可改变产品的容积或重量。

2.生产技术特征

模块化产品设计，设备智能化程度高，定制工艺与基本工艺差别不大。

3.市场特征

产品生命周期短，销售波动性大，价格竞争激烈，市场变化大，产品提前期短。

实施延迟策略通常采用两种方式：生产延迟（或称形成延迟）和物流延迟（或称时间延迟），而配送中往往存在加工活动，所以，实施配送延迟策略既可采用形成延迟方式，也可采用时间延迟方式。具体操作时，其常常发生在诸如贴标签（形成延迟）、包装（形成延迟）、装配（形成延迟）和发送（时间延迟）等领域。

例如，美国一家生产金枪鱼罐头的企业就通过采用延迟策略改变配送方式，降低了库存水平。历史上，这家企业为提高市场占有率，针对不同的市场设计了几种标签，产品生产完成后运到各地的分销仓库储存起来。由于顾客偏好不一，几种品牌的同一产品经常出现某种品牌因畅销而缺货，而另一些品牌却滞销压仓的现象。为深刻认识这个问题，该企业改变以往的做法，产品出厂时不贴标签就运到各分销中心储存起来，当接到各销售网点的具体订货要求后，才按各网点指定的品牌标志贴上相应的标签，这样就有效解决了此缺彼余的矛盾，从而降低了库存。

（五）标准化策略

标准化策略就是尽量减少因品种多变而导致的附加配送成本，尽可能地采用标准零部件、模块化产品。例如，服装制造商按统一规格生产服装，直到顾客购买时，才按顾客的身材调整尺寸的大小。采用标准化策略，要求厂家从产品设计开始就要站在消费者的立场上考虑如何节省配送成本，而不要等到产品定型生产出来后，才考虑采用什么技巧降低配送成本。

七、优化配送成本的方法（利用节约里程法进行优化）

微课 3-18

（一）节约里程法的概念

节约里程法又称车辆运行计划法（Vehicles Scheduling Program，VSP），适用于实际工作中要求获得较优解或最优的近似解，而不一定需要求得最优解的情况。

优化配送成本的方法——节约里程法

当配送中心与用户呈三角形关系时，由配送中心P单独向两个用户A和B往返配货的车辆运行距离必须大于以配送中心P巡回向两个用户发货的距离。那么，所计算的结果：$2L_{pa}+2L_{pb}-（L_{pa}+L_{pb}+L_{ab}）=L_{pa}+L_{pb}-L_{ab}$，即为巡回发货相比往返发货所节约的里程。根据用户要求、道路条件等设计几种巡回配送方案，计算节约里程，以其中节约里程最大者为优选的配送方案。可见，VSP方法可以针对所有发送地点计算其节约里程，按节约量的大小排序，优选并确定配送路线。

连锁配送中的做法是：首先，需要计算出配送中心至各分店之间的最短距离，再计算各门店之间的"节约里程"（起始两地之间有两条或两条以上运输路线，经过比较，减少的行驶里程就是节约里程）。然后，按"节约里程"的大小和各门店的订货量和重量，在车辆载重允许的情况下，将各可能的送货点衔接起来，形成一条配送路线，如果一辆卡车不能满足全部送货要求，可先安排一辆，再按上述程序继续安排第二辆、第三辆或更多，直到全部门店连续在多条配送路线上为止。

（二）节约里程法的基本原理分析

节约里程法的基本思路，如图3-3-3所示。

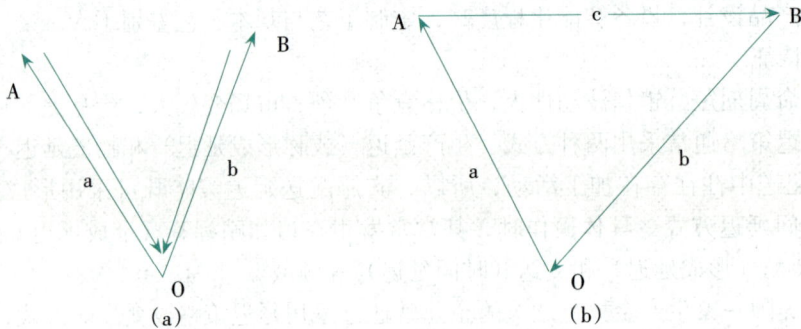

图3-3-3 节约里程法示意图

图3-3-3中，已知O点为配送中心，其分别向用户A和用户B送货。假设O点到用户A和用户B的距离分别为a和b，用户A和用户B之间的距离为c，现有两种送货方案可供选择。

图3-3-3（a）中，配送距离为2（a+b）；图3-3-3（b）中，配送距离为a+b+c。经过对比，请问两种送货方案哪个更合理？

这就要看哪个方案的配送距离最短，配送距离越短，则说明方案越合理。

图3-3-3（a）中的配送距离，减去图3-3-3（b）中的配送距离，得出以下公式：

$$2（a+b）-（a+b+c）=（2a+2b）-a-b-c=a+b-c \tag{1}$$

如果将图3-3-3（b）看成一个三角形，那么，a、b、c则是这个三角形三条边的长度。由三角形的几何性质可知，三角形中的任意两条边的边长之和大于第三边的边长。因此，可以认定（1）式中的结果是大于零的：

$$a+b-c>0 \tag{2}$$

由（2）式可知，图3-3-3（b）方案优于图3-3-3（a）方案，节约了a+b-c的里程。这种分析方案优劣的思想，就是节约里程法的基本思想。

八、配送绩效指标体系

（一）人员负担指标

对配送作业的人员负担进行评价，有利于评估配送人员的工作分摊及其作业贡献度，以衡量配送人员的能力负荷与作业绩效，同时有利于判断是否应增添或删减配送人员数量。其评价指标包括：平均每人的配送量、平均每人的配送距离、平均每人的配送重量和平均每人的配送车次，相关计算公式如下：

（1）平均每人的配送量

平均每人的配送量=出货总量÷配送人员数

（2）平均每人的配送距离

平均每人的配送距离=配送距离÷配送人员数

（3）平均每人的配送重量

平均每人的配送重量=配送总重量÷配送人员数

（4）平均每人的配送车次

平均每人的配送车次=配送总车次÷配送人员数

（二）车辆负荷指标

对配送车辆的产能负荷进行评估，有利于判断是否应增减配送车辆数。其主要指标包括：平均每台车配送吨公里数、平均每台车配送重量和空车率，相关计算公式如下：

（1）平均每台车配送吨公里数

平均每台车配送吨公里数=配送总距离×配送总量÷配送总车次

（2）平均每台车配送重量

平均每台车配送重量=配送总重量÷（自车重量+外车重量）

（3）空车率

空车率=空车行驶距离÷配送总距离×100%

（三）配送时间效率指标

配送时间效率可用配送平均速度和单位时间生产力两项指标来评价，其计算公式如下：

（1）配送平均速度

配送平均速度=配送总距离÷配送总时间

（2）单位时间生产力

单位时间生产力=配送营业额÷配送总时间

（四）配送成本指标

配送成本指标主要用于考核分析配送过程中发生的成本费用。其主要指标包括：每吨重配送成本、每容积货物配送成本、每车次配送成本和每公里配送成本，相关计算公式如下：

（1）每吨重配送成本

每吨重配送成本=（自车配送成本+外车配送成本）÷配送总重量

（2）每容积货物配送成本

每容积货物配送成本=（自车配送成本+外车配送成本）÷配送总容积

（3）每车次配送成本

每车次配送成本=（自车配送成本+外车配送成本）÷配送总车次

（4）每公里配送成本

每公里配送成本=（自车配送成本+外车配送成本）÷配送总距离

微课 3-19

配送绩效管理

（五）配送服务质量指标

配送服务质量指标可用配送延迟率来分析，其计算公式如下：

配送延迟率=配送延迟车次÷配送总车次

行动进行

步骤一：配送成本构成分析

王明根据公司提供的车辆（月度）配送成本分析报表，将企业的自营配送成本划分为几个部分，如图3-3-4所示。

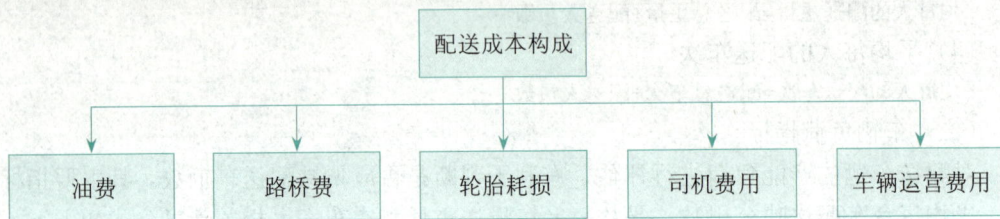

图3-3-4 自营配送成本构成图

（1）油费，主要是指配送过程中的燃油费用。根据相关数据计算可得，该辆车当月的油费为2 030.4元，占总运营成本的16.37%。

（2）路桥费，主要是指各种关卡的通行费用。该辆车当月主要承担市内配送，故未涉及相应的路桥费，但若配送市郊的门店，则需要相应的过路费、过桥费的支出。

（3）轮胎耗损，主要是指配送过程中轮胎磨损产生的费用。根据相关数据计算可得，该辆车当月的轮胎耗损费用为2 100元，占总运营成本的16.93%。

（4）司机费用，主要是指司机的薪酬以及其他补贴。根据相关数据计算可得，该辆车当月的司机费用为5 440元，占总运营成本的43.86%。

（5）车辆运营费用，主要包括车辆折旧、保险费用、年检费用、维修费用以及其他营运费用。根据相关数据计算可得，该辆车当月的运营费用为2 832.22元，占总运营成本的22.84%。

步骤二：配送成本分析

王明根据配送过程中各环节的费用支出，绘制饼图进行分析（如图3-3-5所示），并得出以下结论。

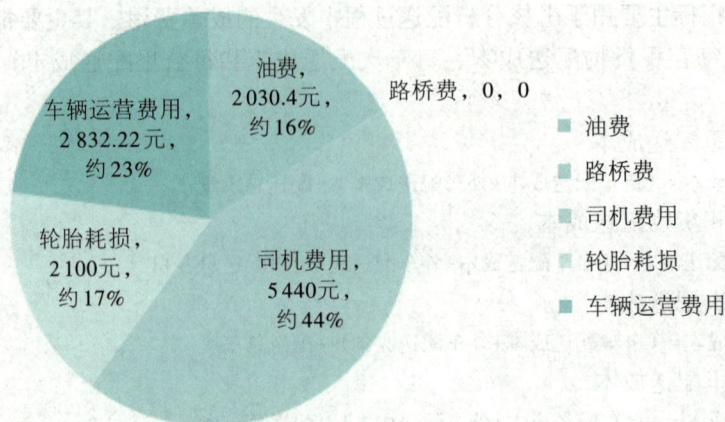

图3-3-5 配送各环节费用支出分析图

（1）在配送成本支出中，以司机费用较为固定，若要降低配送成本、提高配送效率，应从其他环节着手。

（2）在配送变动成本支出中，主要受车辆的出行次数、运行里程、运行路线影响，如油费、轮胎耗损费用受运行里程以及出行次数影响，路桥费受市郊关卡影响（运行路线）。

（3）此图中，路桥费为0，其主要受车辆运行路线影响，即车辆在本月的运营路线中不存在收费关卡（该车辆只进行了市内配送），但并不代表其不需要进行市郊配送，该项支出是一个需要考虑的重要因素。

（4）在配送过程中，变动成本主要受里程影响，而运行里程主要受路径影响，因此，在考虑优化配送成本的时候，应当重点关注配送路径的选择。

步骤三：配送成本计算

甲商店从远光公司每次进货的数量为400包，相当于10箱，因此，甲商店在进货的过程中不存在散货，根据已知信息，计算各环节单位成本如下：

分拣环节单位成本=10×5×0.12=6（元）；

制作单证单位成本=1×5=5（元）；

检查环节单位成本=5×10×0.1=5（元）；

打制店内码与价标单位成本=2 000×0.01=20（元）；

甲商店配送单位成本=6+5+5+20=36（元）。

乙商店从远光公司每次进货的数量为250包，相当于6箱10包，因此，乙商店在进货的过程中既有整箱货物又有散货，根据已知信息，计算各环节单位成本如下：

分拣环节单位成本（散货）=10×8×0.05=4（元）；

分拣环节单位成本（箱货）=6×8×0.12=5.76（元）；

制作单证单位成本=1×8=8（元）；

检查环节单位成本（散货）=10×8×0.02=1.6（元）；

检查环节单位成本（箱货）=8×6×0.1=4.8（元）；

打制店内码与价标单位成本=2 000×0.01=20（元）；

捆包单位成本=10×8×0.03=2.4（元）；

乙商店配送单位成本=4+5.76+8+1.6+4.8+20+2.4=46.56（元）。

根据计算结果汇总，具体见表3-3-8。

表3-3-8　　　　　　　　　　各作业环节成本计算表

作业内容	各作业环节单位成本		成本计算（每月）	
			甲商店	乙商店
分拣	散件	0.05元/包（件）		4元
	箱	0.12元/箱	6元	5.76元
制作拣货单证	次	1元/次	5元	8元
检查与检验	散件	0.02元/包（件）		1.6元
	箱	0.1元/箱	5元	4.8元
捆包	散件	0.03元/包（件）		2.4元
打制店内码与价标	散件	0.01元/包（件）	20元	20元
成本合计			36元	46.56元

步骤四：制订最优的配送方案

第一步：制作运输里程表（见表3-3-9），列出配送中心到用户以及用户之间的最短距离。

表3-3-9　　　　　　　　　　　　　　　运输里程表

P_0					
8	P_1				
8	12	P_2			
6	13	4	P_3		
7	15	9	5	P_4	
10	16	18	16	12	P_5

第二步：根据运输里程表、节约里程法原理（a+b-c），求得相应的节约里程数（见表3-3-10）。

表3-3-10　　　　　　　　　　　　　　　节约里程数

P_1				
4	P_2			
1	10	P_3		
0	6	8	P_4	
2	0	0	5	P_5

第三步：将节约里程数按从大到小的顺序排列（见表3-3-11）。

表3-3-11　　　　　　　　　　　　　　节约里程排序表

序号	路线	节约里程	序号	路线	节约里程
1	P_2P_3	10	6	P_1P_5	2
2	P_3P_4	8	7	P_1P_3	1
3	P_2P_4	6	8	P_2P_5	0
4	P_4P_5	5	9	P_3P_5	0
5	P_1P_2	4	10	P_1P_4	0

第四步：确定单独送货的配送路线（如图3-3-6所示）。

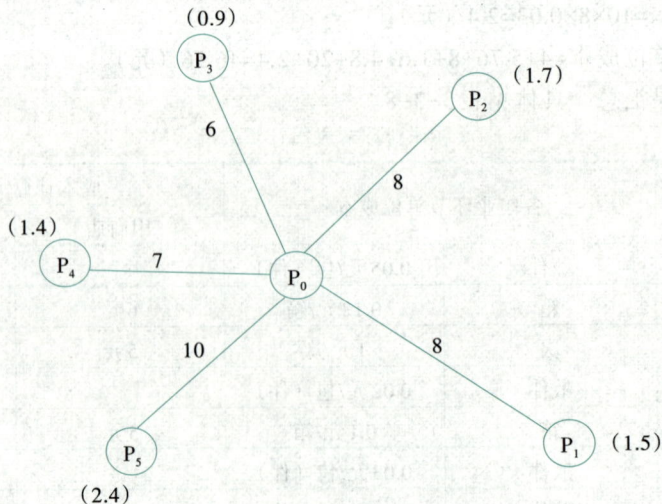

图3-3-6　单独送货配送路线图

初始方案配送距离=39×2=78（千米）

步骤五：比较优化后的方案

第一步：根据载重量约束与节约里程大小，将各客户节点连接起来，形成两种配送路线，即 A、B 两种配送方案（如图 3-3-7 所示）。

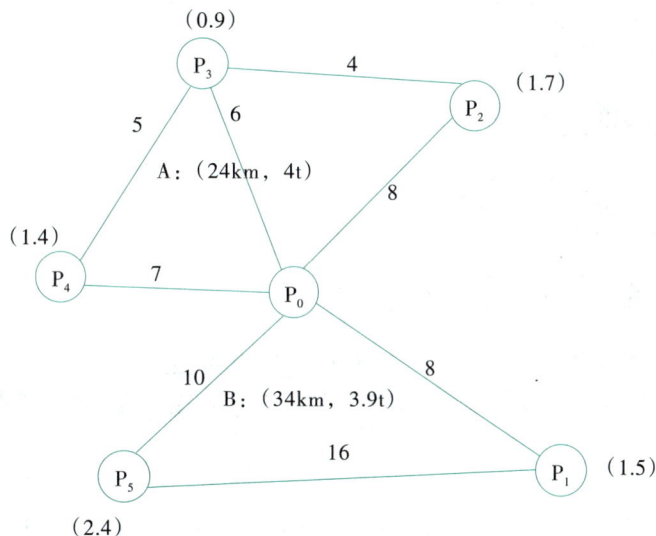

图 3-3-7　两种方案配送路线图

（1）配送路线 A（$P_0-P_2-P_3-P_4-P_0$）

运量 $q_A=q_2+q_3+q_4$

　　　$=1.7+0.9+1.4=4$（吨）

利用一辆 4 吨车运送节约距离 $SA=10+8=18$（千米）

（2）配送路线 B（$P_0-P_5-P_1-P_0$）

运量 $q_B=q_5+q_1$

　　　$=2.4+1.5=3.9$（吨）

利用一辆 4 吨车运送节约距离 $SB=2$ 千米

第二步：与初始单独送货方案相比，计算总节约里程与节约时间。

总节约里程 $\Delta S=SA+SB=18+2=20$（千米）

节约时间 $\Delta T=\Delta S/V=20\div40=0.5$（小时）

行动拓展

1.北京美辰超市为增强配送成本分析的可信度，要求各片区的主管人员结合企业自身的配送成本构成情况，对同行业的配送情况进行调查，并将调查结果填入图 3-3-8 中。

王强作为北京美辰超市西片区的配送主管，他需要根据报表中的项目进行企业调研，并对调研的数据信息进行整理与汇总，分析同行业的配送成本构成情况，以及其他企业在配送过程中遇到的主要问题，包括路径与成本的关系、配送费用支出的合理性、配送路径选择的问题等。要求：

（1）调研不少于三家的同类企业，并且在市郊区域设有相应的门店。

（2）将调研的数据完整、准确地填入配送成本分析报表中。

（3）绘制相关的配送成本结构图，对不同的费用支出环节进行分析。

配送成本分析报表

				业务量			往返里程(公里)	单程运行(小时)	配置司机(人数)
业务条件	路线		车型	每周运输(双程)	工作周数(每月)	每月运输(双程)			
油费	耗油量(L/KM)	耗油量(L)	每升油价(元/L)	油费小计(元/往返)					
路桥费	过桥费	过路费(普路)	过路费(高速路)	路桥费小计(元/往返)					
轮胎耗损	换轮胎公里数(公里)	轮胎单价(元)	轮胎个数	轮胎费用(元/公里)	轮胎费用(元/往返)				
司机费用	司机工资(元)	司机提成(元/双程)	司机社保(元/双程)	司机补贴 伙食费(元/双程)	高温补贴(元/双程)	通信费(元/双程)	司机费用小计(元/往返)		

车辆运营费用:

车辆折旧					车辆保险费		车辆年检费		换机油&维修费		运营费		运营费用小计(元/往返)
车辆购入价(元/辆)	折旧年数	折旧月数	每月折旧费(30%残值计)(元/月)	每趟折旧费(元/趟)	年度保险费(元/年)	每趟保险费(元/趟)	年检费(元/年)	每趟年检费(元/趟)	维修费(元/月)	每趟维修费(元/趟)	年票费(元/趟)	运输管理费(元/趟)	

图3-3-8　配送成本分析报表

2.某连锁零售店下设有一个配送中心P和10个连锁分店A~J，配送中心和各连锁分店以及各连锁分店之间的位置关系，如图3-3-9所示。

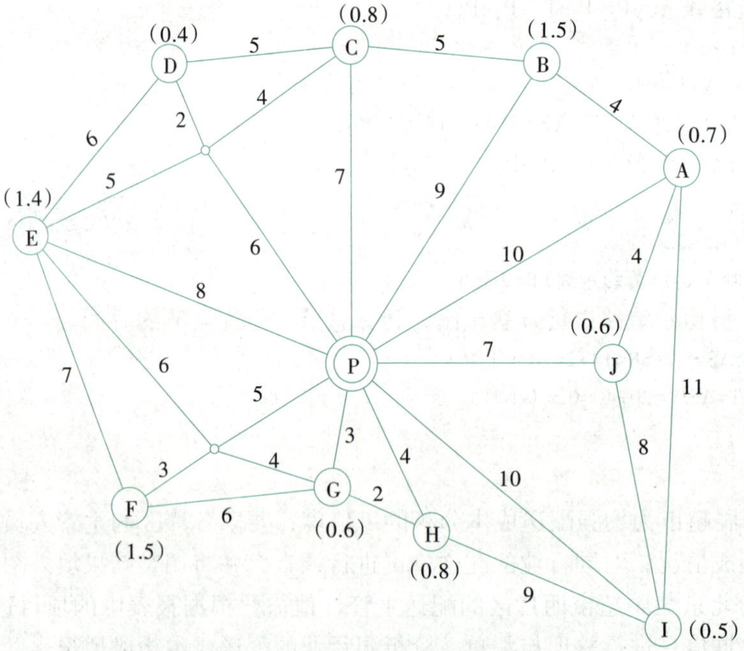

图3-3-9　配送中心和各连锁分店以及各连锁分店之间的位置关系图

图3-3-9中，两点之间连线上的数字为两点之间的路线长度，单位为千米；括号内的数字为配送量，单位为吨。该商品由配送中心统一采购并进行配送。配送中心备用2吨和4吨的货车，限定送货车辆一次运行距离在30千米以内，假设送到时间均符合用户要求，求得配送中心的最优送货方案。

果行育德

　　新年临近，电商又迎来了一年一度的年货节，面对网购高峰的到来，压力最大的要数物流行业。从拣货打包，到快递派送，人工劳动力强度大大增加，这一天下来着实吃不消。然而，伴随着一系列"物流黑科技"的出现，梦想似乎快要照进现实了。

　　请扫描相关二维码，观看视频，加深对智慧物流的认识。

果行育德 3-3

行动评价

　　行动评价考核内容包括理论知识评价、技能操作评价和职业素养评价，根据学习和测评结果，填写表3-3-12。

表3-3-12　　　　　　　　配送成本与绩效管理行动评价考核表

姓名			学号		专业		
任务名称		配送成本与绩效管理					
考核内容		考核标准	参考分值（100）	学生自评	小组互评	教师评价	考核得分
理论知识评价	1	理解配送成本的特征、构成	5				
	2	理解配送成本核算的方法	5				
	3	理解配送成本核算的流程	10				
	4	理解不合理配送的形式	5				
	5	理解配送合理化的表现	5				
	6	认识降低配送成本的策略	5				
	7	理解配送绩效指标体系	5				
技能操作评价	8	能够识别配送成本	5				
	9	能够判定配送成本的构成	5				
	10	能够理解ABC分类法	5				
	11	能够运用ABC分类法对配送成本进行核算	10				
	12	能够解释节约里程法的原理	5				
	13	能够选择优化配送成本的方法	5				
	14	能够运用节约里程法对配送成本进行优化	5				
职业素养评价	15	具有社会责任感	10				
	16	具备较强的团队合作能力	10				
总得分			100				

行动巩固

行动巩固 3-3

一、选择题

1.（单选）（　　）是指在配送活动的备货、储存、分拣、配装、送货及配送加工等环节所发生的各项费用的总和，是配送过程中所消耗的各种活劳动和物化劳动的货币表现。

A.库存成本　　　　　　　　　　B.运输成本

C.配送成本　　　　　　　　　　D.包装成本

2.（单选）由于配送活动是由各个配送环节组成的，所以，配送成本费用的计算是由组成配送活动的配送运输环节成本、分拣环节成本、配装环节成本和（　　）构成的。

A.流通加工环节成本　　　　　　B.装卸搬运成本

C.库存成本　　　　　　　　　　D.物流信息成本

3.（单选）从支付形态角度分析，以下属于物流配送成本的是（　　）。

A.配送运输成本　　　　　　　　B.配送分拣成本

C.材料费和人工费　　　　　　　D.配送装配成本

4.（单选）（　　）是指因处理、传输有关配送信息而发生的费用，包括与储存管理、订货处理、顾客服务有关的费用。

A.信息加工费　　　　　　　　　B.信息流通费

C.信息保管费　　　　　　　　　D.信息处理费

5.（单选）以下不属于物品流通费用的是（　　）。

A.备货费和保管费　　　　　　　B.分拣及配货费和装卸费

C.短途运输费和配送加工费　　　D.维护费

6.（多选）配送是指在经济合理范围内，根据客户要求并按时送达指定地点的物流活动。下列属于配送作业的有（　　）。

A.拣选　　　　B.加工　　　　C.包装　　　　D.分割

7.（多选）配送成本与企业其他的物流成本相比，在实践中具有（　　）特点。

A.配送成本与其他物流功能成本呈正相关关系

B.配送成本具有隐蔽性，财务会计分解难度大

C.配送成本对于提高企业效益的潜力巨大

D.配送成本与其他物流功能成本存在"效益背反"关系

8.（多选）认识配送成本的构成，可以有效地计算和控制、分析配送成本，配送成本可从下列（　　）角度进行分析。

A.支付形态　　　B.配送活动环节　　　C.配送功能　　　D.适用对象

9.（多选）按照配送功能进行分类，配送成本大体可分为（　　）。

A.物品流通费　　　B.信息流通费　　　C.配送管理费　　　D.流通加工费

10.（多选）按照适用对象分类，物流配送成本不包括（　　）。

A.按支店或营业所计算配送成本　　　　B.按信息计算配送成本

C.按商家计算配送成本　　　　　　　　D.按商品计算配送成本

11.（单选）（　　）的指导思想是产品特征不同，顾客服务水平也不同。

A.混合策略　　　　B.差异化策略　　　　C.合并策略　　　　D.延迟策略

12.（单选）（　　）的基本思想就是对产品的外观、形状及其生产、组装、配送，应尽可能推迟至接收顾客订单后再确定。

A.混合策略　　　　B.差异化策略　　　　C.合并策略　　　　D.延迟策略

13.（多选）配送合理化的判断标志包括（　　）。

A.库存标志　　　　　　　　　B.资金标志

C.成本和效益标志　　　　　　D.供应保证标志

二、简答题

1.请简述不合理配送的表现形式。

2.配送合理化可以采取的做法有哪些？

三、案例分析题

材料一：

小江在某高职院校学习物流管理专业，毕业后，其应聘到A公司物流部工作。初到公司，为了尽快让小江认识相关工作，公司安排物流部经理老张作为小江的师父，帮助他尽快适应企业工作。某天，在公司物流部相关会议上，师父老张根据近期的工作情况做出部署，其中一项任务让小江不解。会后，小江找到师父老张请教，问他为什么提高效益不从销售抓起，而要从配送成本下手。师父老张给小江算了一笔账，企业目前销售利润率为2%，销售额为5 000元，配送成本为400元。如果配送成本降低10元，则企业利润可以增加10元。如果依靠提高销售额来增加10元的利润，销售额就要提高500元。也就是说，降低2.5%的配送成本对提高企业效益的作用相当于销售额增加10%，至此，小江明白了师父老张的用意。

年末，小江到财务部进行物流结算时，发现一个有意思的问题：对于物流配送费用，会计没有设置一个科目，再就是他发现，当配送成本上升时，仓储、运输、包装等其他成本会呈现一种下降的态势。

材料二：

为了有效地计算和控制、分析配送成本，加强对企业物流配送成本的管理，A公司决定对物流成本构成进行细分。经过公司会议研究，将物流配送成本分为运输环节成本、分拣环节成本、配装环节成本和流通加工环节成本四个部分，各项目下再细分为直接费用、间接费用、人工费用及材料费用等。

根据以上内容回答下列问题：

（1）根据材料一描述的情况，简要概括物流配送成本有哪些特点？

（2）根据材料二描述的情况，分析A公司是按照什么标准来进行物流配送成本的构成细分？除此之外，还可以按照哪些标准来进行构成细分？

项目总结

本项目主要基于物流的核心业务，即运输、仓储及配送三大核心业务，讲解了运输、仓储及配送等三个业务的成本构成、成本核算，以及如何优化业务成本，并在此基础上，讲解了运输、仓储及配送业务的绩效管理（如图3-3-10所示）。

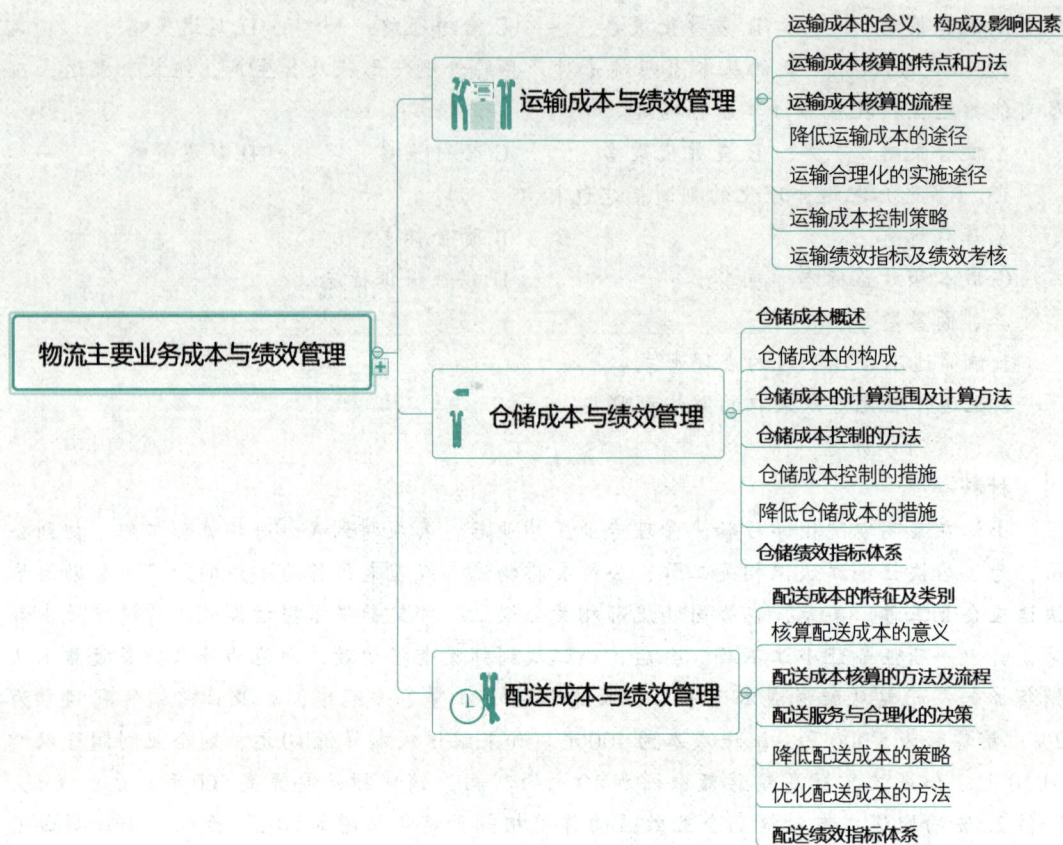

图3-3-10 物流主要业务成本与绩效管理构成图

项目四　其他行业企业物流成本与绩效管理

项目引入

王明在领导的带领下学习并理解了物流成本管理的知识，并对运输成本管理、仓储成本管理和配送成本管理有了清晰的认识。

一般按照经营特点和所处领域的不同，将企业划分为两大类：第一类是制造企业（也称生产企业），第二类是商品流通企业。下面我们跟随王明的学习脚步，认识特定类型的物流企业的物流成本管理内容。

学习目标

知识目标	基于商品流通企业的基础概念，进一步认识商品流通企业的物流成本构成，以及影响商品流通企业物流成本的影响因素；基于生产制造企业物流成本的基础概念，进一步认识生产制造企业物流成本的构成，以及实施生产物流过程的成本控制的有效措施；基于快递物流成本管理的基础概念，进一步认识降低快递物流成本的合理策略
技能目标	能够基于实际情况建立商品流通企业的资源消耗等式，确定不同产品的作业分配情况；能够基于实际情况分析确定生产制造企业的资源和作业，确定资源动因，最终准确计算各作业成本动因的分配率及产品实际耗用的资源价值
素养目标	通过对商品流通企业、生产制造企业以及快递企业三种不同类型企业的物流成本与绩效管理知识的学习，培养学生具备成本优化意识；具备科学思辨能力；具备较强的问题分析及问题解决能力

项目实施

任务一　商品流通企业物流成本与绩效管理

行动任务

某商品流通企业销售 A、B 两种不同的产品给不同的客户，完成这两项业务需要订单处理、进货（包括卸下、检查、搬运等活动）、包装、拣货和发货（包括搬运、装上等活动）五项作业。企业共有员工30人，8月份，该企业发生的包括设施设备折旧、办公、工作人员薪金等总费用为80 784元，其完成的实际工作任务为3 600个订单、1 900次进货、2 000次包装、3 000次拣货和3 100次发货，其中，涉及 A 产品1 800个订单、800次进货、850次包装、1 800次拣货和1 700次发货；涉及 B 产品1 800个订单、1 100次进货、1 150次包装、1 200次拣货和

微课 4-1

商品流通企业及其物流成本简介

1 400次发货。企业相关工作人员，每天工作8小时，每月工作22天，请计算该商品流通企业销售A、B两种不同产品的物流成本。

行动锦囊

一、商品流通企业概述

商品流通企业是指独立于生产领域之外，专门从事商品流通和流通服务的独立核算的经济组织。商品流通企业是我国商品流通领域的主体力量。商品流通企业相对于生产企业来说，主要具有以下特征：专门从事商品（生活资料和生产资料）经营和流通服务活动；经营业务主要是购、销、运、存；流通资金占用比例高；商品种类多；消费者数量多。

随着商品经济的发展和现代社会生产的进步，连接生产与消费的流通活动日益复杂而多变，参与流通活动的商品流通企业的种类也不断发展和变革。商品流通企业按照专业分工不同，可以分为商品经营性企业和物流企业。商品经营性企业按照经营对象不同，又可分为商业企业（专门从事消费品购销活动的商业组织，如百货商店、超级市场等）和生产资料流通企业（专门从事生产资料经营的经济组织，如金属材料公司、水泥公司、建材市场等）；物流企业是指专门从事物流活动的经济组织。虽然，不同的商品流通企业由于提供的服务不同，所包含的物流活动也不同，但总体来说，由于商品流通企业的经济本质决定了其运作的经济性原则，不同的商品流通企业都希望通过有效的物流成本管理来降低企业成本。

二、商品流通企业物流成本

商品流通企业是流通产业的主体，是从事商品（或服务）经营的企业，是实现商品价值、转移商品使用价值，并以营利为目的的经济组织。商品流通企业物流成本是指在组织商品的购进、运输、仓储、销售等一系列活动中所消耗的人力、物力、财力的货币表现。其具体构成如下：

（1）人工费用，包括职工工资、奖金、津贴以及福利费等。

（2）营运费用，如能源消耗、运杂费、折旧费、办公费、差旅费、保险费等；

（3）财务费用，指经营活动中发生的资金使用成本支出，如利息、手续费等；

（4）其他费用，如税金、资产损耗、信息费等。

商品流通企业物流成本按成本的经济性质划分，可以分为生产性流通成本和纯粹性流通成本；按成本与商品流转额的不同划分，可以分为可变成本和固定成本；按成本发生的流转环节划分，可以分为进货成本、商品储存成本和销售成本。

三、商品流通企业物流成本影响因素

在研究企业物流成本时，不仅要考虑企业物流成本自身因素，还应当考虑其他的影响因素。我们认为，在商品流通企业中，影响物流成本的因素大致可分为以下几个方面：

（一）时间因素

物流流通的速度越快，资金流动就越快，一方面，其必然会降低物流成本，如订货周期的缩短、库存周转的加速、运输路线的合理设计等都能够降低物流过程中的库存成本和运输成本；另一方面，由于减少了资金的积压，提高了企业的服务水平，增强了企业的竞

争力，从物流系统论的观点来看，其间接降低了成本。

（二）空间因素

物流的运输既包括进货的运输，也包括送货的运输。进货的方向、目标市场的位置，显然对物流成本有着重要影响。若企业距离目标市场太远，必然会增加运输及包装等成本；若在目标市场建立或租用仓库，则会增加库存成本。另外，进货的方向也决定了企业货物运输距离的远近及运输成本的高低。

（三）技术因素

一方面，高新技术和现代化设备等"硬技术"的采用，可以提高物流效率、降低成本水平；另一方面，诸如物流系统设计、物流布局、运输线路及方式设计、物流作业技术等"软技术"的应用，同样能够降低物流成本水平。

（四）管理因素

良好的管理水平也是影响物流成本的重要因素，例如，对库存良好的管理，严格理解库存物品的数量、品种、进出情况，可以减少资金占用；严格的保管制度，可以减少物品的损耗、丢失、霉变等，从而降低物流成本；完善的质量管理体系，可以减少废品、次品的回收和退货费用。这一系列的措施都能够有效地降低物流成本。

值得注意的是，物流成本的影响因素之间存在"效益背反"，各个因素之间相互制约、相互影响，单纯地加强某种因素的影响，必然会产生对另一种因素的制约。例如，为了加速库存的周转，减少物流网络中的仓库数目并减少库存，这样做虽然降低了库存成本，但由此也使库存的补充变得频繁，增加了运输成本。所以，物流成本的控制并不是各个因素简单地相加，而是一个复杂的、相互制约的、平衡协调的过程。

行动进行

步骤一：建立资源消耗等式

企业相关工作人员，每天工作 8 小时，每月工作 22 天，因而，理论资源能力供应为 316 800 分钟（30×8×22×60）；依据经验估计，实际资源能力供应按理论供应的 85% 计算，配送中心的实际资源能力供应为 269 280 分钟，因而，单位资源能力成本率为 0.3 元/分钟（80 784÷269 280）。

时间驱动作业成本法中建立的作业消耗资源等式见表4-1-1。

表4-1-1　　　　　　　　　　时间等式

产品类型	物流活动	物流活动消耗时间
A	订单处理	10+5X1+7X2
	进货	33+10X1
	包装	6+2X1
	拣货	10+5X1
	发货	28+8X1
B	订单处理	8+6X1+5X2
	进货	28+8X1
	包装	7+3X1
	拣货	9+6X1
	发货	30+5X1

注意：每项物流活动消耗时间是时间等式所有项之和。订单处理过程中的 X1、X2 是虚拟变量，如果订单是新客户订单，X1=1，否则，X1=0；如果订单是紧急订单，X2=1，否则，X2=0。进货、拣货和发货过程中的 X1 是虚拟变量，如果进货需要特殊处理，取 1，否则，取 0；拣货和发货同样处理。包装过程中的 X1 是虚拟变量，如果需要特殊包装，X1=1，否则，X1=0。

步骤二：确定不同产品的物流作业分配情况

不同产品的物流作业分配情况见表 4-1-2。

表4-1-2　　　　　　　　　　　　不同产品物流作业分配情况

产品类型	物流活动	物流作业次数
A	订单处理	普通订单 1 400 个，新客户订单 200 个，紧急订单 100 个，同时是新客户订单和紧急订单 100 个
	进货	普通进货作业 700 次，特殊进货作业 100 次
	包装	普通包装 650 次，特殊包装 200 次
	拣货	普通拣货 1 500 次，特殊拣货 300 次
	发货	普通发货 1 200 次，特殊发货 500 次
B	订单处理	普通订单 1400 个，新客户订单 200 个，紧急订单 150 个，同时是新客户订单和紧急订单 50 个
	进货	普通进货作业 900 次，特殊进货作业 200 次
	包装	普通包装 850 次，特殊包装 300 次
	拣货	普通拣货 900 次，特殊拣货 300 次
	发货	普通发货 1 100 次，特殊发货 300 次

步骤三：结论

最终分析结果见表 4-1-3。

表4-1-3　　　　　　　　　　时间驱动作业成本法计算过程

项目	产品 A			产品 B			总成本（元）
	单位时间成本（元）	消耗时间（分钟）	分摊成本（元）	单位时间成本（元）	消耗时间（分钟）	分摊成本（元）	
订单处理	0.3	20 900	6 270	0.3	20 900	6 270	12 540
进货	0.3	27 400	8 220	0.3	32 400	9 720	17 940
包装	0.3	5 500	1 650	0.3	8 950	2 685	4 335
拣货	0.3	19 500	5 850	0.3	12 600	3 780	9 630
发货	0.3	51 600	15 480	0.3	43 500	13 050	28 530
总成本			37 470			35 505	72 975
总使用量		124 900			118 350		243 250
总提供量			269 280				80 784
未使用量			26 030				7 809

由时间驱动作业成本法可知，配送中心产品A消耗的物流总成本为37 470元，产品B消耗的物流总成本为35 505元；并且在配送中心物流作业过程中存在26 030分钟资源能力未被有效利用，导致7 809元资源能力成本损失。

果行育德

我们在城市享受着便捷的物流，在大山深处、偏远乡村，物流一样繁忙。曾经堵在"最后一公里"的乡村物流，随着现代物流体系的不断完善，一辆辆满载牵挂和思念的快递物流车辆穿梭在丛山峻岭之间，为乡村经济发展注入新动力，为乡村振兴增添新活力。

请扫描相关二维码，观看视频，谈一谈你对奉献的认识。

果行育德 4-1

行动评价

行动评价考核内容包括理论知识评价、技能操作评价和职业素养评价，根据学习和测评结果，填写表4-1-4。

表4-1-4　　　　　　商品流通企业物流成本与绩效管理行动评价考核表

姓名			学号		专业		
任务名称		商品流通企业物流成本与绩效管理					
考核内容		考核标准	参考分值（100）	学生自评	小组互评	教师评价	考核得分
理论知识评价	1	认识商品流通企业的概念	10				
	2	理解商品流通企业物流成本的构成	15				
	3	理解商品流通企业物流成本的影响因素	15				
技能操作评价	4	能够识别商品流通企业物流成本	20				
	5	能够运用不同的方法对商品流通企业物流成本进行核算	20				
职业素养评价	6	具有社会责任感	10				
	7	具备较强的团队合作能力	10				
总得分			100				

行动巩固

简答题

行动巩固 4-1

1.商品流通企业是指什么？商品流通企业有哪些特征？

2.商品流通企业物流成本是指什么？

3.商品流通企业物流成本具体由哪些内容构成？

4.在商品流通企业中，影响物流成本的因素主要分为几个方面？

任务二　生产制造企业物流成本与绩效管理

行动任务

微课 4-2

生产制造企业
及其物流成本
简介

A公司是一家机器设备制造厂，主要生产甲和乙两种型号的设备。甲产品主要通过各地经销商向客户销售，乙产品则由厂家直接销售给用户。A公司根据用户或经销商的订单组织安排生产，产品的配送由第三方物流B公司负责。

A公司的生产流程大致可以分为"零部件加工"和"生产组装"两个阶段。产品所需零部件采购分为两个部分：一是国外进口零部件，通常采取到岸价的方式结算，从口岸到工厂由B公司负责；二是国内采购零部件，供应商比较稳定，由供应商直接送货到仓库交接，部分零散零部件采取零担方式配送，由公司自有运输车队在市内零星收货。

A公司成立专门的物流部门，负责收货验货、零部件和成品仓储、货物的装卸搬运和物流信息系统管理，采购部门负责零部件采购，业务部门负责销售。

其他有关资料如下：

销售：本月A公司共处理销售订单158份，其中：甲产品56份，共320台；乙产品102份，共180台。

采购：本月A公司共采购进口零部件订单98份、国内零部件订单224份，共计322份，其中：甲产品订单105份，乙产品订单217份。

运输：运输业务主要由第三方物流B公司承担，运费可以直接归属到具体产品。公司自有车队负责市内零星货物的收发，本月运输里程为3 000千米。由于采用零星收发货物方式，统计具体是为哪个产品服务的工作量及难度较大，因此，采用折中方式，按收发货物的次数分摊费用，其中：甲产品36次，乙产品75次。

收货验货：各种零部件的收货和验货过程基本相同，每次货物入库均需检验人员检验。A公司该月库房共入库118批，其中：甲产品40批，乙产品78批。

仓储管理：本月库房共提供2 150小时的管理能力，其中：甲产品耗用850小时，乙产品耗用1 300小时。

装卸搬运：本月A公司共提供3 860小时的搬运能力，其中：甲产品耗用2 100小时，乙产品耗用1 760小时。

信息系统：本月信息系统运行时间为840小时，其中：处理甲产品信息所需时间为280小时，处理乙产品信息所需时间为560小时。

请计算该制造企业的物流成本。

行动锦囊

一、制造企业物流成本的含义

对于制造企业来说，企业物流是指在生产经营过程中，物品从原材料供应开始，经过生产加工到产成品的销售，以及伴随生产消费过程中所产生的废弃物的回收及再利用的完整循环活动，包括物料在仓库与车间之间每个环节的流转、移动和储存（含停滞、等待）及有关的咨询管理活动。其由采购物流、生产物流、销售物流、回收物流等组成，是一个集商流、信息流、资金流、实物流、人才流于一体的供应链。

　　制造企业物流实质上解决的仍是物料采购、库存、供给、生产计划安排、配送、设施布置、流程优化等一系列的运作问题。制造企业物流研究的目标，就是使一定数量不同特征的物料，在保证产品质量的条件下，按照生产工艺过程的要求，经过不受交叉干扰的最短路线，达到物料高效经济流动的目的。制造企业物流是以企业经营为核心的物流活动，是具体的、微观的物流活动的典型领域。在制造企业经营活动中，物流是渗透到各项经营活动之中的，如同资金流和信息流一样，贯穿于制造企业流程的全过程。制造企业系统活动的基本结构是投入—转换—产出，即原材料、燃料、人力、资本等的投入，经过制造或加工，使之转换为产品或服务，物流活动便是伴随企业的投入—转换—产出而发生的。相对于投入的是企业外供应或企业外输入物流，相对于转换的是企业内生产物流或企业内转换物流，相对于产出的是企业外销售物流或企业外服务物流。所以，制造企业的物流成本是指企业在进行供应、生产、销售、回收等过程中所发生的运输、包装、仓储、配送、回收等方面的费用。其具体构成如下：

微课 4-3

生产制造企业
绩效管理

　　（1）供应、仓储、搬运和销售环节人员的工资及福利费；

　　（2）生产材料的采购费用，如运杂费、保险费、采购人员的差旅费、合理损耗成本等；

　　（3）产品的推销费，如广告宣传费；

　　（4）仓库保管费，如仓库维护费、搬运费等；

　　（5）有关设备、仓库的折旧费等；

　　（6）物流信息费；

　　（7）贷款利息；

　　（8）回收废弃物发生的物流费等。

二、制造企业物流成本的构成

　　制造企业物流是指单个制造企业的物流活动，是微观物流的主要形式。制造企业物流是包括从原材料采购开始，经过基本制造过程的转换活动，到形成具有一定使用价值的产成品，直到将产成品送给中间商（商业部门）或用户全过程的物流活动。按照物流的定义，制造企业物流包括原材料（生产资料）供应物流、生产物流、销售物流以及废弃物回收物流几个方面。

　　与物流系统流程相对应，制造企业的物流成本也应该包括供应物流成本、生产物流成本、销售物流成本与废弃物回收物流成本四个方面。

　　（一）供应物流成本的构成

　　制造企业供应物流是指经过采购活动，将企业生产所需原材料（生产资料）从供给者的仓库（或货场）运回企业仓库的物流活动。其包括确定原材料等的需求数量、采购、运输、流通加工、装卸搬运、储存等物流活动。其物流成本的构成内容主要包括：订货采购费，如采购部门人员的工资、差旅费、办公费等；运输费，如外包运输费、运输车辆折旧、运输损耗、油料消耗以及运输人员的工资等；验收入库费用，如验收费用、入库作业费；仓储保管费，如仓储人员的工资、仓储设施折旧、合理损耗、仓库办公费用等。

在以上物流成本构成项目中，储备资金利息费用应该引起企业物流管理者的重视。在我国现行的会计制度中，并没有专门设置一个项目来核算存货占压资金的利息（或称为机会成本）。实际上，存货利息费用在总的物流成本（特别是仓储费用）中占有相当大的比重。由于会计制度的实施，该项费用往往容易被管理者所忽视。

（二）生产物流成本的构成

制造企业生产物流是指伴随企业内部生产过程的物流活动，即按照企业布局、产品生产过程和工艺流程的要求，实现原材料、配件、半成品等物料在企业内部供应仓库与车间、车间与车间、工序与工序、车间与成品库之间流转的物流活动。从范围来划分，其是从原材料等自供应仓库运动开始，经过制造转换形成产品，直到产品进入成品仓库等待销售为止。

制造企业生产物流成本也就是指在这个过程中发生的与物流业务相关的成本，其具体包括：内部搬运费；生产过程中物流设施的折旧；占压生产资金（包括在制品和半成品资金）的利息支出；半成品仓库的储存费用等。

由于生产物流伴随企业生产过程而发生，其成本的发生也与生产成本密切相关，所以，一般来说，企业很难对生产物流成本进行独立的核算。生产物流的改善也不仅仅是生产物流成本降低的问题，其与企业的生产组织方式、生产任务的安排密切相关。因此，离开生产计划和生产组织独立进行生产物流成本的分析和研究，显得不切合实际。

（三）销售物流成本的构成

制造企业销售物流是指企业经过销售活动，将产品从成品仓库通过拣选、装卸搬运、运输等环节，直到运输至中间商的仓库或消费者手中的物流活动。这就是一般意义上的流通过程物流活动，也是狭义物流的基本内容。

销售物流成本的主要构成包括：产成品储存费用，如成品库人员的工资、折旧、合理损耗、仓库费用等；销售过程中支付的外包运输费；自营运输设施的折旧、油料消耗、运输人员的工资；销售配送费用，包括配送人员的工资、配送车辆折旧和支出等；退货物流成本等。

（四）废弃物回收物流成本的构成

企业废弃物回收物流的成本与特定的企业相关，如制糖业、造纸业、印染业等，都会发生废弃物回收物流，整个的废弃物回收物流过程中发生的人工费、材料费、机器设施设备的折旧费以及其他各种支出，构成了废弃物回收物流成本的内容。

制造企业物流成本的构成除了从物流流程的角度进行分析外，也可以按照物流成本项目来分析。制造企业物流成本项目主要包括：人工费；材料消耗；运输设施、仓库设施的折旧；合理损耗；资金占压的利息费用；管理费用；委托物流费用等。

三、生产物流过程的成本控制

生产物流成本也是物流成本的一个重要组成部分。生产物流的组织与企业生产的产品类型、生产业务流程以及生产组织方式等密切相关，因此，生产物流成本的控制是与企业的生产管理方式不可分割的。在生产过程中，有效控制物流成本的方法主要包括以下几种：

（一）生产工艺流程合理布局

生产车间和生产工艺流程的合理布局，对生产物流会产生重要影响。通过合理布局，可以减少物料和半成品迂回运输，提高生产效率和生产过程中的物流运转效率，降低生产物流成本。

（二）合理安排生产进度，减少半成品和在制品库存

生产进度的安排合理与否，会直接或间接地影响生产物流成本。例如，生产安排不均衡，产品成套性不好，生产进度不一，必然会导致库存半成品、产成品的增加，从而引起物流成本的升高。生产过程中的物流成本控制，其主要措施是采用"看板管理方式"。这种管理方式的基本思想是力求压缩生产过程中的库存，以减少浪费。

（三）实施物料领用控制，节约物料使用

物料成本是企业产品成本的主要组成部分，控制物料消耗，节约物料使用，直接关系到企业的生产经营成果和经济效益。通过物料领用的控制，可以有效地降低企业的物料消耗成本。物料的领用控制可以通过限额领料单（或称为定额领料单或限额发料单）来进行，其是一种对指定的材料在规定的限额内多次使用的领发料凭证。使用限额领料单，必须为每种产品、每项工程确定一个物料消耗数量的合理界限，即物料消耗量标准，作为控制的依据。

行动进行

该制造企业运用作业成本法计算物流成本，具体步骤如下：

步骤一：分析和确定资源

通过会计核算，本月归集到各资源成本库中的资源价值见表4-2-1。

表4-2-1　　　　　　　　　A公司所提供的各资源价值

资源项目	工资费用	第三方物流费用	折旧费	电力	燃料	办公费
资源价值（元）	59 846.00	140 964.00	132 408.05	7 825.00	4 565.00	13 054.00

步骤二：分析和确定作业

通过对A公司生产流程的分析，A公司的主要物流作业包括：销售（订单处理）、采购（订单处理）、运输、收货验货、仓储管理、装卸搬运、信息系统等7项。财务部门需要为每项作业设置成本库，但由于运输包括自有运输车队的零星运输和委托第三方物流运输，为了更加准确地核算，可以设置为零星运输和第三方物流两个成本库，所以，总共设置8个成本库。

步骤三：确定资源动因，将资源价值分配到各作业成本库

1.工资费用的分配。工资费用是按照各项作业所耗用的职工人数来计算发放的，因此，工资费用的资源动因是作业的职工人数。分配工资费用，应按照各项作业所耗用的职工人数和对应的工资标准进行分配，分配结果见表4-2-2。

表4-2-2　　　　　　　　　工资费用分配表

项目	销售	采购	零星运输	第三方物流	收货验货	仓储管理	装卸搬运	信息系统	合计
职工人数	3	3	2		2	5	8	1	
每人月工资标准（元）	3 540	3 250	2 380		2 568	2 032	1 890	4 300	
每项作业月工资额（元）	10 620	9 750	4 760		5 136	10 160	15 120	4 300	59 846

2.第三方物流费用的分配。第三方物流费用可以直接分配到第三方物流作业成本库，

不需要在其他作业之间进行分配，分配结果见表4-2-3。

表4-2-3　　　　　　　　　　　第三方物流费用分配表

项目	销售	采购	零星运输	第三方物流	收货验货	仓储管理	装卸搬运	信息系统	合计
每项作业月工资额（元）				140 964					

3.折旧费和办公费的分配。折旧费是各项作业在使用固定资产时产生的，某项固定资产折旧费专属于使用该项固定资产的作业，因此，应根据各项作业实际使用固定资产的情况来分配折旧费。办公费与折旧费相似，具体的办公费是专属于某项作业的，在分配时，应根据作业消耗的办公费来分配。折旧费和办公费的分配结果见表4-2-4。

表4-2-4　　　　　　　　　　　折旧费和办公费分配表　　　　　　　　　　单位：元

项目	销售	采购	零星运输	第三方物流	收货验货	仓储管理	装卸搬运	信息系统	合计
折旧费	12 098.34	13 088.50	24 076.29		12 677.80	45 329.09	18 754.30	6 383.73	132 408.05
办公费	3 267	3 873	1 286		1 107	1 236	954	1 331	13 054

4.电力的分配。电力资源耗用的原因是用电，其数量的多少可以用电度数来衡量。已知每度电的价格为0.5元，具体分配结果见表4-2-5。

表4-2-5　　　　　　　　　　　电费分配表　　　　　　　　　　金额单位：元

项目	销售	采购	零星运输	第三方物流	收货验货	仓储管理	装卸搬运	信息系统	合计
用电度数	1 460	1 650	450		1 580	3 520	5 210	1 780	15 650
金额	730	825	225		790	1 760	2 605	890	7 825

5.燃料的分配。燃料的资源动因是耗用的柴油量，一般用升表示。已知每升柴油的价格为5.5元，具体分配结果见表4-2-6。

表4-2-6　　　　　　　　　　　燃料费用分配表

项目	销售	采购	零星运输	第三方物流	收货验货	仓储管理	装卸搬运	信息系统	合计
消耗燃料（升）			350			180	300		830
金额（元）			1 925			990	1 650		4 565

6.确定作业动因。根据企业的实际情况，确定作业动因见表4-2-7。

表4-2-7　　　　　　　　　　　各项作业的作业动因

作业	作业动因
销售	销售订单处理份数
采购	采购订单处理份数
零星运输	收发货物次数
收货验货	货物入库批数
仓储管理	工作小时数
装卸搬运	工作小时数
信息系统	运行小时数

第三方物流费用根据实际配送的货物进行结算，属于直接费用，可以直接根据结算单分派到具体产品，不需要再确认作业成本动因。

步骤四：计算各作业成本动因的分配率

根据资源分配的结果，计算各作业成本库的作业成本数，然后根据各项作业的作业量，计算确定各作业成本动因的分配率，具体计算结果见表4-2-8。

表4-2-8　　　　　各作业成本动因分配率计算表　　　　　金额单位：元

项目	销售	采购	零星运输	收货验货	仓储管理	装卸搬运	信息系统	合计
作业成本	26 715.34	27 536.50	32 272.29	19 710.80	59 475.09	39 083.30	12 904.73	217 698.05
提供的作业量	158	322	111	118	2 150	3 860	840	
作业动因分配率	169.08%	85.52%	290.74%	167.04%	27.66%	10.13%	15.36%	

步骤五：计算甲、乙两种产品实际耗用的资源价值

根据各作业成本动因分配率和各产品所耗用的作业数，计算甲、乙两种产品实际耗用的资源价值。其中，根据B公司的结算单确定，甲产品耗用的物流费为81 759.12元，乙产品耗用的物流费为59 204.88元，具体计算结果见表4-2-9。

表4-2-9　　　　　甲、乙两种产品物流作业成本核算表　　　　　金额单位：元

作业	作业分配率（%）	耗用作业数			各产品所耗用的作业成本数	
		甲产品	乙产品	合计	甲产品	乙产品
销售	169.08	56	102	158	9 468.48	17 246.86
采购	85.52	105	217	322	8 979.60	18 556.90
零星运输	290.74	36	75	111	10 466.64	21 805.65
第三方物流					81 759.12	59 204.88
收货验货	167.04	40	78	118	6 681.60	13 029.20
仓储管理	27.66	850	1 300	2 150	23 511	35 964.09
装卸搬运	10.13	2 100	1 760	3 860	21 273	17 810.30
信息系统	15.36	280	560	840	4 300.80	8 603.93
合计					166 440.24	192 221.81

行动拓展

为以下各项作业选择合适的成本动因：

（1）机器启动；（2）生产计划；（3）材料移动；（4）供电；（5）质量控制；（6）厂房维护；（7）设备保险；（8）员工监管。

①资料：某服装制造企业采用作业基础成本法核算产品成本。该企业某月发生直接材料成本32 000元，其中，甲产品耗用18 000元，乙产品耗用14 000元；直接人工成本19 000元，其中，甲产品应负担11 000元，乙产品应负担8 000元；制造费用56 000元。经分析，该企业的作业情况见表4-2-10。

表4-2-10　　　　　　　　　　企业资源分配表　　　　　　　　　金额单位：元

作业中心	资源分配	成本动因	动因量	
			甲产品	乙产品
材料整理	14 000	处理材料批数	10	30
质量检验	10 000	检验次数	10	15
机器调试	20 000	调试次数	80	120
使用机器	12 000	机器小时数	20	80

请计算各作业中心的动因率。假定该企业的当月产量为甲产品500件、乙产品400件，期初、期末在产品为零，请计算该月的完工产品总成本和完工产品单位成本。

②资料：某钟表制造公司采用作业基础成本法计算分配间接费用，5月份，该企业的有关资料见表4-2-11。

表4-2-11　　　　　　　　　企业作业与成本分配表　　　　　　　　金额单位：元

作业	成本动因	成本	作业水平	
			时钟	手表
生产准备	准备次数	70 000	30	20
材料管理	零件数	20 000	15	25
包装与运输	运输数量	45 000	5 000	7 000
间接费用合计		135 000		

请采用作业基础成本法计算分配每种产品的间接费用总额，以人工工时为分配基础计算分配各种产品的间接费用总额。假定装配每只时钟的小时数为0.5小时，装配每只手表的小时数为1小时。时钟的生产量为5 000只，手表的生产量为7 000只。

果行育德

在物流行业打拼了17年，他和汽车、轮船结下了不解之缘，利用专业化的KD包装设计，为客户提供了全方位的包装物流解决方案。

请扫描相关二维码，观看视频，并谈一谈你对工匠精神的认识。

行动评价

行动评价考核内容包括理论知识评价、技能操作评价和职业素养评价，根据学习和测评结果，填写表4-2-12。

表4-2-12　　　　生产制造企业物流成本与绩效管理行动评价考核表

姓名			学号		专业		
任务名称		生产制造企业物流成本与绩效管理					
考核内容		考核标准	参考分值（100）	学生自评	小组互评	教师评价	考核得分
理论知识评价	1	理解制造企业物流成本的含义	15				
	2	阐述生产物流过程的成本控制方法	15				

考核内容		考核标准	参考分值（100）	学生自评	小组互评	教师评价	考核得分
技能操作评价	3	能够分析确定资源和作业	10				
	4	能够确定资源动因	10				
	5	能够计算各作业成本动因的分配率	15				
	6	能够核算生产制造企业物流成本	15				
职业素养评价	7	具有社会责任感	10				
	8	具备较强的团队合作能力	10				
总得分			100				

行动巩固

简答题

1.简述制造企业物流成本的含义。

2.简述制造企业物流成本的主要构成。

3.在生产过程中，有效控制物流成本的方法有哪些？

任务三　快递企业物流成本与绩效管理

行动任务

顺丰速运主要是为客户提供运输服务，客户通过小程序或者公众号下单后，由工作人员处理信息，安排运输路线方案，在运输过程中产生运输成本。对于远程运输来说，商品并不是直接送达客户手中，而是在中转站进行转运，这就需要企业拥有自己的仓库来存放商品，产生仓储成本。由于顺丰速运将一线业务外包，在商品到达目的地所在仓库之后，需要由外包公司的工作人员送达客户手中，产生外包成本。在商品进行运输之前，需要进行包装，产生物资及材料费用。具体来说，顺丰速运的成本主要包括：外包成本、职工薪酬、运输成本、仓储成本、物资及材料费用、折旧及摊销费用等（见表4-3-1）。

表4-3-1　　　　　　　　　　　顺丰速运成本构成　　　　　　　　　　　单位：元

项目	2×16年度	2×17年度	2×18年度
外包成本	20 856 636 663.42	27 864 810 452.88	39 563 282 380.66
职工薪酬	9 443 126 387.30	10 188 785 327.32	12 007 531 135.36
运输成本	7 396 927 389.10	8 237 922 679.13	9 411 441 306.44
仓储成本	2 729 587 284.91	3 386 469 297.23	4 947 948 687.45
物资及材料费用	2 267 609 304.81	2 989 555 684.13	3 746 205 236.28
折旧及摊销费用	2 123 036 235.07	2 735 090 301.97	2 969 298 794.26
其他	1 348 243 376.88	1 502 461 899.05	1 996 475 323.27
合计	46 165 166 641.49	56 905 095 641.71	74 642 182 863.72

（1）请根据以上资料，对顺丰速运物流成本进行分析。

（2）请上网查找资料或调研，分析顺丰速运降低物流成本的对策有哪些。

行动锦囊

一、快递物流成本管理的概念

快递物流企业在经营过程中，不论是采购还是销售、生产，都需要一定的成本。成本的大小直接关系到企业最终的盈利状况。因此，快递物流企业需要进行管理，即成本管理。其是指利用科学管理理论方法，对物流活动实施组织、协调以及控制、监督等，尽可能确保物流活动每个环节能够达到最佳配合状态，从而降低成本。物流管理的具体对象包括：产品运输及存储；人力、财务信息管理；物流计划制订及质量监督。

微课 4-4

快递企业
物流成本

二、快递物流成本管理的意义

对快递物流企业的成本进行有效管理，首先，能够有效优化其物流活动并改善其物流活动链，从而为顾客提供更加完善的服务，创造顾客价值；其次，能够使得企业在日趋激烈的市场竞争中获得竞争优势，增强其在市场上的竞争力；再次，能够有效提高企业的经济效益，可以实现各种资源的节约并降低企业的整体经营成本，最终提高企业的经济效益；最后，能够增加社会经济效益。因为每个快递物流企业的成本实现了有效降低，就提高了整个物流行业的经济效益，那么，对于整个社会来说，也就实现了经济效益的提升。另外，对快递物流企业的成本进行有效管理，可以优化调整产业结构，对新型工业化起到很大的支撑作用。当前，我国正处于工业化中期阶段，对快递物流企业的成本进行优化管理，能够对我国新型工业化起到很大的引导作用，实现区域经济增长方式的转变，对二元结构进行合理调整。

三、降低快递物流成本的策略

（一）明确物流标准

政府相关政策的制定，在很大程度上能够对快递物流行业起到规范作用，应积极借鉴国际物流一般标准，针对物流过程中的采购环节、包装环节、存储环节、配送环节等，要有统一标准，从而构建我国物流行业标准化体系。

企业自身除了要遵循国家制定的物流标准外，还需要结合自身特点：

（1）及时建立行之有效的责任会计管理制度，对物流成本进行准确核算。

（2）明确物流成本包含的项目。

（3）构建综合物流成本管理框架。综合物流成本管理框架包括横向、纵向以及计算机联合三项管理。其中，横向管理主要是指预测成本并制定预算，成本预测是通过对这一年的实际物流成本展开分析，理解并挖掘其中存在的降低成本的潜力，利用技术或者经济措施实现该目标。纵向管理则是指针对物流过程既是时间价值被创造的过程，又是空间价值被创造的过程，为了最大限度地提高价值效能，所采取的使物流从采购到配送每个环节相互协调，迅速畅通的管理措施。计算机联合管理就是将横向管理和纵向管理纳入统一体系，通过连接形成整个系统，借助计算机强大的计算、统计功能，进行循环、计算和评价，从而寻求控制物流成本的最佳方法。

（二）流通中降成本

从整体上看，快递物流是从商品制成到最后送达客户这个供应链中的一环，物流成本的控制需要根据流通渠道的变化及发展做出应对措施。比如，最开始的物流中心主要承担的是批发经营的厂商货物的分拨与配送，这些往往是大批量的，但随着市场经济的发展，开始出现了折扣店、便民店等零售业，这些往往是小批量的。针对这种情况，快递物流企业需要及时做出调整，展开直接面向零售店铺的货物分拨配送活动。这会导致以往的投资沉淀，同时，相应地需要扩建物流设施，增加成本，但从流通这一环环相扣的全过程来看，其是对物流效益的一种提高。例如，基于当前电子商务模式下的销售渠道，先行扩建物流设施覆盖同类网点的实体发货点，在不断优化服务的情况下，客户会对物流企业产生良性的"依赖性"。这种"依赖性"，有利于物流企业获得稳定的客源。

（三）合并削弱成本

合并策略需要从两方面着手：一是在方法上实现合并，二是实现共同配送。前者是指快递物流企业在安排车辆进行运输时，根据车辆容积以及载重，合理地分配货物，尽可能实现满装满载。比如，可以将体积大但轻和体积小但重的货物进行搭配，这样就可以最大限度地提高货车运载量。后者也可以被视为集中配送，是指不同的快递物流企业可以相互联合，变小量为大量，共同享有物流设施，实现资源优势互补、区域协调，同时服务于某些客户。

（四）构建绩效评价体系，遏制退货

退货所消耗的资金增加了快递物流成本，这是因为伴随退货问题的发生，相应的物流费、商品损伤以及滞销，还有专门设置的处理退货的工作人员的劳务费等都会相继产生。倘若退货方并不需要对此退货负责，就会随意地将不满意的商品退回，增加了快递物流企业的成本负担。

从物流企业自身来说，为降低退货率，最基本的做法是构建完善的绩效评价体系，不再只是单纯地凭借销售额制定奖惩，而是在对用户在库情况进行考察的基础上，按照他们的月平均销售额实施奖惩。当然，在这一过程中，还必须正确划分造成退货的员工责任。

行动进行

步骤一：顺丰速运物流成本分析

顺丰速运的各项成本逐年升高。2×18年总成本增长幅度相比2×16年增长了61.69%。增长幅度最高的是外包成本，增长了89.69%；其次是仓储成本，增长了81.27%；位列第三的是物资及材料费用，增长了65.21%；折旧及摊销费用增长了39.86%；运输成本增长了27.23%；职工薪酬增长了27.16%。各项成本的具体分析，如图4-3-1所示。

各项成本所占总成本的比例见表4-3-2。表4-3-2中，外包成本在总成本中的占比最高，从2×16年到2×18年，外包成本在总成本中的占比逐年升高，到2×18年超过了总成本的一半，企业的外包业务持续增加；职工薪酬在总成本中的占比逐年降低；运输成本在总成本中的占比逐年降低，这是因为企业运输业务的外包比例增加了；仓储成本在总成本中的占比逐年增加，这是因为企业的仓库数量不断增多；物资及材料费用在总成本中的占比逐年升高，这是因为业务的激增，导致货物在包装上的消耗增加了。

图4-3-1　2×18年相比2×16年各项成本增长幅度

表4-3-2　各成本项目在总成本中的占比

项目	2×16年度	2×17年度	2×18年度
外包成本	45.18%	48.97%	53.00%
职工薪酬	20.44%	17.90%	16.09%
运输成本	16.02%	14.48%	12.61%
仓储成本	5.91%	5.95%	6.63%
物资及材料费用	4.91%	5.25%	5.02%
折旧及摊销费用	4.60%	4.81%	3.98%
其他	2.94%	2.64%	2.67%
合计	100.00%	100.00%	100.00%

步骤二：顺丰速运成本控制对策

1.明确外包供应商的标准，规范业务流程

（1）合理选择外包对象

针对外包合作商选择不当的问题，顺丰速运应该明确自身的需求，在选择合作商之前将企业对外包业务的合作方式、合作流程，以及外包业务中包含的需要对方企业达到的需求进行归纳整理，在能够满足自身需求的前提下，在市面上筛选符合条件的外包供应商，将这些供应商分等级，选择其中性价比最优的外包供应商。

（2）细化外包合同

顺丰速运在签订外包合同之前，应该计算下一年度的合同金额，根据合同金额收取合理的保证金，当合同金额非常大时，企业可以通过增加现场管理监督人员来保证运作质量，并将具体的合作流程写入合同；企业应该根据自身的要求，及时更新合同条款，以期最大限度地保障企业的利益；企业应该在合同中设定明确的、能够界定各方责任的应对损失的风险保护条款，在发生损失时，明确各方责任，严格执行索赔；企业应该在签订之前将合同履约要求写入合同，日常监控外包商的行为是否与合同标准符合。

（3）规范业务操作

顺丰速运应该与外包合作商协商，分析现有的运输操作程序，对运输过程现状以及运输人员进行评估，综合信息技术层面的情况，建立货物跟踪反馈系统，对运输时效性以及规范性进行监督，对外包的业务进行有效追踪。

（4）建立完善的评估机制

顺丰速运需要对外包供应商不断进行考核，并与外包合作商进行沟通，对参与企业外包业务的对方公司的工作人员进行规范的绩效考核，同时对企业内部与外包业务相关的人员进行持续监控，建立完善的评估机制。

（5）对工作人员进行培训

在工作人员上岗工作之前，由顺丰速运派专人对供应商的工作人员进行培训，明确企业的运输需求以及工作人员必备的工作素养，降低快递的坏件率。

2.优化运输方式，降低运输成本

顺丰速运负责运输线路的员工缺乏专业的运输管理知识，公司可以通过聘请有工作经验的、专业的管理人员，一方面对运输管理系统进行优化，另一方面对从事运输管理的基层工作人员进行一定的专业知识科普，提升他们的运输管理知识水平。

在运输方式的管理上，可以将陆运与空运结合起来，发挥两种运输方式最大的作用。例如，空运具有运输效率高、运输安全，但收费高的特点；陆运具有运输效率低，收费也低的特点。在对货物进行运输时，根据不同货物的特点，以及消费者的需求，合理地选择运输方式。

顺丰速运应该完善每个环节的运输衔接，分配好运输区域，运输人员应该熟悉自己负责的配送区域路线，做好货物分类，根据快件的时效要求，做好货物的运输工作，提高货物的运输效率。

3.合理建仓，减少仓储成本

顺丰速运可以在智能选址的基础上，派工作人员实地考察，考察选址是否能够同时满足经济和实用两个方面的要求，在一些偏远地区，可以雇用熟悉当地的人员，在当地人员的带领和介绍下，选择合适的仓库位置。

顺丰速运的大部分仓库都采用自建的方式，在一些一二线城市，从长远的角度来看，自建仓库确实比租赁仓库实惠，但在一些县级以下的快递仓库，如果继续自建仓库，不仅投入的人力较大，而且在建设过程中并不能有效地保证仓库的质量。在这种情况下，企业可以选择租赁仓库的方式来降低仓储成本。

顺丰速运应该加快智慧化仓储的建设，完善仓库管理系统，在货物入库、分拣、打包等过程中，可以使用分拣机器人来降低仓储人工成本。

4.充分利用，严控材料支出

针对快递包装材料浪费的问题，顺丰速运一方面可以控制包装材料的用量，另一方面可以在快递配送点进行包装材料回收的宣传，企业可以将包装材料进行二次利用。

顺丰速运推出的智慧包装是针对快递物流环境、快递用包材物理和化学性能进行量化测定设计的，拥有低碳、绿色、可重复使用多次的优点，企业应该加快智慧包装的推广来减少材料费用。

企业可以通过制订太阳能光伏板循环绿色包装的绿色可回收方案，实现包装折叠回收循环；通过开展全国性绿色环保包装设计大赛等活动进行宣传，培养人们的环保意识。

5.合理配备业务人员，加强业务培训

在智能排班的基础上，加强人事对工作人员的管理，对人事的员工进行培训，在智能排班系统存在不足的情况下，如业务量出现猛增，而智能排班系统的信息未能及时更新，由人事部门对员工进行排班。

由于物流行业具有较强的区域性和季节性，顺丰速运应该派工作人员实地考察，根据区域性特征，结合大数据分析，来确定工作人员数量。在节假日以及业务量激增的时候，顺丰速运可以招聘临时工作人员，在保证工作效率以及工作质量的前提下，节约人工成本。

果行育德

果行育德4-3

2022年5月3日，在五四青年节来临之际，共青团中央、全国青联共同颁授第26届中国青年五四奖章，湖北顺丰速运有限公司唐家墩营业点收派员张裕获此殊荣。无数青年在实现中华民族伟大复兴的征程上完成了从"生力军"到"主力军"的转变，一代又一代青年的成长历程，诠释了中国青年的理想与追求、责任与担当。

请扫描相关二维码，阅读文章，并谈一谈你对中国青年的理想和责任的认识。

行动评价

行动评价考核内容包括理论知识评价、技能操作评价和职业素养评价，根据学习和测评结果，填写表4-3-3。

表4-3-3   快递企业物流成本与绩效管理行动评价考核表

姓名			学号		专业		
任务名称		快递企业物流成本与绩效管理					
考核内容		考核标准	参考分值（100）	学生自评	小组互评	教师评价	考核得分
理论知识评价	1	理解快递企业物流成本的含义	15				
	2	阐述降低快递企业物流成本的策略	15				
技能操作评价	3	能够对快递物流成本进行分析	25				
	4	能够制定降低快递企业物流成本的策略	25				
职业素养评价	5	具有社会责任感	10				
	6	具备较强的团队合作能力	10				
总得分			100				

行动巩固

简答题

1.简述快递物流成本管理的含义。

2.简述快递物流成本管理的意义。

3.降低快递物流成本的策略有哪些?

项目总结

　　本项目主要基于商品流通企业、生产制造企业以及快递企业三种不同企业形态,讲解了不同企业形态的物流成本与绩效管理(如图4-3-2所示)。

图4-3-2　其他行业企业物流成本与绩效管理构成图

参考文献

［1］张艳，刘明伟. 物流成本管理（微课版）［M］. 北京：清华大学出版社，2022.

［2］朱伟生，王存勤. 物流成本管理［M］. 6版. 北京：机械工业出版社，2024.

［3］司小爱. 物流成本与供应链绩效［M］. 北京：中国财富出版社，2024.

［4］姜大立，王科，朱光福. 物流成本与绩效管理［M］. 北京：中国财富出版社，2024.

［5］郭建，魏晓兰. 物流成本核算与控制［M］. 武汉：华中科技大学出版社，2022.

［6］朱伟生. 物流成本管理［M］. 北京：机械工业出版社，2003.

［7］曹霁霞. 物流成本管理与控制［M］. 大连：大连理工大学出版社，2009.

［8］包红霞. 物流成本管理［M］. 北京：科学出版社，2007.

［9］余艳琴. 物流成本管理［M］. 武汉：武汉大学出版社，2008.

［10］张国庆. 企业物流成本管理［M］. 合肥：合肥工业大学出版社，2008.

［11］宋华. 物流成本与供应链绩效管理［M］. 北京：人民邮电出版社，2007.

［12］何开伦. 物流成本管理［M］. 武汉：武汉理工大学出版社，2007.

［13］李建丽. 物流成本管理［M］. 北京：人民交通出版社，2007.

［14］傅桂林，袁水林. 物流成本管理［M］. 北京：中国物资出版社，2007.

［15］王欣兰. 现代物流管理概论［M］. 北京：北京交通大学出版社，2007.

［16］赵忠玲，冯夕文. 物流成本管理［M］. 北京：经济科学出版社，2007.

［17］曾益坤. 物流成本管理［M］. 北京：知识产权出版社，2006.